大数据背景下
高校个性化思想政治教育创新研究

李明珠 洪涛 著

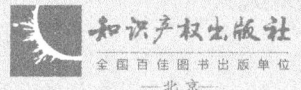

知识产权出版社
全国百佳图书出版单位
—北京—

图书在版编目（CIP）数据

大数据背景下高校个性化思想政治教育创新研究 / 李明珠，洪涛著 . — 北京：知识产权出版社，2024.10. — ISBN 978-7-5130-9559-4

Ⅰ . G641

中国国家版本馆 CIP 数据核字第 20247DN073 号

内容提要

本书在充分阐释大数据的基础上，研究大数据时代思想政治教育的模式转变，分析个性化思想政治教育面临的机遇和挑战，设计个性化思想政治教育的实现路径，创新高校思想政治教育的方法。

本书可供思想政治教育研究者、工作者阅读。

责任编辑：高　源　　　　　　　　责任印制：孙婷婷

大数据背景下高校个性化思想政治教育创新研究

DASHUJU BEIJING XIA GAOXIAO GEXINGHUA SIXIANG ZHENGZHI JIAOYU CHUANGXIN YANJIU

李明珠　洪　涛　著

出版发行：知识产权出版社 有限责任公司	网　　址：http://www.ipph.cn
电　　话：010-82004826	http://www.laichushu.com
社　　址：北京市海淀区气象路 50 号院	邮　　编：100081
责编电话：010-82000860 转 8701	责编邮箱：laichushu@cnipr.com
发行电话：010-82000860 转 8101	发行传真：010-82000893
印　　刷：北京中献拓方科技发展有限公司	经　　销：新华书店、各大网上书店及相关书店
开　　本：720mm×1000mm　1/16	印　　张：19
版　　次：2024 年 10 月第 1 版	印　　次：2024 年 10 月第 1 次印刷
字　　数：270 千字	定　　价：98.00 元

ISBN 978-7-5130-9559-4

出版权专有　侵权必究

如有印装质量问题，本社负责调换。

目 录

第一章 绪 论 //1

 第一节 研究背景和意义 //1

 第二节 国内外研究现状综述 //7

 第三节 研究思路、方法、价值与创新 //17

第二章 大数据开启个性化思想政治教育新时代 //20

 第一节 大数据和大数据时代 //20

 第二节 个性化思想政治教育的概念 //48

 第三节 大数据时代高校个性化思想政治教育的理论阐释 //55

**第三章 大数据时代创新高校个性化思想政治教育的
理论基础与思想渊源** //76

 第一节 大数据时代创新高校个性化思想政治教育的理论基础 //76

 第二节 大数据时代创新高校个性化思想政治教育的思想渊源 //91

第四章 大数据时代高校思想政治教育的变革与发展 //104

 第一节 大数据时代高校思想政治教育的新变革 //104

 第二节 大数据时代高校思想政治教育的新发展 //117

第五章　大数据时代高校个性化思想政治教育新契机　// 129

　　第一节　大数据与高校个性化思想政治教育需求相契合　// 129
　　第二节　大数据时代高校个性化思想政治教育的新成效　// 145
　　第三节　大数据时代高校个性化思想政治教育的新机遇　// 150

第六章　大数据时代创新高校个性化思想政治教育的挑战　// 161

　　第一节　大数据时代创新高校个性化思想政治教育的内在困境　// 161
　　第二节　大数据时代创新高校个性化思想政治教育的外在困境　// 172

第七章　大数据时代高校个性化思想政治教育路径创新　// 188

　　第一节　转变高校个性化思想政治教育理念　// 188
　　第二节　完善高校个性化思想政治教育内容　// 205
　　第三节　拓展高校个性化思想政治教育载体　// 213
　　第四节　创新高校个性化思想政治教育体系　// 225
　　第五节　优化高校个性化思想政治教育方法　// 232

第八章　大数据时代高校个性化思想政治教育机制创新　// 245

　　第一节　根据"数字身份"建立大学生思想健康预警机制　// 245
　　第二节　运用网络舆情监控数据建立大学生行为预测引导机制　// 250
　　第三节　利用大数据的差异辨别功能强化思想政治教育管理机制　// 252
　　第四节　根据数据模型建立思想政治教育动态评估反馈机制　// 254
　　第五节　遵循数据能力需求完善思想政治教育人才培养机制　// 257
　　第六节　依据数据伦理构建思想政治教育数据安全保障机制　// 260
　　第七节　依托信息技术建立高校思想政治教育激励机制　// 262

第九章　大数据时代创新高校个性化思想政治教育的启示　// 265

　　第一节　大数据时代高校思想政治教育存在的隐忧　// 265

　　第二节　大数据时代高校个性化思想政治教育的未来展望　// 279

参考文献　// 294

后　记　// 297

第一章 绪 论

第一节 研究背景和意义

关于大数据的发展，各国都非常重视。习近平总书记指出："大数据是信息化发展的新阶段。随着信息技术和人类生产生活交汇融合，互联网快速普及，全球数据呈现爆发增长、海量集聚的特点，对经济发展、社会治理、国家管理、人民生活都产生了重大影响。"[1] 2014—2020年，大数据连续七年被写入国务院政府工作报告，2022年、2024年政府工作报告中亦有提及；2020年，大数据被写入《中共中央关于制定国民经济和社会发展第十四个五年规划和二〇三五年远景目标的建议》，足见其重要性。在教育领域，大数据的影响也不容忽视。"数据驱动学校，分析变革教育"，传统教育在大数据时代将发生翻天覆地的变化。对思想政治教育传播来说，大数据时代是其不可回避的新环境、不得不面对的新理念、不可不使用的新手段。大数据从根本上改变了思想政治教育的客观环境，教育的主客体与载体均发生了相应的变化。这就迫切需要思想政治教育者对大数据的显著特征、核心价值及实质关系进行深入分析与

---

[1] 习近平. 实施国家大数据战略加快建设数字中国 [EB/OL].（2017-12-09）[2023-12-12]. http://www.xinhuanet.com/2017-12/09/c_1122084706.htm.

研究，明晰大数据给思想政治教育带来的挑战与机遇，为创新个性化思想政治教育提供思考及可行性路径。

一、研究背景

2024年3月，中国互联网络信息中心发布了第53次《中国互联网络发展状况统计报告》，截至2023年12月，我国网民规模达10.92亿人，互联网普及率达77.5%。❶ "互联网时代，尤其是社交网络、电子商务与移动通信把人类社会带入了一个以'PB'（1024TB）为单位的结构与非结构数据信息的新时代"❷，这就是大数据时代。大数据不仅是一种技术，还代表了一种价值观与方法论，它彻底改变了我们的学习、工作与思维，并影响社会生活的各个领域。在大数据时代，除了传统意义上可以用一个二维表表示的结构化数据之外，各种类型复杂、数量庞大的非结构化数据大规模持续涌现，这些数据涵盖了文本、图片、音频、视频、时空序列、网络等不同形态，这就要求我们使用不同的数据挖掘和分析方法。❸ 在互联网技术的支撑下，大数据的潜在价值不断被分析、挖掘和预测，它在悄然改变着世界，也在显性地改变着教育。

从孔子的因材施教开始，个性化教育一直是教育者期望达成的目标，思想政治教育也不例外。大数据时代的到来无疑为以学生为中心的个性化思想政治教育的达成提供了最有利的契机，通过数据的挖掘和分析，教育者能更好地洞悉受教育者的行为与思维方式，从而实施更为精准的思想政治教育。因此，进行此项研究就有了其现实意义。

---

❶ CNNIC发布第53次《中国互联网络发展状况统计报告》[EB/OL].（2024-03-22）[2024-04-16]. https://www.cnnic.cn/n4/2024/0322/c88-10964.html.

❷ 迈尔-舍恩伯格，库克耶.大数据时代：生活、工作与思维的大变革[M].盛杨燕，周涛，译.杭州：浙江人民出版社，2013：序言I.

❸ 周涛.为数据而生——大数据创新实践[M].北京：北京联合出版公司，2016：23.

第一章 绪 论

二、研究意义

本书研究的意义在于探讨如何在大数据时代促进高校个性化思想政治教育的发展，研究如何推动高校思想政治教育工作者运用大数据的技术方法更好地把握思想政治教育的新形势、新变化和新局面，推动高校个性化思想政治教育的实现，将思想政治教育的"广泛覆盖与分类指导结合起来，因地、因人、因事、因时制宜开展工作"❶。在把握大数据技术分析、性能体现、价值利用的基础上，坚持思想政治教育的守正创新，"推进理念创新、手段创新、基层工作创新，使新时代思想政治工作始终保持生机活力"❷，从而更好地完成立德树人的根本任务。

总的来说，探讨大数据时代高校个性化思想政治教育创新，其理论和现实意义主要表现在以下几个方面。

（一）理论意义

党的十八大以来，以习近平同志为核心的党中央高度重视思想政治工作，多次在不同场合和会议上强调思想政治工作的极端重要性。2021年7月，中共中央、国务院印发《关于新时代加强和改进思想政治工作的意见》（以下简称《意见》）。《意见》指出，"思想政治工作是党的优良传统、鲜明特色和突出政治优势，是一切工作的生命线。加强和改进思想政治工作，事关党的前途命运，事关国家长治久安，事关民族凝聚力和向心力"❸。在大数据时代探讨创新高校个性化思想政治教育，符合新时代发展对高校思想政治教育提出的更高、更新、更全面的要求。利用大数据技术，聚焦大学生群体，做好高校思想政治

---

❶ 中共中央、国务院印发《关于新时代加强和改进思想政治工作的意见》[EB/OL].（2021-07-12）[2023-12-12]. http://www.gov.cn/zhengce/2021/07/12/content_5624392.htm.

❷ 同❶.

❸ 同❶.

工作，做到广泛覆盖和分类指导，推动高校思想政治教育的个性化、精准化、定制化，具有重大的理论意义和实践价值。

第一，有助于创新思想政治教育育人理念，弘扬"因材施教"与"以人为本"的个性化思想政治教育理念。2014年9月9日，在北京师范大学师生代表的座谈会上，习近平总书记指出："世界上没有两片完全相同的树叶，老师面对的是一个个性格爱好、脾气秉性、兴趣特长、家庭情况、学习状况不一的学生，必须精心加以引导和培育……好老师一定要平等对待每一个学生，尊重学生的个性，理解学生的情感，包容学生的缺点和不足，善于发现每一个学生的长处和闪光点，让所有学生都成长为有用之才。"❶ 这也是以学生为中心的个性化思想政治教育的真谛，而大数据使其成为可能。通过对大学生日常行为数据的实证分析，高校思想政治教育者对大学生的思想困惑、生活迷惑、文化疑惑等思想动态有了精准的把握，因此得以实现思想政治教育方式的差异化与内容的定制化；通过运用不同的教育方法、手段、进程进行引导和指导，充分体现因材施教与以人为本的教育理念，促成了实现人的自由全面发展的思想政治教育目标。

第二，有助于创新思想政治教育研究范式，推动思想政治教育从思辨说理走向科学论证，从经验总结走向实证操作，从定性研究走向定量研究。大数据时代，万物皆可量化，这将深刻改变思想政治教育研究的起始点，"在不久的将来，我们会在大数据的指导下探索世界，不再受限于各种假想。我们的研究始于数据，也因为数据我们发现了以前不曾发现的联系"❷。大数据使现有的思想政治教育研究范式发生了极大的改变，更加注重运用量化与实证化的研究方

---

❶ 习近平同北京师范大学师生代表座谈时的讲话[EB/OL].（2014-09-10）[2023-12-12]. https://finance.cnr.cn/gundong/201409/t20140910_516406903_2.shtml.

❷ 迈尔-舍恩伯格，库克耶. 大数据时代：生活、工作与思维的大变革[M]. 盛杨燕，周涛，译. 杭州：浙江人民出版社，2013：92.

式，使之走向整体性、科学化。借助于大数据、云计算等信息技术的个性化思想政治教育，"开辟了基于大数据分析的学生群体或个体的'量化描述'，拓展了在质性研究基础上的实证性量化研究，为思想政治教育的质量提升、对策制定、动态把握和系统了解提供了科学实证的支撑"❶。从思辨说理走向科学论证，从经验总结走向实证操作，从定性研究走向定量研究，它们之间不是取代关系，而是迭代关系；不是谁强谁弱，而是优势互补，不断加强。总之，大数据时代的思想政治教育充分发挥了定性与定量研究结合的优势，让思想政治教育从思辨走向实证，从关注群体走向关注个体，从而增强了思想政治教育活动的科学性、实效性和精准性。

（二）现实意义

第一，有助于提升思想政治教育科学化水平。科学是反映自然规律、社会规律、思维规律的知识体系，科学化意味着超越一般性的工作经验，形成规范性的知识。思想政治教育科学化就是把握思想政治教育运行的客观规律，认识其在新的历史条件下的动态与发展。传统思想政治教育注重精准的因果关系分析，大数据则强调模糊的相关性分析，放大各类事物、各种要素的关联范围，允许"误差"存在，以发现更全面的外在联系与内在联系。为思想政治教育规律的因果研究提供实证材料支撑，正好体现了大数据技术的优势。通过相关性分析对思想政治教育各要素间的因果关系进行数据描述，使研究成果以量化的方式呈现，会进一步推动思想政治教育科学化，产生新的研究方法。以校园一卡通的使用为例，通过对学生在日常生活中形成的相关数据进行分析，不但能够清晰地勾勒出大学生的日常生活轨迹，而且对其思想动态、兴趣爱好、道德状况、心理健康、政治素养也有了进一步的洞察。运用大数据挖掘与分析

---

❶ 李怀杰，申小蓉. 大数据时代个性化思想政治教育论析[J]. 思想理论教育，2019（3）：106.

技术，依据思想政治教育对象的不同需求，推动"学生画像""教师画像"与"精准管理"等教育数据功能的开发，可以精准帮助生活困难、学习吃力与心理有问题的学生，全面把握学生的诉求和成长规律，加深对思想政治教育方法与规律的探究，进一步提升思想政治教育的科学化水平。

第二，有助于提升高校思想政治教育的针对性与实效性。2014年10月，中共中央、国务院发布的《关于进一步加强和改进大学生思想政治教育的意见》强调，"要密切关注网上动态，了解大学生思想状况，加强同大学生的沟通与交流，及时回答和解决大学生提出的问题"❶，这就要求提高思想政治教育的针对性与实效性。随着大数据时代的到来，当今社会已经不再是单一、封闭的传统社会，信息化、多元化、多样化的社会环境造就了性格迥异、需求多样的青年学生，整齐划一的教育模式和培养方式不再适用于他们，精准化、个性化的教育模式更符合新时代对人才培养的要求。在大数据时代加强个性化思想政治教育的研究创新，就是在高校思想政治教育中融入大数据理念与技术，优化资源配置、拓展学习空间，促进思想政治教育信息化建设，形成网上和网下的双向互动和合力，在思想政治教育的重点领域、关键环节精准发力，更好地提升高校思想政治教育的针对性和实效性，拓展高校思想政治教育研究的广度、深度和厚度。

第三，有助于强化思想政治教育的舆论引导功能。在大数据时代，紧要的问题也许不再是信息匮乏，而是"信息过载"。大量的信息良莠不齐、真假难辨，容易使大学生们在信息洪流的冲击中迷失方向。随着全球化时代的到来，西方利用网络空间大搞"文化冷战"，大量反映西方意识形态、价值观的信息充斥着网络空间，影响了部分大学生的价值判断，个别大学生甚至丧失理论自信与制度自信，对社会主流价值观产生怀疑，对高校思想政治教育产生反感乃

---

❶ 关于进一步加强和改进大学生思想政治教育的意见[N]. 光明日报，2014-10-15（A1）．

至抵触情绪，从而影响思想政治教育的成效。虽说人的思维很难量化，但大数据技术给我们提供的一些动态指标可以检测出意识形态的变动状况。例如，每天的热点事件、热点话题排名及由此类事件话题引发的情绪指数变化，网络视频平台上主流媒体的发文数量、阅读量、转发和点赞的情况，一些网络"大V"与"UP主"的粉丝群的年龄、受教育程度等，这些指标都是可以识别与测量的，并且迅速反映出一段时间的网络舆论走向。此外，还可以通过大数据快速甄别功能捕捉一些特殊词频，迅速判断潜在的意识形态危机，在学生产生思想困惑之前迅速"出击"，加强主流舆论的思想政治引导，给学生指明方向，从而及时消除影响高校意识形态安全的网络隐患，使互联网这个最大变量成为高校思想政治教育发展的最大增量，推动思想政治教育传统优势与信息技术深度融合，占领网络思想政治教育新阵地。

第二节　国内外研究现状综述

一、国内研究现状

媒体通常把2013年称为中国的"大数据元年"，从这一年开始，教育技术领域开始关注大数据技术对教育改革和创新发展的影响，研究论文的数量和质量都有明显增长。截至2024年1月，在中国知网以"大数据时代"并含"高校思想政治教育"为主题词检索文献共8181篇，其中核心期刊1036篇、硕博论文744篇。

以"个性化"并含"思想政治教育"为主题词检索文献共872篇，其中核心期刊69篇、硕博论文79篇。以"大数据""个性化""思想政治教育"为主题词检索文献共582篇，其中核心期刊53篇。其主要主题与次要主题热词分布如图1-1所示。

大数据背景下高校个性化思想政治教育创新研究

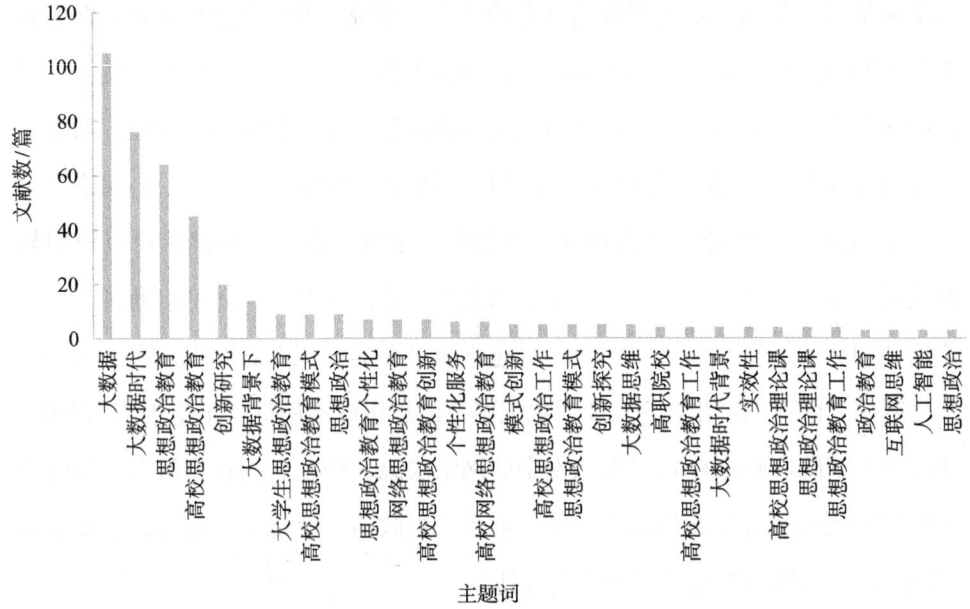

（a）主要主题分布

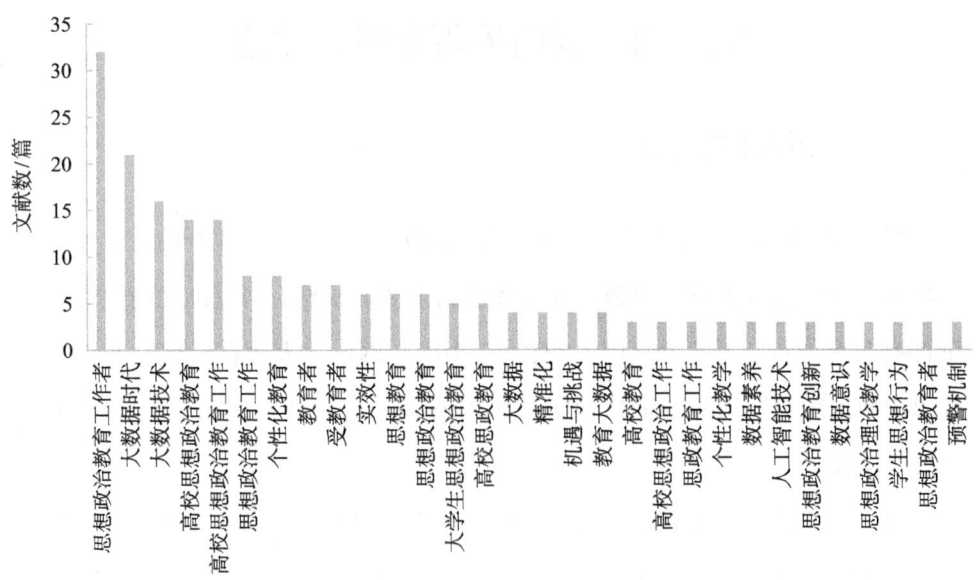

（b）次要主题分布

图 1-1　主要主题与次要主题热词分布

第一章 绪 论

就具体内容而言，主要集中在以下三个方面。

一是个性化思想政治教育研究。个性化是教育的灵魂，重视人格，促进个性的健康发展是良好思想政治教育工作的基础和前提。①内涵研究。思想政治教育的个性化是指在思想政治教育过程中，思想政治教育者在尊重受教育者个性差异的前提下，运用个性化的培育方式，发挥受教育者的主体性，将促进个性的发展与人的全面发展结合起来从而实现思想政治教育目标的教育活动。❶个性化思想政治教育就是新形势下高校尊重教育对象个体情况，以教育对象的个性和特质为出发点，针对教育对象的分众化、差异化需求及其职业发展规划，灵活采用不同的思想政治教育方法、内容、载体，引导教育对象认同一定的价值观念，促进教育对象全面而个性化发展的教育模式。❷个性化思想政治教育是尊重和包容学生个性，激励和促进学生个性全面自由发展的内在需要。❸个性化思想政治教育是指以特定的个体为对象，或为解决特定的个性化问题而开展的具有针对性的思想政治教育活动，其主要关注的是人或事物发展中的个性需求和特殊问题。❹②原则研究。思想政治教育个性化的原则是坚持个性化与社会化统一、自律与他律共举、权利与义务并重❺，从主体性走向交互主体性。❻③对策研究。第一，树立一元主导与多样包容的育人理念，打造生活体验式和主体间性教育模式❼，探索主体间性教育方法，搭建个性化的网络思想

---

❶ 张晓明，恽安平.主体间性观照下的思想政治教育个性化研究[J].学术探索，2017（7）：146-151.

❷ 黄宁花，禹旭才.个性化思想政治教育：内涵、依据及对策[J].黑龙江高教研究，2021（5）：120-123.

❸ 李怀杰，申小蓉.大数据时代个性化思想政治教育论析[J].思想理论教育，2019（3）：105-110.

❹ 王荣，陈军绘.构建个性化思想政治教育模式的价值指向与实践策略[J].学校党建与思想教育，2023（7）：27-30.

❺ 李兰.马克思主义人学视野下思想政治教育个性化培育研究[J].理论学刊，2014（2）：97-101.

❻ 曾爱华.从主体性走向交互主体性——论思想政治教育的实践转向与复归[J].中国青年社会科学，2015（2）：91-95.

❼ 谷照亮，谷凤苗.个性化学习对大学生思想政治教育的挑战及对策[J].毛泽东思想研究，2016（5）：144.

政治教育平台。❶第二，促进教育对象自由全面发展，把准教育对象的个性化需求，优化传统思想政治教育模式，提高思想政治教育的实效性。❷第三，思政课教师应进行角色转换，重视学生个体差异及其个性化的学习需求，关注学生对网络思想政治理论课的情感认同状况。❸第四，强化现代信息技术赋能与运用，使现代信息技术与思想政治教育深度融合，准确把握教育对象个性化特征，因材施教匹配个性化教育内容与方法。❹

二是大数据时代的思想政治教育研究。大数据不断对人的发展实现技术赋权和增能，改变着人类社会的关系形态和文化结构。❺大数据与思想政治教育融合发展，是新形势下思想政治教育创新发展的主要趋势和重要推力。❻①发展趋势。思想政治教育思维趋向全面化的整体思维、兼容性的多样思维、现象性的关联思维；思想政治教育载体体现出数据化、海量化、复杂化、动态化的特点；思想政治教育传播形态呈现出载体多样化、信息精简化、对象细分化、结构扁平化的趋势。❼大数据技术的应用，使思想政治教育相关的信息数据处理智能化。❽②价值维度。在政治价值上应对网络意识形态的安全需求，在社会价值上达成网络思想政治教育的目标需求，在个体价值上满足大

---

❶ 张晓明，段惠方.高校个性化思想政治教育的网络路径探索[J].江苏高教，2013（2）：116-117.

❷ 黄宁花，禹旭才.个性化思想政治教育：内涵、依据及对策[J].黑龙江高教研究，2021（5）：120-123.

❸ 林伯海，谷照亮.个性化学习视域下高校思想政治理论课教师角色转换的实证研究[J].思想政治教育研究，2017（1）：55-60.

❹ 王荣，陈军绘.构建个性化思想政治教育模式的价值指向与实践策略[J].学校党建与思想教育，2023（7）：27-30.

❺ 王欣玥，吴满意.新时代推进大数据与思想政治教育融合的五维思考[J].教育探索，2019（6）：59-63.

❻ 冯刚.大数据应用于思想政治教育的局限与突破[J].重庆大学学报（社会科学版），2020（12）：1-8.

❼ 季海菊.转型何以必要：大数据时代高校思想政治教育[J].南京社会科学，2017（9）：150-156.

❽ 李英震，周兴华.运用大数据技术实现高校思想政治教育智能化[J].中南民族大学学报（人文社会科学版），2023，43（7）：168-173，188.

第一章 绪 论

学生成长成才的自我需求❶,在学科价值上为高校思想政治教育提供极为丰富的育人资源。思想政治教育工作者能够通过数据信息资源系统,分析学生学习、生活、网络行为所呈现的思想动态,探寻学生的思想、观点、立场,发现以前未曾注意的教育要素和教育关系,找到思想政治教育规律。❷③方法研究。第一,定量分析方法。树立思想政治教育大数据定量分析的理念思维,构建思想政治教育大数据定量分析的工作体系,创建思想政治教育大数据定量分析的计算模型,提升思想政治教育大数据定量分析的运用价值。❸通过计算人的数据痕迹重现人的思想变化轨迹,促进思想政治教育的科学化。❹第二,传播方法。大数据时代思想政治教育传播方法表现为信息追踪定位传播法、信息隐匿传播法、信息分割传播法等多种形式。❺第三,大数据思想教育方法特征。其表现为定量性、非线性、整体性、多样性等特征。❻④范式研究。大数据时代思想政治教育研究范式转型有三重维度:研究路径转型,"数据驱动"与"思辨研究"相结合的知识发现过程;研究手段转型,相关分析成为因果分析的强大手段;研究功能转型,将预测与因果分析统一于思想政治教育实践。❼大数据时代的思想政治教育研究范式是以数据为载体的定量研究与

---

❶ 崔海英.大数据时代高校网络思想政治教育的价值维度与实现方式[J].黑龙江高教研究,2015(3):33-36.

❷ 魏变竹,张有武.大数据视域下创新高校思想政治教育三维探讨[J].中学政治教学参考,2024(4):47-49.

❸ 刘宏达,彭嘉琪.思想政治教育大数据定量分析方法的内涵、特征及实施策略[J].学校党建与思想教育,2020(2):24.

❹ 常宴会.论大数据时代思想政治教育的科学化[J].思想理论教育,2021(1):47.

❺ 崔建西,邹绍清.论基于大数据的思想政治教育信息传播方法创新[J].学校党建与思想教育,2017(1):63-66.

❻ 赵浚.大数据创新高校思想政治教育方法的探析与应用[J].贵州社会科学,2016(3):120-123.

❼ 宋林泽,丁凯.大数据时代思想政治教育研究范式转型的三重维度[J].江淮论坛,2020(6):22-26.

传统定性研究相结合的新范式,是跨专业跨领域的研究范式。❶大数据时代思想政治教育研究范式的特征是研究对象全样性、内容系统化、论证实证化、结论可视化。❷

三是大数据时代的高校个性化思想政治教育研究。①大数据时代思想政治教育的个性化特征。其包括思想引导、舆情危机干预、心理疏导、就业指导、困难帮扶、发展评价的个性化。❸②大数据时代个性化思想政治教育的机遇。大数据促进思想政治教育由经验范式到科学范式,大数据实现了对教育对象思想动态的分析与预测,提供了个性化、多样化的教育服务,吸引了思想政治教育对象的主动参与,大数据使思想政治教育个性化的时空限制得以完全打破。❹❺大数据改变了思想政治教育主客体之间的交互方式,加速了教育主客体之间的平等交流。教育活动从传统单向教育向双向关系的转变,加大了个性化教育的需求。大数据也为思想政治教育过程提供个性化数字呈现,通过获取教育客体的持续性动态数据,可有针对性地进行思想政治教育。❻③大数据时代高校个性化思想政治教育的新问题。对非结构化数据缺乏有效的收集手段,高校的数据分析专业人才极度匮乏,以及大数据质量问题。❼数据壁垒致使思想政治教育数据共享失位。数据信息资源的互通互享的难度影响教育资源数据的获取,进而影响教育对象画像的精准度,最终影响教育决策

---

❶ 王学俭,王瑞芳.大数据时代高校思想政治教育的创新发展[J].思想政治教育研究,2016(3):105-110.

❷ 李怀杰.现代思想政治教育大数据研究范式变革的逻辑理路与实践路径[J].学校党建与思想教育,2017(1):67-70.

❸ 王荣.大数据时代思想政治教育的个性化特征研究[D].武汉:华中师范大学,2019:29-37.

❹ 周进.大数据时代的高校个性化教育:一种过程支持框架[J].高教探索,2016(5):11-20.

❺ 吴镇聪.大数据时代大学生思想政治教育个性化研究[D].福州:福建师范大学,2017:68-72.

❻ 艾小林.大数据背景下"00后"大学生思想政治个性化教育路径探析[J].就业与保障,2022(6):55-57.

❼ 张林茂.在大数据时代创新高校个性化思想政治教育[J].中国高等教育,2018(15):47-49.

第一章 绪 论

及教育成效。❶数据平台参与的主体水平良莠不齐,且相关立法有一定滞后性,高校在利用大数据分析进行思想政治教育过程中,可能存在教育对象隐私泄露、教育决策者数据崇拜、数字鸿沟等风险。❷ ④大数据创新个性化思想政治教育实践路径。在平台建设上,构建一体化教育大数据平台;在对象把握上,基于"学生画像"的不同维度,实施定制式、个性化教育引导;在内容建设上实现个性化思想政治教育的多样化、智能化和自动化;在教育方式上,引入翻转课堂、混合课堂等教学方式,激发学生的积极主动学习;在质量评价上,构建有利于学生个性自由而全面发展的评价系统;❸在数据采集上,应重点突破大数据收集技术,如高速数据全影像、高速高可靠数据爬取技术等,对学生的行为数据、日常数据进行收集,并通过大数据系统进行整合,对学生建构精准画像。❹

二、国外研究现状

国外对大数据的研究起步比较早,早在1970年,美国著名的未来学家阿尔文·托夫勒在《未来的冲击》(*Future Shock*)一书中,即预测了大量数据、非结构化数据、信息过载等现象。而2011年麦肯锡公司的研究报告《大数据:创新、竞争与生产力的下一个前沿》(*Big data*:*The next frontier for innovation*,*competition*,*and productivity*)的发表则宣告了大数据时代的到来。2012年,

---

❶ 闫婕,张晓.数据驱动思想政治教育创新发展的态势、困境及助推机制[J].学校党建与思想教育,2024(4):67-70.

❷ 卫承霏.大数据分析在高校思想政治教育中的应用风险与纠偏路径[J].高校教育管理,2023,17(6):12-20.

❸ 李怀杰,申小蓉.大数据时代个性化思想政治教育论析[J].思想理论教育,2019(3):105-110.

❹ 谢晓娟,宋悦萌.大数据赋能大学生思想政治教育实践路径探究[J].思想政治教育究,2023,39(4):69-74.

研究机构高德纳（Gartner）将大数据定义为大量、高速、高多样性的信息资产。❶ 在维克托·迈尔-舍恩伯格和肯尼斯·库克耶编写的《大数据时代：生活、工作与思维的大变革》中，将大数据定义为人们获得新的认知、创造新的价值的源泉，还是改变市场、组织结构，以及政府和公民关系的方法。❷ 大数据具有规模大（Volume）、类型多（Variety）、速度快（Velocity）、真实性（Veracity）、可视化（Visualization）和价值大（Value）的"6V"特点。❸ 还有学者分析了大数据将带来怎样的改变及在现实生活中的应用：一是大数据将改变思维方式，吉姆·加里提出了"数据密集型科学"，其本质是科学研究将从以计算为中心转向以数据为中心，即数据思维的到来❹；二是大数据将融入政治生活，学者穆罕默德·阿维斯等人用社交媒体数据、民意调查数据、历史投票数据等大规模异构数据，结合机器学习和人工智能的力量构建了选举的预测模型。

具体到教育界学者所关心的大数据与教育的关系研究，越来越多的学者和国家开始关注大数据的重要性。在国外，2005年，迈克尔·W.阿普尔运用当代社会理论分析教育政策如何与社会进程相关联。❺ 大数据与教育的融合已形成了新的教育业态，创新了教育现代化的方式方法。2012年，麻省理工学院与英特尔联合成立了"bigdata@CSAIL"大数据研究项目，从智能城市、数据存储、机器算法、数据可视化等多个方面进行了研究。维克托·迈尔-舍恩伯格

---

❶ GARTNER. IT glossary-big data [EB/OL].（2022-03-25）[2023-12-12]. http：//www.gartner.com/it-glossary/big-data.

❷ 迈尔-舍恩伯格，库克耶. 大数据时代：生活、工作与思维的大变革 [M]. 盛杨燕，周涛，译. 杭州：浙江人民出版社，2013：9.

❸ 石绥祥，杨锦坤，梁建峰，等. 海洋大数据 [M]. 北京：海洋出版社，2022：7-8.

❹ FAN X, LI Z, ZHOU L. Literature review on big data and its application fields [J]. Journal of Physics：Conference Series，2019，1176（4）.

❺ 阿普尔. 文化政治与教育 [M]. 闫光才，译. 北京：教育科学出版社，2005：67.

第一章 绪 论

在 2015 年提到大数据时代，大数据与教育发展同行，对学生来说是学习的改进，对教师来说则是转型。❶ 科尔多瓦在 2016 年制定了美国国家科学基金会未来发展的蓝图，更是将大数据的开发与创新评价的学习和教学机制纳入其重点要解决的科研前沿。截至 2021 年 7 月，在美国教育部教育资源信息中心提供的 Education Resource Information Center（ERIC）数据库中，以"big data and education"为主题词检索文献，共检索到相关文献 391 条。研究范畴囊括教育、教育者、学生及其学习行为数据的挖掘与分析，大数据对教与学的推动作用，教育方式、管理方式、评价方式的变化，个性化教育与学习策略探讨等方面的内容。可见，国外的学者对大数据在教育领域中的应用研究正在逐步深入，但显然还未到成熟阶段。

关于大数据在教育领域的应用，目前已达成共识的是：学者普遍承认大数据的确促进了教与学的发展。美国教育部报告指出，当前大数据在教育领域中的应用主要集中在教育数据挖掘和学习分析两大方面，可以用来预测学习者未来的学习趋势，为学习者提供人为的适应性反馈；❷ 国外有学者认为通过聚焦大数据的分析，教师可以用更微妙的方式研究学习状况。❸ 维克托·迈尔－舍恩伯格强调大数据为学习带来了三大改变：收集反馈数据、定制个性化学习和通过概率预测优化学习内容、学习时间和学习方式。❹ PISA 测试之父、经济合作与发展组织（OECD）教育和技能部部长安德烈亚斯·施莱歇尔则指出：基于

---

❶ 迈尔－舍恩伯格，库克耶. 与大数据同行——学习和教育的未来 [M]. 赵中建，张燕南，译. 上海：华东师范大学出版社，2017：103.

❷ Big data for development: challenges & opportunities [DB/OL].（2012-05-01）[2023-12-12]. http://www.unglobalpulse.org/sites/default/files/Big-DataforDevelopment-UNGlobalPulseJune2012.pdf.

❸ WEST, DARRELL M. Big data for education: data mining, data analytics, and web dashboards [R]. Governance Studies at Brookings. Washington: Brookings Institution, 2012: 1-10.

❹ 同 ❶.

数据的教育决策更具说服力和公信力，数据会对教师的教学实践带来帮助，这样整个教育系统才能够产生对数据的信任感，即大数据建立起了"大信任"。❶因此，在国外高校教学管理中，教育数据的挖掘已成为提高教学管理水平和教学质量的重要方式。

三、国内外研究述评

综上所述，国内外已有的研究成果揭示大数据在教育领域的应用方面、大数据时代教育的管理与变革趋势方面有重大的贡献。在思想政治教育领域，国内的学者对大数据时代的思想政治教育进行了积极而深入的探讨，包括大数据时代思想政治教育的变革、机制、方法、路径、矛盾与局限性等方面，对大数据的思想政治教育价值等基本问题已经达成共识，取得了丰硕的成果。但由于大数据在教育领域的应用尚处于探索阶段，尤其是大数据时代的个性化思想政治教育研究刚刚起步，所以有进一步深化与拓展的必要。目前，研究中存在的问题主要包括：基础理论研究较多，实证量化研究较少；传统研究方法较多，数据分析与模型构建较少；单一学科研究较多，交叉学科研究较少等。

本书试图从个性化教育的视角切入，研究大数据时代的高校个性化思想政治教育。新的设计是：在充分阐释大数据的基础上，研究大数据时代思想政治教育的模式转变，分析个性化思想政治教育面临的机遇和挑战，设计个性化思想政治教育的实现路径，创新高校思想政治教育的方法。

---

❶ SCHLEICHER A. 超越 PISA：如何建构 21 世纪学校体系 [M]. 窦卫霖，译. 上海：上海教育出版社，2018（11）：43.

第三节　研究思路、方法、价值与创新

一、研究的基本思路

首先，本书对大数据及个性化思想政治教育特点与大数据时代高校思想政治教育出现的新变化进行分析与研究。其次，对大数据时代高校个性化思想政治教育面临的新契机进行研究，即分析大数据时代给高校个性化思想政治教育带来的新机遇与新挑战。最后，对大数据时代思想政治教育理念更新及路径创新进行研究。

本书目的是通过思想政治教育大数据采集分析，建立学生思想健康的预警机制，运用网络舆情监控数据建立大学生行为的预测机制，利用大数据的差异辨别功能加强思想政治教育管理的精准性，以及加强大数据时代高校思想政治教育者数据素养培育，建立思想政治教育动态评估反馈机制及数据安全保障机制，最终实现高校人才的个性化管理与多样化培养。思想政治教育数据应用路径如图1-2所示。

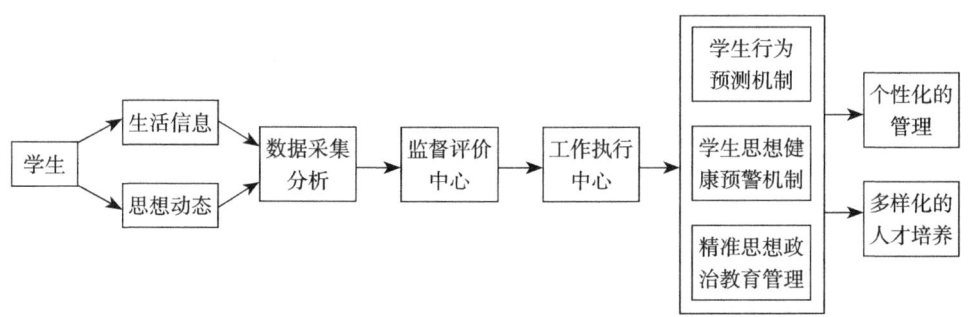

图1-2　思想政治教育数据应用路径

二、研究的具体方法

数据收集与文献研究法：用科学的方法收集、整理国内外相关的文献资料，从多个来源和多种渠道收集相关数据，并从数据中提取有用的模式，这个过程涉及对原数据的预处理。

交叉学科的综合研究法：运用思想政治教育学、计算机科学、心理学、社会学、信息技术学、传播学等跨学科的方法论"工具箱"，实现方法论上的综合。

建立合适目标数据集：通过建立可以使用数据挖掘和统计算法的合适目标数据集，从数据中提取有用的模式，整合来自不同地方的数据并且将整合好的数据转换成合适的形式，以便利特定的数据挖掘方法的使用。

互联网使用记录挖掘的数据建模：使用记录数据的预处理得到一个有 n 个页面访问的集合，利用聚类分析找到重要的基于用户在站点的导航模式和项目之间的关系。

互联网数据分析：对训练好的样本数据，根据用户或者分析者的最终目标进行筛选。在本书中，使用的是聚类分析技术和访问者设计模式。

三、研究价值与创新之处

（一）研究价值

独到的学术价值。最重要的学术贡献是以大数据作为切入点研究高校个性化思想政治教育问题，利用计算机应用技术中的数据挖掘方法，建立推动思想政治教育定性研究与定量研究相结合的新的研究范式。同时，有针对性地构建和创新相关机制，使思想政治教育理论研究和实践探索更具科学性、规范性与可操作性。

独到的应用价值。主要体现在两个方面：第一，通过大数据的分析预测功能，实施精准的个性化思想政治教育；第二，通过大数据的隐性沟通功能，改变以往灌输式的思想政治教育，实现"用数据说话"，全面提升思想政治教育的工作质量和水平，实现思想政治教育同大学生的学习、生活、就业等方面的紧密结合，做到大学生在思想上解惑、精神上解忧、文化上解渴、心理上解压。❶

（二）创新之处

在学术思想方面的特色。充分利用大数据的特点实施精准的个性化思想政治教育，更新理念、建设队伍、建立机制、创新载体，提出具有可操作性的整体性解决方案，对思想政治教育学科发展具有一定的创新性。

在学术观点方面的特色。紧扣时代脉搏，在大数据方兴未艾的时候，寻找新的切入点进行研究。以往国内外对大数据的研究多集中在教育的宏观方面，本书以个性化思想政治教育为突破口，探求大数据时代给高校思想政治工作带来的冲击与机遇，并寻求可行性路径与机制创新。

在研究方法方面的特色。运用思想政治教育学、计算机科学、心理学、社会学、信息技术学、传播学等多学科知识和方法，进行交叉学科研究。

---

❶ 中共中央、国务院印发《关于新时代加强和改进思想政治工作的意见》[EB/OL].（2021-07-12）[2023-12-12]. http：//www.gov.cn/zhengce/2021/07/12/content_5624392.htm.

第二章　大数据开启个性化思想政治教育新时代

从结绳记事起，数据便已经产生。在计算机和互联网广泛应用的今天，人类采集、存储和处理数据能力的大幅提升，数据应用渗透到人们生活中的每个角落，改变了人们的行为方式与思维方式，也促进了思想政治教育方式方法的更新。配合大数据时代的个性化、动态化、定制化特征，思想政治教育的维度也更为丰富，更为精准的个性化思想政治教育时代已经来临。

第一节　大数据和大数据时代

伴随着全球数据资源的爆炸式增长以及互联网技术的发展而到来的大数据时代，是一个将数据作为核心价值的时代。大数据表现出数据规模庞大，数据种类繁多，数据生成及处理速度高效，数据价值高、密度低等特征。随着大数据时代的不断推进，大数据的特征也实现了 3V—8V—XV 的发展。近年来，随着各个国家对大数据的高度重视，各种关于大数据的规划和行动方案不断出台，大数据以更重要的角色进入社会政治、经济、文化、生态等各领域，并产生了广泛、深刻、持久的影响。

第二章　大数据开启个性化思想政治教育新时代

一、大数据的核心要义

（一）大数据的基本概念

"大数据时代是一个将数据资源当作核心资产的时代，数据呈现出战略化、资产化和社会化等特征。"❶ 大数据是伴随着互联网技术快速发展而产生的，与传统数据的范围、规模、内部价值有较大差异。目前，学术界对于大数据尚未形成一个精准的定义。国家标准《信息技术 大数据 术语》（GB/T 35295—2017）将其定义为：大数据是指具有体量巨大、来源多样、生成极快且多变等特征，并且难以用传统数据体系结构有效处理的包含大量数据集的数据。

从数据分析角度看，大数据指的是已经超过传统的数据范围，不能用传统数据软件分析，只能采用最新的分析软件才能挖掘其背后的信息，同时通过对数据集进行数据加工、分析形成一定现象或事件的预判，并经过及时的反馈而形成的一种信息资产。按照一定的标准对碎片化、价值密度低、规模大的数据进行关联性分析，可以做到让每个有效数据"发声"。从技术分析角度来看，大数据指的是通过对数据进行可视化展示、数据挖掘建模技术等对所获取的海量信息进行整合、分析与重组，进而对获取的数据进行技术创新。例如，在当前具体的操作业务中，数据的存储和计算往往是相互分离的。随着大数据的不断推进，实现了数据的存储和计算的一体化操作，这样既降低了成本，也提高了效率。从数据应用能力角度看，大数据体现的是一种信息素养。信息素养是运用相应的软件收集信息、筛查信息，进行数据分类、数据分析，再挖掘数据背后所蕴藏的价值，最后对事物作出一定的预测和个性化方案的能力。因此，具备信息素养是大数据时代对每一位研究者提出的基本要求。

---

❶ 刘叶婷，唐斯斯.大数据对政府治理的影响及挑战 [J].电子政务，2014（6）.

虽未统一定义，但是学术界对于大数据的自身价值都给予充分肯定，并对大数据未来的发展前景进行了展望。大数据时代真正的革命并不在于生产分析数据的机器，而在于我们自身如何运用数据，获取数据背后的价值。新时代大数据既是变革思维、获取新知和创造价值的源泉，又将是促使社会向着民主化、开放化、个性化方向发展的助推器。

（二）大数据的基本特征

关于大数据基本特征的研究，X"V"理论受到了学术界较为一致的认可。2001年，麦塔集团（META Group，现为高德纳）分析师莱尼率先提出"3V"理论，即数据的体积日益庞大（Volume）、数据的种类繁多（Variety）、数据的生成及处理高效（Velocity）。基于从大数据中获得的巨大价值，互联网数据中心IDC认为大数据还应具有第四个"V"——Value（价值性）。随着大量不同格式的数据涌现及数据质量参差不齐，更多"V"被引入大数据的"社区"，国际商业机器公司（IBM）提出了第五个"V"——Veracity（真实性），指数据的质量。在新时代背景之下，大数据已经融入社会各行各业，大大加快了生产方式革新、产业变革的步伐，使大数据更加精准有效地服务社会。但有些学者认为仅仅考虑传统的"4V""5V"特征是不够的，还应考虑大数据的鲜活性。学者陶水龙提出了"5V+2D"的特征模型，"2D"指Deadline（时效性）和Dynamic（动态性）。未来，随着对大数据的探索愈加深入，人们对大数据特征的认知将更加清晰完整。从目前学术界讨论最多的"8V"出发，大数据具有体积大（Volume）、多样化（Variety）、高速性（Velocity）、真实性（Veracity）、价值化（Value）、活力性（Vitality）、可视化（Visualization）与合法性（Validity）的特点，如图2-1所示。

第二章 大数据开启个性化思想政治教育新时代

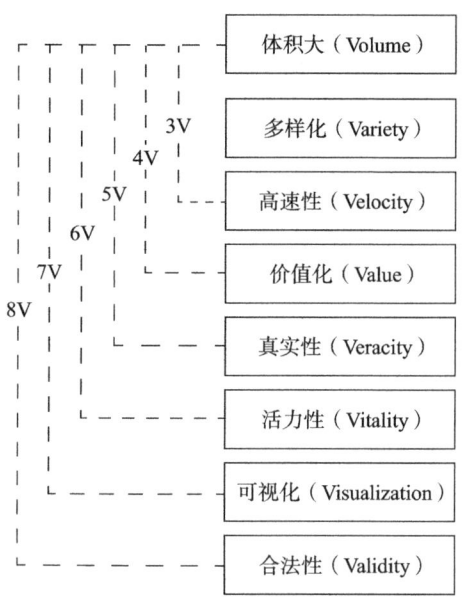

图 2-1 大数据特性图（从 3V 到 8V）

1. 数据体积、规模庞大

就字面意思来看，"大数据"中的"大"即数据的体积、规模庞大，这是大数据最突出、最明显的特征。随着互联网的出现和崛起，移动设备不断升级和普及，随之所产生的数据量也呈现爆炸性增长，人们进入了大数据时代。互联网在我国初露头角的年代，由于移动设备的普及度低，所产生的数据量也相对较少，因此，人们对数据存储需求不高，MB 级别的存储量足以满足当时人们的日常需求。随着移动互联网和科技产品的不断升级，数据的数量越来越多，在打开电脑、手机等移动设备的那一刻起，数据就随之产生了。随着数据量的持续迅猛增加，人们对数据存储量的需求也越来越高，由原来 MB 级别的数据存储量发展到如今 GB、TB、PB、EB 甚至 ZB 级别。当下全球数据量仍在爆炸性地增长，2020 年 11 月，国际权威机构 Statista 对 2016—2035 年全球数据增长进行了统计和预测，到 2035 年，全球数据产生量预计达到 2142ZB，全球数据量即将迎来更大规模的爆发❶，如图 2-2 所示。

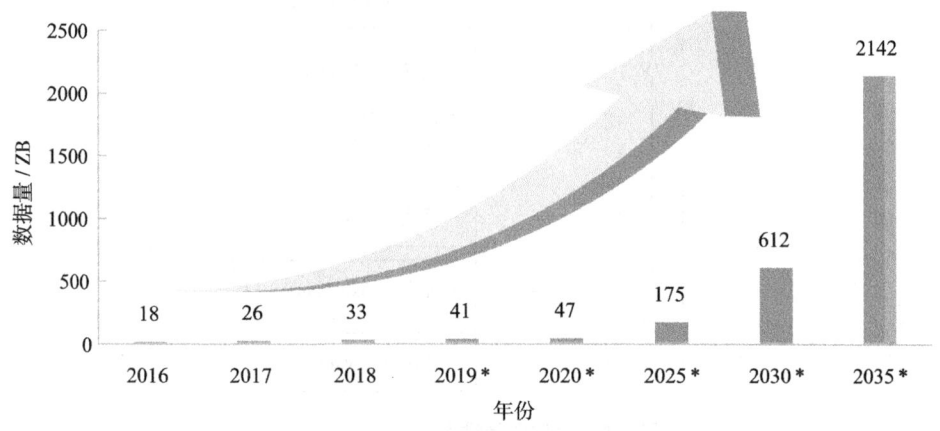

图 2-2　数据增长示意图

数据来源：Statista。
注：标 * 为当时预测值。

2. 数据的种类繁多

在传统数据库中，数据结构主要是以数字和符号为主的结构化数据，数据的种类有限。随着技术的不断突破与升级，数据的来源越发广泛，数据的种类不再局限于以往的一种或少数几种，结构、半结构或非结构化数据都能够被识别和记录，并且半结构和非结构化数据所占份额还在不断增长。因此，大数据的"大"不仅体现在数据规模的庞大，而且体现在数据种类的繁杂多样，具体表现为表格数据、分层数据、网络日志、文件、电子邮件、计量数据、地理位置信息、视频、图片、音频、金融交易等。当前，数据广泛应用于自动推荐系

---

❶ 中国信息通信研究院. 大数据白皮书（2020 年）[R/OL].（2021-01-27）[2021-07-13]. http：//www.caict.ac.cn/english/research/whitepapers/202101/t20210127_369056.html.

统,如京东、抖音、拼多多、QQ浏览器、酷狗音乐等,这些应用程序能够实时跟踪用户的行为习惯、访问内容、选择喜好等,并对这些数据加以分析,从而为用户推送所需的信息。在此,数据的多样性足以体现出来。但值得注意的是,随着数据量和数据种类的持续增长,收集、存储和处理数据的难度也不断加大,传统的一些处理方式已经无法很好地发挥作用,这就对数据的处理能力提出了更高的要求。

3. 数据的生成及处理高效

大数据的生成及处理速度高效,一方面是指数据信息呈指数级快速产生;另一方面是指由于数据量的爆炸性"繁衍"和数据种类的多样繁杂,数据处理方式便更加全面高效。由此可见,大数据的高速与其时效性是密不可分的。在传统数据时代,很多数据的采集是靠人工来完成的,因此数据信息得不到及时有效的收集和处理。而大数据时代,数据的产生是通过网络传输,数据信息产生和采集的速度十分惊人,因此,海量数据能够得到更加即时、快速、高效的处理。在数据交互量巨大的各平台,如果数据信息的生成、传输和采集速度过慢,这些数据得不到及时有效的处理,其价值也不能很好地被利用,甚至会丧失,因此,只有严格要求数据的采集和处理,才能及时获取最新、最有价值的数据信息,从而在市场上抢占先机,这是大数据区别于传统数据挖掘的显著特征。

4. 数据的价值高但密度低

在信息缺乏的"小数据"时代,由于收集的数据量有限,我们往往执迷于精确性,要求所记录下的数据尽量精确,尽量减少错误,以求高质。而在如今纷繁复杂的大数据时代,由于数据规模日益庞大、来源日益多样、种类日益繁杂,我们所能够掌握的数据越来越全面,但庞大的数据库中容易混杂一些错误的数据，导致数据结果不准确。因此"大数据"的精确性要比"小数据"低，即数据价值密度的高低往往与数据规模的大小成反比。然而，在大数据时代，我们允许不精确。因为允许不精确，我们可以掌握和拥有更多的数据；不再执着于精确性，我们可以更多地挖掘数据中蕴含的有用价值并从中受益。可以说，允许不精确是大数据时代的一大优势。因为在海量的数据中能够找到更多有价值的信息，通过对这些信息的统计及分析，可以更好地预测未来可能发生的事情，帮助我们进一步接近事实的真相，充分发挥大数据的独特价值。正如《大数据时代：生活、工作与思维的大变革》一书中提出的：接受数据的不精确和不完美，我们反而能够更好地进行预测，也能够更好地理解这个世界。不同于物质性的东西，数据的价值不会随着它的使用而减少，而是可以不断地被处理。❶

5. 数据的真实性

大数据的"大"不仅是指大数据量大、结构复杂、粒度细，更是指数据质量和使用价值，即大数据的真实性。数据质量与数据价值间的内在联系是直接而明确的。大数据多种类型、多种结构的特点，决定了大数据质量的动态性和情境化，而大数据的质量贯穿于数据收集、处理、存储直至进入数据系统的整个数据周期，与特定环境、特定目标和特定的初始条件密切相关。这就对大数据质量管理和质量评价作出了新的要求。首先，需要对生命周期和数据工作流程中每个阶段的数据质量进行针对性跟踪管理、监测和控制。其次，需要探索建构适应于大数据质量生态系统的评估模型，评价框架必须考虑数据系统中的数据流动过程，考虑一个或多个阶段的数据质量属性。大数据作为一种战略性资源，更需要从宏观层面进行系统化、全面化的研究，尤其应从大数据技术、

---

❶ 迈尔-舍恩伯格，库克耶.大数据时代：生活、工作与思维的大变革[M].盛杨燕，周涛，译.杭州：浙江人民出版社，2013：56，132.

技术发展相结合的角度进行研究与管理，建立起以质量为基础的大数据战略，进一步发挥其潜在价值，发挥更大的社会效益。

6. 数据具有活力

大数据的动态性主要体现在数据的产生、处理和存储过程中。首先，数据的产生具有动态性。在互联网时代，数据可以随时随地产生，如用户的搜索记录、购买行为、社交媒体互动等。这些数据是实时产生的，反映了用户的最新行为和需求。其次，数据的处理也具有动态性。随着数据量的不断增加，处理数据的工具和技术也需要不断升级和优化，以适应数据的变化。例如，数据流处理可以对动态数据进行实时的清洗和分析，以满足实时决策的需求。最后，数据的存储也具有动态性。随着数据量的增长，存储系统需要不断扩展和升级，以满足数据的存储需求。

7. 数据的可视化

"数据可视化"这一概念自1987年正式提出，经过三十多年的发展，逐渐形成3个分支：科学计算可视化（Scientific Visualization）、信息可视化（Information Visualization）、可视分析（Visual Analytics）。近年来，上述三个方面有逐步融合的趋势，被称为"大数据可视化"。狭义上的大数据可视化是指通过计算机图形、图像处理等手段，把资料转化成图形或图像，再在荧幕上呈现，使之能进行多种交互式处理。广义上的大数据可视化是指任何可以将抽象的、乏味的或者难以理解的东西（如看起来没有任何意义的数据、信息和知识），用一种通俗易懂的视觉形式展现的一种技术。数据可视化的功能就是能够对数据进行比较，研究其分布，探究其构成，对比其相互关系，并对其发展趋势进行预测。当前，关于大数据可视化的研究大多在工业和商业领域，如商务智能、政府决策、公共服务、营销、金融、电力、通信、工业生产、卫生保健等。

8. 数据的合法性

大数据的合法性是指在采集、处理、使用大数据的过程中，必须遵守相关的法律法规和道德规范，确保数据的合法性和正当性。合法性是大数据应用的前提和基础，也是保护个人隐私和信息安全的重要保障。在大数据的采集过程中，必须遵守个人信息保护的相关法律，如遵守《中华人民共和国民法典》等，确保个人信息的合法性和隐私权。同时，还需要遵守相关的数据保护法规，如《中华人民共和国数据安全法》等，确保数据的安全性和保密性。在大数据的处理和使用过程中，也需要遵守相关法律法规和道德规范。例如，需要遵守数据质量管理的相关标准，确保数据的准确性和可靠性；需要遵守数据共享和开放的相关规定，确保数据的合法性和正当性；需要遵守数据安全和隐私保护的相关规定，确保数据的安全性和隐私性。大数据的合法性是大数据应用的重要保障，必须遵守相关的法律法规和道德规范，确保数据的合法性和正当性，保护个人隐私和信息安全。大数据的"8V"特征如表 2-1 所示。

表 2-1 大数据的"8V"特征

名称	含义	解释
Volume	体积	数据的大小决定所考虑的数据的价值和潜在的信息
Variety	多样	数据类型的多样性
Velocity	速度	获得数据的速度
Value	价值	合理运用大数据，以低成本创造高价值
Veracity	真实	数据的准确度、可靠性
Vitality	动态	数据的产生、处理和存储
Visualization	可视	数据表达的视觉化
Validity	合法	数据收集和使用的规范化

可以预见的趋势是，随着人们对大数据的研究不断深化，大数据技术将会不断发展与成熟，大数据的特征也将不断变化和拓展，会有更多新特征引入大数据"社区"。

（三）大数据产生的技术背景

大数据萌芽于20世纪90年代至20世纪末期，在21世纪前十年进入成熟期，2010年以后进入大规模应用期，其产生与发展离不开技术支持。

1. 数据存储

数据存储是指将数据保存在物理或逻辑存储介质中，以便日后使用。数据存储的发展经历了从最初简单到现代复杂、从低效到高效的演变过程。最初的远古时代，人类利用结绳、刻字等方法记录信息，这些方法为数据存储奠定了基石。随后，随着造纸术和印刷术的发明，信息的记录和传播发生了革命性的变革，数据存储的形式得以丰富。进入近现代，随着工业革命的兴起，数据存储技术开始经历从打孔卡到磁存储、硬盘的跨越，数据存储的容量和速度都有了显著的提升。现代社会，数据存储技术已经取得了长足进步，闪存、DNA存储、量子存储、纳米存储等新型存储技术的出现，说明人类探索高效存储信息的脚步从未停止。这些技术不仅提高了数据存储的容量和速度，还在数据安全性、可扩展性等方面有了显著的提升。

现代互联网的发展，迎来了信息爆炸的时代，激增了海量数据，而数据存储为这些海量数据提供了存放和管理的场所。随着大数据技术的不断发展，数据处理和分析的需求日益增长。而数据存储系统通过提供高速的数据传输通道和快速的数据访问速度，使大数据处理和分析变得更加迅速和高效。无论是数据的备份、恢复，还是数据的共享和访问，都依赖于高效的数据存储系统。

2. 数据挖掘

数据挖掘（Data Mining，DM）是多学科交叉的新兴学科，它是一种从大量数据中提取未知的、隐含的、具有潜在价值信息的过程。1989年8月，在美国底特律市召开的第11届人工智能联合会议专题讨论会上，学者们首先提出了"知识发现"（Knowledge Discover in Database，KDD）这一概念，也有学者将它称为"数据挖掘"，但这两个概念是不同的。

在1995年，于加拿大蒙特利尔市举办的首届"知识发现和数据挖掘"国际学术盛会上，"KDD"这一术语获得了广泛认同。会议深入剖析了"数据挖掘"的完整流程。实质上，数据挖掘无疑是知识挖掘过程的重要组成部分。经过近三十年的快速发展，数据挖掘技术已取得了显著的进步，逐步构建了一系列基础理论，涵盖了分类、聚类、模式挖掘及规则提取等。

随着大数据时代的到来，数据挖掘技术被越来越多地应用于日常生活的各个领域，具有不可替代的作用，并逐渐成为高新技术产业的研究热点。数据挖掘在软件开发、医疗卫生、金融、教育等各个领域都有广泛的应用，作为一个独立的系统存在于大数据系统中，以一种不可忽视的角色促进大数据的发展。

3. 数据生产

数据生产在促进大数据的发展中起到了关键作用。随着数据生产的不断增加，数据量呈现爆炸式增长的趋势。这种增长为大数据分析提供了更广阔的空间和更多的可能性。更多的数据意味着更丰富的信息，可以挖掘出更多的价值。数据生产不仅带来了数据量的增长，还带来了数据类型的多样化。传统的数据以结构化数据为主，而随着社交媒体、物联网等技术的普及，非结构化数据也大量涌现。这些数据类型的多样性为大数据分析提供了更全面的视角，使我们可以更深入地了解事物的本质。同样，数据生产的增长和多样化也推动了大数据技术的创新。

数据生产在促进大数据的发展中起到了关键作用。它推动了数据量的增长、数据类型的多样化、技术创新、商业模式的变革以及跨学科研究的发展。这些因素共同推动了大数据产业的繁荣和发展。

4. 物联网发展

"物联网"（Internet of Things）是一个完整的概念，不仅包括远端的传感器数据采集、传输、存储和展示，还包括对采集的历史数据的分析，以及基于分析结果所产生的决策、反馈和控制动作。与人类的思维模式相比，物联网就像一种"五官"的升级，可以让人类获得更多以前不能得到的信息。而以物联网为基础的大数据分析，更像一种对人类"大脑"的"感官"进行强化，使人们可以跳出常规的思考模式，从而获得更多维度、更全面、更实时的认知与判断。

近十年来，Hadoop、Spark等一系列新兴技术相继涌现，能够高效实时地处理大规模的数据（批量数据为主）。对实时性要求越来越高的流式计算与分析技术也逐渐被提上了一个新的高度，即对具有时序标记的数据进行处理。物联网和大数据，一个产生数据，一个处理和分析数据，二者紧密联系，物联网的发展为大数据时代的进步作出了巨大贡献。

5. 云计算技术

云计算是以虚拟化技术为基础，以网络为载体，以提供基础架构、平台、软件等服务为形式，整合大规模可扩展的计算、存储、数据、应用等分布式计算资源进行协同工作的超级计算模式。在云计算模式下，用户不再需要购买复杂的硬件和软件，只需要支付相应的费用给"云计算"服务提供商，通过网络就可以方便地获取所需要的计算、存储等资源。❶

---

❶ 吴吉义，平玲娣，潘雪增，等. 云计算：从概念到平台 [J]. 电信科学，2009（12）：24.

云计算平台以其强大的容纳能力和快速运行的特点，通过互联网对海量数据进行处理。在处理大量且复杂的数据时，云计算能够按照一定序列将数据分配到不同模块中进行处理，这种处理方式不仅确保了短时间内能处理大量数据信息，还大幅提升了数据处理速度，尤其适合大数据这种数据密集型计算。

云计算为大数据提供了一个安全、可承载海量数据的处理平台，确保数据能够迅速且高效地得到处理。大数据和云计算相结合，通过对互联网和本地资源的虚拟化处理，为用户提供更多有价值的信息；能处理更多、更复杂的数据，为人们提供更加便捷的数据并为社会发展作贡献。大数据和云计算是相互促进的，它们在数据处理和商业运行中扮演着举足轻重的角色。大数据、云计算等技术的应用，也将极大地促进计算机计算方法的发展，从而推动整个社会的智能化发展。

6. 人工智能

人工智能（Artificial Intelligence，AI）是一门新兴的技术科学，致力于研究和开发模拟、延伸以及扩展人类智能的理论、方法、技术及应用系统，也被称为"智械"或"机器智能"。通过应用人工智能，我们在医学、神经科学、机器人学及统计学等领域取得了显著的进步。一些预测者甚至认为，随着技术的不断发展，未来人工智能有可能逐渐取代人类的许多职业。

如今，人工智能在全球范围内受到了广泛的关注和重视。各个国家和地区都在积极布局和发展人工智能产业，将其作为推动经济社会发展的新动力。在中国，政府出台了一系列的政策文件，如《新一代人工智能发展规划》和《促进新一代人工智能产业发展三年行动计划（2018—2020年）》，以推动人工智能产业的发展和应用。人工智能的发展依赖数据，数据的发展也离不开人工智能。大数据时代，大数据可以帮助人工智能更好地理解和预测人类行为，提高决策效率、生产力、生活质量等。同时，人工智能也可以更好地处理大数据，从而更好地发现数据中的关键信息，进行数据分析、数据挖掘等。人工智能通过机器学习和深度学习等算法，能够自动化处理和分析大量数据，从而快速、准确地提取出有价值的信息。这种处理能力在大数据时代尤为重要，因为传统的数据处理方法很难应对如此庞大和复杂的数据集。在现代，人工智能还能够处理企业等领域的非结构化数据，这些数据是大数据无法统计到的非结构化数据，占企业数据的80%以上，并且以每年55%~65%的速度增长。如果没有工具来分析这些海量数据，企业数据的巨大价值都将无法发挥。

人工智能和大数据的结合带来了许多创新应用，这些应用正在改变我们的生活和工作方式。例如，许多在线平台（电商网站、视频流媒体服务和社交媒体平台），都使用基于人工智能和大数据的推荐系统。这些系统通过分析用户的浏览历史、购买记录和其他行为数据，以及产品的特性，预测用户可能感兴趣的内容，并据此提供个性化的推荐。

二、大数据时代的到来

（一）大数据时代

人们常常以最具代表性的生产工具来代表一个历史时期。回顾历史，人类经历了石器时代、青铜器时代、铁器时代、蒸汽时代、电气时代、原子时代。1946年，计算机作为当时最为先进的科学技术发明之一问世，而在之后的十多年时间内，由于价格很昂贵，应用范围很小。为了解决这一矛盾，计算机网络随之诞生，其形式是将一台计算机经过通信线路与若干台终端直接连接，这种方式可以视为最简单的局域网雏形。伴随着网络的逐步发展，铺天盖地的信息涌现出来，信息传播和处理的速度极速增长，信息技术席卷全球，人类步入了信息时代。数据作为信息的具体表现形式，也呈现几何指数式增长，被广泛应用于物理学、生物学、军事、金融、通信等领域。"当前大数据规模及其存储容量正在迅速增长,已经渗透到各个行业和业务职能领域,成为可以与物质资产和人力资本相提并论的重要的生产要素。大数据是继传统 IT 之后下一个提高生产率的技术前沿。只要具有适当的政策推动,大数据的使用将成为未来提高竞争力、生产力、创新能力以及创造消费者盈余的关键要素,成为领军企业与其他企业之间最大的显著差别。"❶

大数据起源于信息通信技术的日渐成熟,服务并深刻改变着当代社会的方方面面,为人类看待这个多彩的世界提供了一种全新的方法和思路。例如,在城市交通规划中,可通过大数据分析人口和经济发展情况,为城市交通规划和建设提供科学依据。餐饮业的投资项目也是通过大数据的精准数据分析,测算出在商圈热度高且需求量大的项目,从而实现精准投资。网络购物平台、短视频软件通过对海量数据的掌握和分析为用户提供更加个性化的服务。大数据时代将推动人类社会发生革命性的演变。

大数据在人类历史的首次亮相是在 18 世纪美国的人口普查中,美国科学家创造性地通过卡片上的洞的个数将原本要耗时数十年的工作一年时间完成,这让人们开始注意到数据应用的威力。

而大数据的最早起源可以追溯到 20 世纪 70 年代,在《未来的冲击》一书中,著名的未来学家阿尔文·托夫勒预言了大量数据、非结构化数据、信息通道和信息过载等现象。1997 年,美国太空总署的两名工程师为了解决空气动力学问题,将解决此问题的难度归结为"大数据",并且准确无误地阐述了大数据的关键词:分布、远程、大量信息、可视化和处理。2008 年 9 月 4 日,《自然》杂志推出了"Big Data"的专辑,首次提出"大数据"(Big Data)概念。2010 年,美国技术委员会给当时的美国总统提交了报告,其根本意愿是将大数

---

❶ 赵姗. 大数据时代来临 中国准备好了吗?[N]. 中国经济日报, 2013-07-01.

据应用上升到国家决策层面。2011年6月，全球知名的咨询公司麦肯锡在其研究报告中指出"大数据时代"到来。同年，美国成立了专门的督导组进行大数据任务的制定及各部门之间的协调工作。首次在公共行政领域导入大数据理念的是奥巴马政府，2012年3月，奥巴马政府发布了《大数据研究和发展倡议》，通过发布一系列指令、计划、策略，充分肯定大数据在各个领域与阶段的价值，并使之更好地服务于大众，这标志着大数据成为重要的时代特征。2012年5月，联合国"全球脉动计划"（Global Pulse）发布《大数据开发：机遇与挑战》（*Big Data for Development*：*Challenges Opportunities*）报告，指出了大数据带来的机遇、挑战，总结了各国政府如何利用大数据更好地服务和保护人民。2014年5月，美国白宫发布了《大数据：抓住机遇、守护价值》（*The Big Date*：*Seizing the Opportunities*，*Preserving the Values*）白皮书，鼓励人们广泛应用大数据技术以推动社会进步，强调即便大数据技术重塑了世界，也需要采取一定的对策和措施来保护个人隐私、确保公平、防止歧视。2016年，美国发布的《联邦大数据研究与开发战略计划》，对联邦机构大数据研发关键领域的七个战略项目和投资进行指导，强调数据交互和数据可视化的新技术和方法将强化"人类—数据"的联系。❶针对大数据的广泛运用导致数据资源泄露问题，2018年欧盟制定并实施全球最严格的个人数据保护法，更好地确保了大数据时代的信息共享和交流。《2019年全球大数据发展分析报告》显示，2019年大数据硬件、软件和整体市场规模达到500亿美元，预计到2025年大数据硬件、软件和服务整体市场规模将达到920亿美元。截至2020年年底，美国公布第四次国家行动计划核心为开放数字行动的计划，通过制定相关的数据标准、设立首席数控官、利用大数据推动创新来提升社会领域重要主题的承诺。与此同

---

❶ NITRD. The Federal Big Data Research and Development Stretegic Plan [EB/OL].（2016-05-13）[2023-05-20]. https://obamawhitehouse.archives.gov/sites/default/files/microsites/ostp/NSTC/bigdatardstrategicplan-nitrd_final_051916.pdf.

时，美国针对大数据领域做了今后十年的规划，制定了多项行动规划与相应的行动方案。《2020年全球大数据发展分析报告》指出，大数据在带来技术领域深刻变革的同时，也推进了国家治理方式的转变，推动政府从"权威治理"向"数据治理"的转变。数据表明，全世界有越来越多的发展中国家包括中国都开始制定并实施开放政府数据计划，截至2023年8月，中国已有226个省级和城市的地方政府上线了数据开放平台。❶

相比大数据在西方社会的发展，中国的大数据发展起步较晚，但是发展速度非常快。2013年，关于大数据的融资开始得到投资行业的关注，大数据进入公众视野。2014年3月，大数据首次写入国务院政府工作报告，从此开启了大数据飞速发展的时代。2015年，大数据发展成为一种新兴行业。2016年，中国发布的"十三五"规划第二十七章明确提出"实施国家大数据战略"。2017—2020年，中国确定了从"数据大国"迈向"数据强国"的重要战略部署；2014—2020年，大数据已经连续七年写入政府工作报告，足见政府对于大数据的重视。2019年，中央首次把数据确立为"生产要素"。2020年，中共中央、国务院《关于构建更加完善的要素市场化配置体制机制的意见》提出"加快培育数据要素市场"。2021年，"十四五"发展规划出台，全国各地响应国家政策，加大大数据产业布局、制定相关发展规划和目标，实现实体经济企业与大数据深度融合，提升竞争优势，推动大数据产业高质量发展。2022年3月，在国务院政府工作报告中再次加强对数字中国建设整体布局，发挥大数据的价值，推动经济发展，丰富人民生活。如今，大数据已经运用到能源、社会治理、生态、司法等各个领域，发挥着重要的作用。

---

❶ 2023中国地方公共数据开放利用报告（城市）[EB/OL].（2023-11-13）[2024-05-28]. https://finance.sina.com.cn/tech/roll/2023-11-13/doc-imzumchw8034365.shtml.

（二）大数据的时代价值

伴随大数据而来的不仅是技术上的突破，更是一次汹涌的社会变革。数据智慧开启新的领域，在社会经济、政治、文化、教育、科技等各项领域的革新中，大数据都发挥了重要的作用。

1. 数字经济：大数据在经济领域的价值

马克思主义理论认为，生产力的发展水平制约着生产关系的形成。❶大数据是信息技术发展的必然产物，更是信息化进程的新阶段，其发展推动了数字经济的形成与繁荣。数字经济的浪潮席卷而来，中国正以前所未有的速度迎来崭新的大数据时代。《中国城市数字经济发展报告（2023）》显示，我国数字经济规模超过50万亿元，总量稳居世界第二，占GDP比重提升至41.5%，数字经济与实体经济融合越发紧密。❷

数字经济是全球未来的发展方向。经济具有一定的抽象性，在对经济进行量化的过程中会有很多的困难，传统的统计方法难以为经济理论提供有力的支撑。将大数据分析技术应用到经济统计之中，利用大数据信息平台，统计工作者可以实现对信息的合理、有效收集，进而对经济理论进行检验，为经济理论的量化提供有力的技术支撑。传统进行经济统计时，外部因素会导致统计结果发生很大的变化，从而使经济统计的精准度难以升高。数据无论表现为数值、符号还是文字、图片等，它都会承载一定数量的信息，所以可以把数据广义理解为信息载体。在互联网信息时代，利用大数据分析技术进行经济统计工作，可以充分考虑多方位的因素，将大量的外在因素引入经济统计的模型中，从而得出更加精准的结果。

---

❶ 中共中央马克思恩格斯列宁斯大林著作编译总局.马克思恩格斯选集：第2卷[M].北京：人民出版社，2012：2-3.

❷ 周渊.我国数字经济规模超50万亿元[N].文汇报，2024-01-06（001）.

数字经济为金融、制造、农业等行业的高质量发展提供了新的发展动能。金融行业运用大数据理念，对个人用户和企业用户画像，获得客户的行为数据，进而通过个性化推荐进行精准营销。制造业通过大数据提前分析和预测需求量，优化物流存储和提高配送效率，并大幅降低企业产品仓储、配送和销售的成本。数字经济赋能农业，在培育良种、精准种植、农业生态环境监测、农产品物流等方面起到了重要作用，大大提升了农业信息化，增强了农业综合生产能力。由此可见，大数据在经济领域的作用不仅在于创造自身价值，更在于帮助各个行业提升价值，促进数字经济的"价值双增"。大数据的深层信息让"最优"和"理性"变得更加现实。这里的"最优"不仅表示资源配置得更加有效，更强调供求关系的高度一致，即在深层信息的作用下，供给方提供的商品从一开始就是需求方需要的商品。这种供求关系的一致性就是数字经济时代的供求一体化。

大数据的发展推动了经济的转型，也决定了我国未来经济的发展方向。在生产力水平的快速提高下，中国社会发生了巨大变革。

2. 数据治国：大数据在政治领域的价值

大数据澎湃来袭，在引起技术革命和经济变革的同时，也带来了一场国家治理的革新。2017年12月8日，习近平总书记在中共中央政治局第二次集体学习时强调，要运用大数据提升国家治理现代化水平。要建立健全大数据辅助科学决策和社会治理的机制，推进政府管理和社会治理模式创新，实现政府决策科学化、社会治理精准化、公共服务高效化。❶信息时代的电子政务信息数据和统计数据对政府来说无疑是一座等待被挖掘的"金矿"，想要构建数字化政府、智慧政府，就必须拥抱大数据，树立数据治国的新理念。

首先，大数据加速了传统政务向电子政务转型。电子政务的数据越开放，

---

❶ 习近平主持中共中央政治局第二次集体学习 [EB/OL].（2017-12-10）[2023-12-12]. https://news.cnr.cn/native/gd/20171210/t20171210_524056075.shtml.

则意味着政府业务越透明。电子政务将原本分散的信息资源进行系统化编排，通过在线服务使公众更及时、便捷地获得公共服务信息，从而提高了政府的工作效率。大数据还能够帮助政府简化公共服务的步骤，使政府公共服务更加优化，从而提高人民对政府工作的满意度。

其次，大数据在助力政府市场监管中发挥了重要作用。在互联网发达的今天，许多交易已经不发生在实体店，电子商务交易的盛行促使监管方式的变革。例如，国家市场监督管理总局充分利用大数据技术进行食品安全监管，通过将监管信息公开、开放相关数据，让公众便利地参与进来，从而实现全民食品监督，建立巧管、严管的新机制。同时，消费者可以通过国家药监局和市场监督管理部门的官网、小程序等平台，及时了解食品药品检测结果，更有选择地进行消费。

最后，大数据带动政府公共数据资源共享，更高效地服务民生。近年来，众多地方政府和企事业单位逐渐破除信息孤岛，将公共服务过程中产生的数据开放共享。例如，"北京12345"市民热线服务中心作为北京市非紧急救助服务综合受理调度平台，可以整合全市区域的便民呼叫服务，满足人民提出的各类问题和建议的需求。此外，"北京12345"已开通微博、微信、网站、App等16个网络受理办理渠道，将热线服务从"耳畔"延伸到"指尖"，使网民的诉求能够精准触达，促进线上线下协同办理。

政府大数据联合，形成了大综合、大管理的公共服务格局，有效提升了群众的获得感、幸福感、安全感。除此之外，大数据还支撑了教育、卫生、医疗等公共服务的均等化、便利化、节约化。例如，在基本医疗方面，电子健康档案、电子病历数据库的数据共享促进了远程医疗的实践，为患者提供了更加公开、便捷、均等化的医疗服务。数字时代和数字社会相适应，我国的法治现代化必然是法治与数治深度融合的现代化，必然是依法治国和以数治国相结合的现代化。例如，税务局作为主管税收工作的政府机构，掌握着大量的税收数据，如纳税人从设立到注销全生命周期的申报数据、缴款数据、发票数据、涉税违法违章数据等，当税务局拥有纳税人画像后，不需要税务抽查，就能预判和发现该纳税人是否存在偷逃税款的违法行为。

3. 数字化生存：大数据在文化领域的价值

大数据时代，政治、经济领域的变革终将催生文化发展的新生态。借助大数据分析技术，文化生产与传播呈现了"数据化"的生存态势，同时也促进了文化资源的整合与利用。

首先，大数据促进了文化生产的变革，文化生产逐渐趋于"受众本位"。凭借数据分析等技术手段，文化生产者可以收集和掌握文化受众的喜好、习惯等信息，在此基础上，便能够更精准地迎合受众需求，产出更多符合受众品味的作品。这种受众为本的、以需求带动供给的生产方式称为"回归受众"本位的文化生产模式。❶

其次，大数据促进了文化传播方式的转变。在互联网的普及与媒介融合的推动下，传媒步入企业化和产业化发展，这就让文化传播的话语权悄然转移。微博、微信等信息交流平台极大地满足了人们"随时随地分享新鲜事"的交流需求，这种具有开放性、即时性、去中心化等特点的文化交流途径深受人们喜爱。

最后，大数据改变了文化资源的整合与利用方式。一个国家的文化资源是在其历史发展过程中形成的宝贵财富，是象征其文化软实力的核心要素，也是促进其文化繁荣发展的基础和源泉，具有巨大的经济、社会和文化价值。文化资源总体上可分为历史文化资源与新生文化资源。一方面，我国历史文化资源即中华文明史博大精深，延绵不断。在这些宝贵财富中，还有很多不为公众了解的方面。为了进一步挖掘文明成果，大数据技术为我们提供了前所未有的契

---

❶ 郑自立. 大数据时代的文化安全风险与应对策略[J]. 山西高等学校社会科学学报，2015（7）：3-7.

机和条件。将大数据技术应用于图书馆、博物馆中可实现对历史文化资源更有效的保存、管理及利用。例如，将历史文化资源进行数字化转换，不仅能够保证其内容的完整性，还能够方便其在网络上的传播与宣传。另一方面，科技信息的不断发展、互联网和移动设备的不断普及，催生了具有巨大利用价值的新生文化资源。新生文化资源是人们在基于网络发生的文化活动中所产生的各种文化信息资源。利用大数据技术，按照一定的计划和规则，将各类新生文化资源进行整合和分析，有利于更加全面掌握文化市场需求，推动文化事业和文化产业的发展。

4. 数据导向：大数据在教育领域的价值

教育是文化传递和深化的手段。"大数据+教育"的模式兴起于国外，西方很注重教育的量化，早期的统计思想、后来的数据技术都广泛融合于教育。大数据技术能够真实探查学生的学习情况，为教师的针对性教育提供了可能。大数据驱动了数字经济、政治革新、文化发展的新态势，也激发了我国教育领域创新的活力和潜能，大大提升了教育教学质量，主要体现在以下几个方面。

第一，实现针对性教育。大数据实现了教育的差异化，通过大数据分析，能够精准高效地刻画学生特点、推测学生需求、诊断学习结果，教育者可以了解每个学生的学习环境、习惯、兴趣和能力，从而为他们提供个性化的学习资源和路径。这有助于激发学生的学习兴趣，提高学习效率，并培养学生的自主学习能力。

第二，促进精细化管理。校园管理是教育事业的重要组成部分，精细高效的管理是高质量教学的"催化剂"。大数据时代，教职工和学生个人信息量增多，通过构建学校数据信息库，上传、整合、细化信息资源，能够便捷信息获取、实现分类管理、优化教学环境，增强教师和学生的归属感和认同感。

第三，提供智能化服务。随着科学技术的不断进步，大数据与人工智能在教育领域的应用也越来越广泛。目前，教育领域的智能化主要体现在智能教学、智能管理、智能服务和智能评价等方面。例如，智慧教室可以通过人工智能技术提供更加个性化的学习体验，智慧教育系统可以通过人工智能技术实现个性化教育，如自适应学习系统、自适应测评系统等；智慧管理可以通过人工智能技术实现智能管理，如智能教务管理系统、智能教务决策系统等。

智慧校园采用了线上智能化考核系统。教师不再需要花费大量时间手动批改作业和试卷，系统通过先进的图像识别和自然语言处理技术，能够准确地识别学生的答案，并给出相应的评分和反馈。同时，大数据技术下的考核，打破了以往以分数定成败的片面性、滞后性的教学现状，教师基于数据分析所得出的考核结果，能够及时发现问题，并调整教学课程资源、教学方式方法、教学进度安排，实现教学的科学性和全面性，提升学生学习的主动性和积极性。

第四，拓展高校教育渠道。大数据可以在很大程度上提高教师对教育资源的利用效率，促进教育资源的共享。同时，随着线上教育平台的应用实践和信息反馈，教师可在平台上补充教学信息完善教学内容。平台还可通过后台大数据的计算，根据学生的学情分析，对应每位学生的兴趣点和学习习惯，向学生主页推送有价值、有看点的相关内容，从而激发学生的学习兴趣和学习深度，在线上学习中让学生发掘自己的学习潜能，并通过信息的浏览潜移默化地培养学生的学习能力，实现个性化教育。

此外，教育领域的大数据可以促进教育资源结构性问题的解决。所谓结构性问题，是指教育资源在分配中存在不合理现象，如地区之间、学校之间、教师之间、学生之间的差距较大。大数据可以通过分析这些差距，使教育资源的配置更加合理，学生的发展更加公平。总而言之，大数据的价值在于开启了一次前所未有的时代转型，数据正以其无处不在、无孔不入、无坚不摧的力量革新着当今社会的政治、经济和文化等领域，其波及范围之广、影响程度之深是过去的时代不曾经历的。这种宏观生态的变革为新时代高校思想政治教育的创新发展提供了数字化土壤。

（三）大数据的风险挑战

毛泽东在《矛盾论》中指出："一切事物中包含的矛盾方面的相互依赖和相互斗争，决定一切事物的生命，推动一切事物的发展。没有什么事物是不包含矛盾的，没有矛盾就没有世界。"❶大数据发展是大势所趋，为各行各业带来新机遇、新变革的同时也带来新挑战。在这种趋势下，科技变革和思维变革中的诸多隐患不可避免。伴随数据承载的价值越来越高，数据管理的难度越来越大，数据泄露的风险也越来越高，泄露的数据如果被别有用心的人截取占有，成为违法犯罪的"原料"，将造成不可逆转的后果，使个人、企业乃至国家深受其害，这就是大数据的风险挑战。

1.数据质量管理存在隐患

大数据最直接的特征就是"大"，体量巨大，数据庞杂，这种注重效率的数据类型是注重稳定性的传统数据无法比拟的。传统数据通常只是结构化数据，数据量小，倾向于对数据的精确性计算，而在大数据的存储平台上，数据量是以非线性甚至是指数级的速度增长的。大数据不仅包括结构化和半结构化数据，甚至还有非结构化数据，如文本、图像、声音和视频。各种类型和各种结构的数据进行数据存储，势必会引发多种应用进程的并发且频繁无序的运行，极易造成数据存储错位和数据管理混乱，从而造成大数据技术与管理平台的滞后，为大数据存储和后期的处理带来安全隐患。大数据系统中的数据来源十分广泛，包括传统企业的内部数据、社交媒体和网络数据、传感器和物联网数据、位置和空间数据、公共领域数据资源等多个方面。这些数据既有可信的，也有不可信的，甚至还可能有伪造的数据，所以验证数据的来源和真实性非常重要。然而当前的数据存储管理系统，由于存在数据采集终端性能限制、技术不足、信息来源复杂等缺陷，能否满足大数据背景下的海量数据的数据存

---

❶ 毛泽东.毛泽东选集：第1卷[M].北京：人民出版社，1991：305.

储需求，还有待考验。

大数据价值的创造关键在于大数据应用，大数据的飞速发展使大数据应用融入各行各业。观研报告网发布的《中国大数据行业发展深度研究与投资前景分析报告（2022—2029年）》显示，近年来随着大数据技术的不断提升，其应用的范围不断扩大，目前已经应用在政府、互联网、电信、金融、工业、健康医疗等领域。其中，互联网由于信息化水平高，研发力量雄厚，在业务数字化转型方面处于领先地位，占比达到了45%；其次为政府大数据，其近年来成为政府信息化建设的关键环节，与政府数据整合与开放共享、民生服务、社会治理、市场监管相关的应用需求持续火热，占比为15%。❶

大数据应用一般采用底层复杂、开放的分布式计算和存储架构为其提供海量数据分布式存储和高效计算服务，这些新的技术和架构使得大数据应用的网络边界变得模糊，传统网络边界的安全保护措施不再有效。同时，科技发展新形势下的高级持续性威胁（APT）、分布式拒绝服务攻击（DDOS）、基于机器学习的数据挖掘和隐私发现等新型攻击手段的出现，也使得传统的防御、检测等安全控制措施暴露出严重不足。

如今大数据应用中多采用通用的大数据管理平台和技术，如Apache基金会旗下基于Hadoop生态系统的HDFS、YARN、MapReduce三大架构。这些平台和技术设计的初衷，主要解决的就是海量数据的存储和海量数据的分析计算问题，但大部分考虑是在可信的内部网络使用，对大数据应用用户的身份鉴别、授权访问、密钥服务以及安全审计等方面考虑较少。即使有些软件做了改进，如增加了针对分布式环境的开放式系统开发的Kerberos身份鉴别机制，仍需要一个特定的服务器来处理Kerberos鉴别服务，并且这个系统必须安放在安全场所，因为一旦服务器失效，网络访问就会被切断，因此整体安全保障能力

---

❶ 中国大数据行业发展深度研究与投资前景分析报告（2022—2029年）[R/OL].（2022-04-24）[2024-03-12]. http://www.chinabaogao.com/baogao/202204/591032.html.

仍然比较薄弱。同时，大数据应用中多采用第三方开源组件，对这些组件缺乏严格的测试管理和安全认证，使大数据应用对软件漏洞和恶意后门的防范能力不足。

2. 数据安全保护难度加大

随着现代信息技术的高速发展，大数据的动态性和开放性使得数据传输体系上下贯通、左右联通，这种动态、开放、透明在大数据时代是非常必要的，但大量事实表明，数据处理不当会导致一定程度上的信息泄露和滥用。《中华人民共和国数据安全法》明确规定个人隐私、商业秘密等数据应当依法予以保护。即便如此，信息泄露也随处可见。近年来，全球大数据泄露事件中，用户"自愿""主动"提供的数据信息占很大比例。用户使用购物、聊天、娱乐等 App 时，常常需要注册登记、填写调查问卷、开启手机访问与定位服务，由于大数据在数据存储与管理控制方面的缺陷与不足，导致用户的姓名、性别、年龄、手机号码、工作单位、家庭住址、银行账号等信息被大数据公司收集和分析，形成庞大的个人信息数据库。大数据公司为了提高数据价值，会将用户数据与其他行业公司共享，由于大数据的共享交换、数据管理者不同、数据所有权和使用权分离，数据会脱离数据所有者的控制，从而带来数据滥用、权属不明确、安全监管责任不清晰等安全风险，会严重损害数据所有者的权益。

CNVD 公开数据显示，2022 年共披露安全漏洞 23 900 枚，2023 年共披露安全漏洞 18 635 枚，同比降低 22.03%。❶ 相较于 2021 年披露的 26 558 枚安全漏洞，2022 至 2023 年的网络空间安全漏洞态势呈现出总体数量降低的趋势。这表明，2022—2023 年，安全运维人员加强了对系统安全的管理，降低了漏

---

❶ 国家信息安全漏洞共享平台. 2023 年网络空间安全漏洞态势分析研究报告 [R/OL]. （2023-01-03）[2023-12-12]. https://www.cnvd.org.cn/.

洞数量。其中，低危漏洞占5.85%，中危漏洞占46.93%，高危漏洞占47.22%。相对于低危漏洞，中危和高危漏洞的数量更多，需要安全运维人员提高警惕，加强对中高危漏洞的控制。从传统的系统和应用漏洞到新兴技术，如云计算、物联网、车联网、人工智能等领域的安全隐患，各种类型的安全漏洞层出不穷。这些漏洞不仅威胁着网络系统的正常运行和数据安全，更可能对国家安全、社会稳定和经济发展产生不利影响。

3. 信息犯罪频率增高

大数据时代个人隐私信息的泄露为不法分子犯罪提供了可乘之机，成为一系列诈骗犯罪的"助推器"。诈骗分子通过非法手段（黑客窃取、黑市购买）获得目标者的隐私数据，包括个人基本信息、家庭成员基本情况、网购数据信息、生活方式等，为不同的人群量身定做、精心编排诈骗脚本，最后以电话、短信、网络等渠道，引诱、威胁目标对象，对其实施诈骗。相较于个人隐私数据信息，企业隐私信息泄露会产生极大的负面影响和无法挽回的恶劣局面。随着数据价值的提高，黑客们不惜一切代价以恶意软件、勒索软件等攻击大型企业的服务器、网站获取目标隐私数据，形成了以开发、传播、运营为模式的黑色数据利益产业链，使企业竞争力受到极大威胁，产生一系列数据丢失、系统瘫痪、服务中断等连锁反应，对企业的声誉和财务状况造成严重影响。甚至还有基因组学、科学技术的核心数据被倒卖，由于数据之间相互关联，通过各类大数据之间的机理分析能够推测出相关信息的数据，从而使国家安全受到威胁。

不同于互联网早期数据犯罪的零星化、个体化、私密化特征，数字经济背景下的数据犯罪多表现为大型场景下对可公开获取企业数据的批量抓取、使用、破坏等。但当前我国数据访问规则尚不成熟，加之大数据反垄断呼吁数据流通共享，使数据犯罪的法益确定、构成要件解释面临巨大挑战，这就需要国家进一步完善规制数据犯罪的法律体系,明确数据非法传播与犯罪的司法界分标准,推进网络空间治理法治化。

4. 道德危机更加凸显

数据化、信息化、科技化的社会大环境,使人与人之间的面对面社交频率减少,人与"数""机"的关系更为亲密,社交媒体、搜索引擎、头条新闻为人们提供了信息互换、思想碰撞的言论广场。在大数据浪潮的影响下,互联网逐步发展为数据网,世界各国的数据博弈战也拉开帷幕,尤其是以美国为首的西方发达国家对于数据的争夺、占有、利用日益激烈,抢占大数据的战略高地,形成"数据霸权"。西方发达国家利用大数据技术,通过创新霸权、平台垄断、创造需求等方式在多个领域施行了新型的对外经济掠夺方式,对别国进行精准、特定的政治传播、渗透和控制,产生道德危机隐患。

道德危机往往产生于社会发展转型时期,转型过程中原有道德不完全契合社会的发展变迁,新的道德体系尚未健全完善,表现为道德理想、道德信念发生动摇。大数据技术本身不具备意识形态,但是"对大数据利用不向善、只注重商业利益""利用大数据的组织、个人道德缺位"是导致大数据出现道德隐忧的根源所在,当然,"社会监督机制匮乏"也是成因之一。❶"可见,大数据时代要求人们能够将虚拟与现实世界的复杂性和多样性有机统一,并为问题的解决提供总体方案的参考。"❷一方面,不同地区、不同能力人群之间的数据资源存在差异,必须推广数字教育,尽可能缩短数据资源掌控者之间的数据鸿沟,实现数据资源的共享;另一方面,通过道德约束数据使用的各个方面,任何组织或个人都应遵循基本道德规范,坚持以正确的价值观运用大数据技术,努力创造数据运用的公平公正环境。

---

❶ 袁文娟.大数据技术利用的道德隐忧及应对建议[N].中国日报,2021-12-29.
❷ 邹绍清.论大数据嵌入青年社会主义核心价值观培育的战略契合及思维变革[J].马克思主义研究,2015(6):84-92.

第二节　个性化思想政治教育的概念

随着人类教育的不断发展以及我国教育教学规模不断扩大，传统的无视教育偏差、速成型人才培养模式已经不再适用于教育的新形势，学校培养的人才将针对特定的服务面向，人才的培养需要质的提升而非量的满足，个性化教育成为现代教育的必然趋势。思想政治教育作为增强国民意识素养的"主阵地"，也注入了个性化教育的理念，旨在对受教育者进行全方位细致化的个性培养。

一、个性化教育

何谓个性？大卫·丰塔纳在《教学与个性》一书的序言中写道："在我们对'个性'下定义时脑子里出现的第一个问题是，'个性'似乎是一个捉摸不到、可望而不可及的术语。我们原以为懂得了这一术语的含义，可是当我们试图以一种能为人们接受的形式表达它的意义时，却又往往感到心有余而力不足。"❶ 这足以说明"个性"一词的复杂性，针对不同的学科它有着不同的含义。心理学对"个性"阐述的是一个人的心理特征，即主体的人格；社会学范畴的"个性"是指处于社会中的个体所含有的独特的社会有效性；教育学领域的"个性"不同于心理学和社会学，杨兆山教授对其作出阐释："个体在生理素质和心理特征的基础上，通过社会和教育的影响及主体的社会实践活动，个体在身心、才智、德行、技能等方面所形成的比较稳固而持久的独特特征的总和。"❷

---

❶ 丰塔纳. 教学与个性[M]. 郑桂泉, 等译. 北京: 春秋出版社, 1989: 11.
❷ 杨兆山. 教育学的"个性"概念[J]. 中国教育学刊, 1996 (4): 16-18.

第二章　大数据开启个性化思想政治教育新时代

个性化教育理念的发展源远流长。在中国，关于个性化教育的概念可以追溯到孔子"因材施教"的思想，即对不同的弟子采取差异化的教育方法，助其成才。其后孟子发扬了孔子的思想，提出"物之不齐，物之情也"，即不能以简单的标准来衡量事物的价值，物尚且如此，人更如是，在教育中要注意人与人的这种差异性。《礼记·学记》中强调了启发性教育的重要性，"君子既知教之所由兴，又知教之所由废，然后可以为人师也。故君子之教，喻也。道而弗牵，强而弗抑，开而弗达"❶。在西方，"教育"一词源于拉丁文 educare。本意为"引出"或者"导出"，意思就是通过一定的手段，把某种本来潜在于身体和心灵内部的东西引发出来。可见，教育在其产生之初就包含着对人潜能激发、身心启发的含义，所以现代社会对于个性化教育的研究和实施开展，正是对教育本真意义的回溯。19世纪90年代，率先完成工业革命的西方国家在教育领域掀起新的思想浪潮，在卢梭自然主义思想的基础上提出通过自由教育，激发儿童的内在潜力，将儿童的全面发展作为重中之重。20世纪80年代，西方教育学专家加德纳提出正确的教育模式应当建立在掌握不同学生的背景、兴趣、特长的前提下，使得个性化教育逐步向现代教育理念深度融合。世界在变，社会在变，教育也必须与时俱进，打破老旧单一固定的模式。当今世界各国，越发重视个性化教育的实践以及创新型人才的培养。《国家中长期教育改革和发展规划纲要（2010—2020年）》明确提出："关心每个学生，促进每一个学生主动地、生动活泼地发展，尊重教育规律和学生身心发展规律，为每个学生提供适合的教育，培养造就数以亿计的高素质劳动者，数以千万计的专门人才和一大批拔尖创新人才。"❷ 创新与个性化教育相辅相成，创新就是要打破成规的独创式个性化思维，只有以人为本的个性化教育才能培养学生的想象力和创造力。

---

❶ 高时良. 学记[M]. 北京：人民教育出版社，2016：134.
❷ 国家中长期教育改革和发展规划纲要（2010—2020年）[N]. 中国教育报，2010-07-30.

许多当代学者对个性化教育有着不同的见解，但通常将其视为尊重个体差异性、发挥个性潜能、促进生命自由、实现人的全面发展的教育。刘利民认为个性化教育是对现存教育模式的纠偏，通过关注学生不同特点和个性差异，发展每一个学生的优势潜能，但不等同于放弃共性。❶ 其实质在于强调个性化教育重视学生个体差异，重视学生的个性化培育，但也不能忽视共性教育的价值，要注重在个性和共性教育之间保持动态平衡。吴镇聪给个性化教育下的定义是：基于对人及其个性的重视，在完成必需的共性教育目标的前提下，以促进人的个性全面和谐发展为目标，以挖掘个性潜能和培育良好个性为手段的一种有针对性的教育活动，是对划一性教育的否定和纠偏。❷ 刘献君认为个性化教育是尊重个体生命独特价值、发掘个体生命潜能、培养学生独立人格和独特个性、促进个体生命自由和谐发展的教育。❸

所以我们认为，个性化教育是指契合个体差异、尊重个体独特价值的教育，其目的在于实现人的全面发展，其特征在于尊重个体间的差异又不完全脱离共性，其方式是满足个体需要的学习形式。个性化教育并非教师单独对某个学生进行的个别式教育，而是教师面对全体学生，形成多种个性化教学实践模式，最大化尊重满足学生个性的学习需要，发掘其优势和潜能，激发学生对学习的主动性、积极性，形成正确的价值观念，明确个人的人生目标。

二、教育个性化

教育个性化思潮是当今世界中具有强劲冲击力的教育思潮。19世纪初，西方资本主义国家认为教育要为国家的复兴付出努力，教育为国家所有，这就形

---

❶ 刘利民. 坚持全面发展与个性发展相统一[J]. 中国教育学刊，2011（10）：1-2.
❷ 吴镇聪. 大数据时代大学生思想政治教育个性化研究[D]. 福州：福建师范大学，2017：19.
❸ 刘献君. 高等学校个性化教育初探[M]. 武汉：华中科技大学出版社，2012：4.

成了国家主义教育思潮。第二次世界大战之后的国家主义教育思潮进入鼎盛时期，这个时期的教育关注的是国家的需要而非个人的需要，过分强调共性，忽略了人的个性。于是，当时很多教育家强调个人的尊严和价值，重视培养人的个性发展，从而在社会上形成了教育个性化思潮。

教育个性化思潮是以人为中心，从人的个性出发进行教育的思潮。教育个性化源于20世纪60年代，是以亚伯拉罕·马斯洛、卡尔·罗杰斯和罗洛·梅为主要代表人物的人本主义教育哲学，它抨击了资本主义社会的教育制度对人们个性的束缚，主张解放人的个性，追求个性自由发展。20世纪70年代中后期，虽然无视人的尊严和价值的教育思想被批判，但传统教育仍然占主导地位，这种注重稳定连续和系统完整的教学模式具有统一性。在传统教育模式中，明确规定教学目标和教学内容，学生往往被视为被动接受知识的容器。从长远来看，刻板的传统教育模式脱离了实际情况和学生的特点，从而不利于学生的全面发展。现代科学技术更新换代，知识密集型产业逐渐取代劳动密集型产业，生产力快速发展导致过分追求劳动效率，增强了社会的竞争意识。经济基础决定上层建筑，将人视作机器，压榨人的价值的生产很大程度上影响了教育，给教育发展带来更多挑战：信息、技术排斥个性，精英教育排斥大众教育，从而忽视了人的全面发展。因此，为了改变人被科技和生产所驱使、所异化的现状，教育模式就需要与时俱进，教育的目的就不仅是为学生传授知识，更重要的是培养学生的主动性、创造性，适应社会的多元发展要求，教育的个性化也随之成为20世纪80年代各国进行教育改革和发展的一个重要趋势。

教育个性化充分肯定人的主观能动性。在哲学中，主观能动性是人类特有的认识世界和改造世界的能力与活动。人们能动地认识客观世界，并在认识的指导下能动地改造客观世界、在实践的基础上使二者统一起来，即表现出人区别于物的主观能动性。人本主义哲学的代表人物罗杰斯是一位著名的心理治疗师，他提出在心理治疗实践中发展人格的"自我理论"，并一贯倡导"患者中心疗法"的心理治疗方法。他认为，人类有一种天生的"自我实现"的动机，即一个人最大限度地实现自身各种潜能的趋向。同样，这种治疗方法应用到现实教育中就是要以学习者为中心，消除外界环境通过内化而强加给他们的价值观，强调他们的尊严和价值，充分发挥学习者的主观能动性，使其认识问题、解决问题，可以自由表达自己的思想和感情，从而促使学习者"自我意识"的形成和"自我价值"的实现。

教育个性化要求保障人的学习权。1985年，联合国教科文组织通过的《学习权宣言》对学习权的概念进行了规定："学习权（Right to Learn）是阅读与写作的权利，是提出问题与思考问题的权利，是想象和创造的权利，是认知人类世界和编写历史的权利，是获得教育资源的权利，是发展个人和集体技能的权利。"❶ 因此，学习权是立足于学习者主体的角度对受教育权利、学习机会、学业成功机会的确认，是对学习者选择甚至确定学习内容权利的肯定，是影响人的身心发展的社会实践活动。教育是实现学习权的具体途径，从保障与实现学习权的观点来看，教育的政策、教育的制度、教育的组成和成员，以及教育的内容与方法都必须以学习者为出发点，以迈向终身学习社会为最终目标。由此可见，学习权以个人为主体，将学生而非教师作为教学活动的核心，基于学生的兴趣和能力来规划学习内容、方法、节奏和评估方式，使学生从被动的知识接收者变为主动的知识发现者。以学生为中心发展教育聚焦于学生的责任和需求，强调尊重个体差异，培养学生的自主性和独立性，以使其具备终身学习能力和独立解决问题的能力。教育贯穿人一生的各个年龄阶段，并非只有儿童和青少年时期。古希腊教育家苏格拉底认为："教育真正的本质在使人们经由一生的时间，达成真实的生活目的。"在

---

❶ 学习权宣言[C]. 巴黎：联合国教育文化组织第四次国际成人教育会议，1985-03-29.

《论语·为政》中,也记载了孔子对于终身教育作的完整规划:"吾十有五而志于学,三十而立,四十而不惑,五十而知天命,六十而耳顺,七十而从心所欲,不逾矩。"❶ 在现代教育中,学生在教育活动中的地位发生了变化,由原来的被动学习转变为主动学习。现代终身教育的终身性、全民性、广泛性、灵活性特征,实现了当今社会的所有人在任何环境下能够连续不断地学习。

三、个性化思想政治教育

厘清个性化教育,接下来就必须明确个性化思想政治教育。国内许多学者对"思想政治教育个性化"还是"个性化思想政治教育"有着很大争议,对于这个问题,笔者认为思想政治教育个性化是在政治引导的前提下进行的个性化教育,而个性化思想政治教育则侧重于教育方式优先,探讨如何用更好的方式促进思想政治教育。

思想政治教育的根本任务在于培养和塑造具有远大理想、科学思维、爱国爱党的社会主义建设者和接班人,着力解决好培养什么人、怎样培养人、为谁培养人这个根本问题,本质上具有明显的政治性要求。达成思想政治教育目标且满足思想政治教育培养要求的方式在于教育,所以选择个性化的教育,是为教育的目标和要求进行服务。在思想政治教育领域内开展个性化教育活动,旨在完善教育内容、改善教学方法、提升教育效果。思想政治教育从思想、政治、道德、心理、法制这五个维度展开,目的是使受教育者形成符合社会要求的思想观念和行为方式。随着改革开放带来的新面貌,思想政治教育也迎来了新气象,要求教育者在进行思想政治教育的实际过程中,肯定人的自我价值,尊重其独立人格,以社会主义核心价值体系为前提,基于不同个体差异性及实

---

❶ 杨伯峻译注. 论语[M]. 北京:中华书局,2017:14-31.

际发展的需要，激发学生主体性和创造性，充分引导学生个性自由全面发展。

　　个性化思想政治教育是以个性化的教育方式来实现思想政治教育目标的方法与途径，核心是尊重个体间的差异，激发教育对象的主动性，促进受教育者的潜能发挥和全面发展，将个体与群体发展相结合、个性化与多样化相融合，从而更好地完成培育符合社会主义思想品德和政治立场的时代新人的教育实践。其模式构建的价值指向在于，以面向每一个个体扩大思想政治教育的覆盖面，以解决个性化问题增强思想政治教育的实效性，以促进个性化发展增强思想政治教育的时代性。辩证唯物主义认为，人或事物的发展是共性与个性的统一，共性与个性具有相对性，共性寓于个性之中，个性又受共性的制约，共性和个性在一定条件下相互转化。构建个性化思想政治教育模式，要增强个性化教育理念，完善以具体的人为对象的工作体系，强化现代信息技术赋能与运用，发挥新时代教育评价改革的促进作用。个性化思想政治教育需要教育工作者树立个性化教育教学观念——教师观、教育价值观、教育质量观，运用个性化教育方法循循善诱，开展世界观和方法论的教育。我国走的是中国特色社会主义道路，有着独特的思想政治教育优势，教师需要根据我国政治建设情况和学生自身的个性特征，对学生进行政治信仰、政治意识、政治行为等全方位教育。在个性化道德教育中，依据辩证唯物主义和历史唯物主义，把握不同受教育者的心理特征，激发其道德意识，规范道德行为。与此同时，深入了解学生心理动态、行为习惯，充分发挥情感教育，开展个性化心理健康教育：心理咨询、心理测试、心理调节。采用课内课外相结合的方式，个性化引导，将思想政治教育渗透到学生成长的各个环节。思想政治教育可以促进人的全面发展和社会的全面进步，既需要立足社会发展的整体性，又需要立足个体的个性化发展，从让全体成员共享改革与发展成果、让每个人都有人生出彩的机会等实践维度，加快构建和完善个性化思想政治教育模式。

　　思想政治教育是在社会大背景下引导学生树立正确认知意识、规范学生作风行为的教学活动,个性化思想政治教育在重视教育和社会发展的基础上,加强了对人的主体性和全方位发展的重视,使教学模式向体验式、渗透式、生活式方向发展。

第三节 大数据时代高校个性化思想政治教育的理论阐释

高校个性化思想政治教育是对实现思想政治教育个性化的整体性模式构建,或者说,思想政治教育的个性化可以从不同要素层面予以分类呈现,大数据时代不仅为我们了解大学生及其精神世界提供了崭新的数据化手段,也为高校个性化思想政治教育的发展带来了新型的变革。

一、大数据时代高校个性化思想政治教育的内涵

(一)以大数据技术为依托

大数据时代高校思想政治教育要想真正实现个性化发展,需要提升利用大数据技术的能力并完善相关配套制度设施,不断寻找思想政治教育与大数据技术的结合点、嵌入点,让大数据促进思想政治教育个性化的开展成为现实,也让思想政治教育因大数据的助力而更加个性化、精准化、数据化。

大数据的庞大规模和巨大体量使高校思想政治教育更具针对性,大数据的多元化使高校思想政治教育更具导向性,大数据生成和处理的高效性使高校思想政治教育更具有时效性。海量且多元的数据来自手机的每一次操作、校园卡的每一次使用,所有细节的行为都被量化成为数据,对学生思想动态、个性特征以及行为模式的分析就必须从这些海量的信息中准确捕捉、充分挖掘,及

时分析、高效处理并给予针对性、及时性、有效性教育内容的指导和引导，这才算是真正发挥了大数据在个性化思想政治教育发展中的作用。此过程离不开大数据技术与思想政治教育的紧密结合，从教学内容的安排、教学方式创新到教学反馈的收集，都在大数据技术的参与下展开，所以依托大数据、融合大数据，高校思想政治教育工作才达成了个性化思想政治教育的新变革、新探索、新需求。

（二）以个性化培养为原则

数据的精准分析较之经验判断更能得出科学的结果，对学生兴趣爱好、特长潜质、思想动态、心理变化及可能行为的预测也更为准确。所以大数据融入教育最大的意义就在于发现学生的个性特征，挖掘学生的潜在优势，预判可能的行为方式，满足学生的发展需求、多元需求，个性化的思想政治教育就是在这样的基础之上得以展现并落地落实。

个性化思想政治教育是大数据时代能够实现的思想政治教育新样态，同时也是一种教育指导理念与特征。个性化的思想政治教育充分体现了教育过程中的人文关怀，贯彻以人为本的理念及尊重个体的多样性、满足个体的差异性、促进个体全面发展的目标。在大数据技术的参与下，思想政治教育变化的是方法和形式，不变的是思想政治教育承担着举旗帜、聚民心、育新人、兴文化、展形象的职责使命，追求的是立德树人的根本任务。要充分认识到大数据技术进行的收集、分析、整合、预测都是为了思想政治教育的有效性和升级优化服务。在大数据参与思想政治教育的过程中，借助大数据技术的力量实现"个性化"分析，进而开展因材施教以达到全面发展的目标。要清楚大数据技术的发展及其与思想政治教育结合的最终目的是促进个体的全面发展。所以，在大数据技术与思想政治教育结合的过程中，要坚定地以人为本、以个性化的培养为原则，结合大数据技术实现思想政治教育的根本目标。

（三）以精准化教育为导向

精准化的教育包括指教育内容的针对性和订单式提供、教育方法的精准化和个性化选择，通俗地讲就是"对症下药"。大数据时代的个性化思想政治教育就是根据教育参与者的需要和特性去提供教育内容、匹配教育方法。不管是对于学生的学习需求还是教师的教学资源，包括教学规划的设计、教学效果反馈的收集，都可以利用大数据技术更为精确地开展和实施。

传统的思想政治理论课，基本上靠教师的主观经验和课本进行教学内容的设计。由于教师对学生的知识掌握情况、兴趣爱好、性格特征的了解都十分有限，所以课程教学内容的供给和教学方法的实施难免会存在偏差和不足。大数据技术的参与有利于解决此问题，无论是对学生学习动态的量化评估，还是对教育方法有效性的即时反馈，都能够提升教育主客体与教育过程之间的契合度。在思想政治教育中应用基于数据分析的智能推送，可以优化教学资源的配给、提高教学设计的科学性、加强教学服务的精细化、促进思想政治教育有效性的提高。通过对整个教学过程和教育参与者群体的把握，大数据可以助力思想政治教育者实施更为精准的教育教学。

大数据时代教育内容的精准化供给及教育方式的个性化设计成为个性化思想政治教育发展的直接推动力，让教育参与者、学习过程中所需的各种材料与资源能够及时、精准、合理地匹配，从而达到"1+1>2"的教育效果。

二、大数据时代高校个性化思想政治教育的特征

大数据技术的运用使思想政治教育的各个方面均发生了质的变化，教学模式更趋灵活，突破了传统思想政治教育刻板化的教育方式；教育服务更加精

细与精准化，对每一个教育参与者的动态了解更加具体；教学管理实现了科学化，突破了以往基于经验判断设计教学任务和指导教学工作的局限性……大数据理念与技术融入思想政治教育全过程，使高校思想政治教育呈现出新的阶段性特征。

（一）教育模式的灵活性

大数据时代的思想政治教育与传统思想政治教育最大的不同就在于，数据技术的参与让教育主客体在思想政治教育过程中有了更多元的选择。思想政治教育的最大特征是价值导向性，强调"内容为王"，但不变的内容可以用多变的形式展现出来。传统的50分钟课堂、单纯的灌输式教学方法、一成不变的说教在网络时代显得单调乏味，无法长时间吸引大学生的注意力，思想政治教育需要更灵活多样的教育模式，大数据无疑满足了这一点。

教育模式的灵活性主要包括两个方面：一是教育方法的灵活性。教育方法的灵活性就是用学生喜欢、可接受的方式进行教学，教育主体依托大数据技术对不同专业学生的兴趣爱好、潜质特长进行全面的了解和分类，并设计出适合不同专业、不同类型学生的教育方式。例如，对电影专业的学生可以通过组织观看和赏析红色电影的方式来进行爱国情怀的培育，教师也可以结合思想政治教育元素排练舞台剧、设计剧本游戏增强学生的沉浸式体验；美术专业的学生则可以通过历史人物的画作、雕塑来展现自己对于家国情怀的理解；体育专业可以通过赛事展现团结奋进的精神……对于情况不同的学生也是一样，大数据可以给每位同学做出精准的"学生画像"，教师要做的就是因材施教，对于学习积极主动型的学生给予一定的引导即可，而且可以通过适当的奖励形成榜样效应；对于学习不够主动的学生可以向前推动，鼓励他们更多地参与到教育教学活动中来；对于缺乏自律性、学习落后的学生要多多沟通、多加鞭策，了解学生的实际困难，解决思想上的痛点。思想政治教育者要熟练运用和依靠大数据这个利器来辅助教育教学，用量化的方法解决质性的问题，从而达到最好的思想政治教育效果。二是教育内容的灵活性。教育内容的灵活性并非随意做课程内容的教授，而是根据学生的特征和需要进行内容的调整。如大一新生和大四面临毕业的学生对思想政治教育的内容、方向、要求显然是不一样的，文科类学生和理工科类学生对课程内容深度的要求也是不一样的。根据数据分析总结学生的特性和需要，进而设计思想政治教育课程的内容精准施教，这也是个性化思想政治教育的直观体现。大数据技术让每一个学生日常学习、生活、社交等信息被记录并得到分析，为思想政治教育者洞悉自己的学生提供了机会。在了解学生的基础上进行教学方法的灵活应用和教育内容的针对性供给，是大数据时代思想政治教育的新特征。

（二）教育服务的精细化

大数据时代，思想政治教育的开展不仅要通过政治引领和价值引导促进学生成长，展现思想政治教育的高度，也要施以人文关怀，通过心理疏导、职业规划、日常管理等服务让学生感受到思想政治教育的温度和宽度。大数据技术的参与让思想政治教育者对学生的关怀更加细致入微，学生校园一卡通中展现的数据、图书馆的借阅记录、校园网的访问记录、食堂消费与校内购物记录等都是思想政治教育者了解学生、教育学生、服务学生的重要信息来源。

教育服务的精细化大致可以体现在两个方面。一方面是对学生生活状况的深入了解。南京理工大学通过大数据对贫困学生进行帮扶就是一个很好的例子，该校运用大数据技术对贫困学生进行监测，对每月在食堂就餐超过60顿且总消费额不足420元的学生，辅以其他的贫困判断标准，进行贫困生资助。被列为资助对象的学生无须填表或陈述自己的贫困状况，学校即悄悄将补助金发至学生的餐卡中。这样暖心的举动，不仅让学生不再因为羞于进行贫困申请而陷入困境，而且让学校以更加直观的方式了解学生的具体状况。对受到资助的学生来说，这本身就是一堂深入体验感恩和奉献的思想政治教育课，对他们未来奉献社会、服务社会奠定了深厚的情感基础。另一方面是对学生心理健康的密切关注。现代社会的迅速发展给每一个人带来了巨大的压力，很多大学生也产生了严重的心理健康问题，这部分群体如果得不到及时的关注与引导，可能会导致悲剧的发生。以大数据平台作为载体，关注校园网的浏览记录、社交平台的信息发布，大数据能够捕捉到学生在这些地方的行为轨迹，并通过关键词的形式捕捉敏感字句，建立起数据分析结果，从而使思想政治教育者及时准确了解学生的思想动态、精神状态，对一些不良现象和错误倾向进行纠偏和引导。

思想政治教育向着个性化方向发展的过程，在某种程度上也是思想政治教育向服务化发展的过程。大数据让教育服务越来越及时化和精细化，因事而化、因时而进、因势而新成为大数据时代个性化思想政治教育的明显特征。

（三）教育管理的科学化

"大数据时代，数据的记录、存储、收集和分析变得更加方便快捷，大数据逐步成为人们预测问题的新工具和进行科学决策的新方法。"❶ 传统思想政治教育的开展通常是以教育者为主体，基于经验判断学生的学习、思想状况并作出教育教学规划，大数据技术的融入改变了思想政治教育基于经验的教育教学管理，引入了基于数据分析的更为科学的教育管理。

大数据时代，教育管理的科学化特征主要体现在教学管理从基于经验到基于数据的转变。个性化思想政治教育在发展过程中，要想不断升级必须加

---

❶ 吴镇聪. 大数据时代大学生思想政治教育个性化研究[D]. 福州：福建师范大学，2018.

第二章　大数据开启个性化思想政治教育新时代

强对学生状况的了解和教育过程的科学管理。首先，大数据技术融入思想政治教育中，让教育者对学生的评估和检测，不再依赖于经验判断和主观推测，而是通过大数据分析在获取学生各类动态数据监测的基础上，通过分析现象和数据之间的关联性，创新考察方式，客观地对学生的各种情况作出判断和评测。其次，教学规划的设计和整个教学过程的管理中，大数据都发挥了十分重要的作用。基于数据分析对学生的了解是全方位的，通过对学生的了解再根据其需要和特性作出合理的教学规划设计是提升管理科学性和思想政治教育有效性的重要方法。如电子科技大学通过构建教育大数据平台，汇聚教育运行管理、后勤保障服务等相关系统收集的学生学习、实践等各方面行为数据，对学生进行数据化、立体式的"学生画像"，将大数据技术嵌入思想政治教育服务管理各个环节，切实提升教育管理和服务的针对性、科学性、有效性。

教育管理的科学化是大数据时代个性化思想政治教育展现给我们的一个显著特征，从基于经验到基于数据的转变让思想政治教育的管理更具科学性。

（四）教育发展的全面性

大数据技术核心观念之一是"全量代替样本"，其所依赖的数据基础不再是部分而是全部，这意味着小样本时代已经过时，基于全量的数据分析成为个性化思想政治教育发展科学性、客观性和全面性的有效保障。大数据技术贯穿于思想政治教育的全过程，从教育管理、教学规划、教育服务到教育评估反馈，大数据的参与让思想政治教育的整个过程都以量化方式展现，直观呈现思想政治教育的发展规律，使思想政治教育呈现全面性特征，且可预测、可把握。

在大数据技术的赋能下，思想政治教育发展的全面性表现为宏观和微观两个方面。首先，宏观方面是指由于大数据技术的融入，思想政治教育的全过程通过数据结成一个整体，大数据技术不仅通过全面性分析得出针对性的结果来增进我们对思想政治教育过程整体的把握，而且能够从一个较高的层面为我们作出宏观判断和预测，从而作出思想政治教育的顶层设计。其次，微观层面是指通过大数据技术对思想政治教育过程中的每一个片段、每一个参与者进行量化分析，从而得到细微而具体的数据。在只依赖思想教育者个人做教育管理、知识传授的时代，受制于技术与精力局限，教育主体很难关注到每一个学生、了解到每一个细节，大数据技术让教育主体摆脱了这样的限制与束缚，使对每一个教育客体进行数据画像和分析成为可能，这让思想政治教育更加趋于细致且全面，为我们从微观层面对思想政治教育进行全面性的把握奠定了基础。

大数据技术为思想政治教育发展的全面性奠定了基础，宏观层面上的全面是对思想政治教育总体规律性的把握，微观层面上的全面是对每一个个体人主体性的关注。大数据已经成为个性化思想政治教育发展的重要助力，思想政治教育发展的全面性是大数据参与思想政治教育全过程重要特征的体现。

（五）教育评价的立体化

教学评价是一种考虑综合因素的价值判断，主要涉及教师的教、学生的学以及最终的教学效果。传统的教育评价是教师单一主观的评价，评价的内容偏向于知识内容的评价，对学生性格等其他要素不给予评价。由于信息的闭塞和教师地位的不可替代性，学生在受到负面教育评价后感到压力；并且传统教育评价是教师对学生单方面的评价，教师之间、学生对教师的评价系统不完善。传统的教育评价系统由于长时间没有进行改革，存在许多困境。

新时代，通过大数据技术促进了教育评价改革，使教育评价更加全面、立体。首先，大数据拥有丰富的资源，评价内容来自不同主体、不同地点，如"美国就建立了国家级、州级、学区级，以及校级的各级各类教育数据系统，为教育评价的数据获取提供了基本的依托"❶。多方面的评价内容，丰富了评价体系，提高了评价的客观性。在大数据的支撑下，评价内容来自不同的时间，过去的评价内容被保存下来作为参考。例如，高校学生在大一到大三阶段的评价被保存下来，在大四再次进行评价时就可以将大一至大三的评价作为参考，分析学生是否对之前的负面评价作出改变。同时，将最新的内容上传到评价系统上，让学生及时收到评价结果，提高了个性化思想政治教育的效率。不同主体的不同评价内容有利于个体个性化发展。大数据还具有进行未来评价的能力，高校学生在评价系统中可以看到大数据通过分析得到的未来评价内容，学生据此可以预防可能出现的负面评价，并且继续维护良好评价。大数据打破时间界限，来自不同时间的评价，提高了评价的立体化。其次，大数据时代教学评价内容更加丰富。在大数据的帮助下，评价系统体系里收集到了每个学生各个方面的信息，如校园卡的消费情况、图书馆的阅读量、自习室学习时间、参加的志愿活动等，这些因素都被作为评价标准，这有利于高校学生个性化的发展。最后，教育评价不仅是教师对学生的评价，也是学生对教师的评价，以及教师和教师之间的评价，这种交叉性的评价有利于教师不断进步，而教师的进步会反作用于学生的发展，从而形成良性循环。可见，大数据技术使教学评价多样化、多元化，最终实现立体化的评价体系。

三、大数据时代高校个性化思想政治教育的功能

大数据技术为高校个性化思想政治教育的开展提供了硬件保证，是个性化教育从理论走向实践的支撑力和驱动力，推动着思想政治教育从受教育者、内容、时机和情势等全要素多点发力。

---

❶ 陈明选，王诗佳.测评大数据支持下的学习反馈设计研究 [J]. 电化教育研究，2018，39（3）：35-42，61.

（一）精准到人，因材施教

个性化思想政治教育就是要将受教育者精准到一个一个具体的人，一个具有特定需求、情感、理智、行为目标和能力的具体的有机体，从而开展个性化、定制化的思想政治教育活动。把人教化为现实的个体，这里现实的个体能够理性思考，注重现实和实际，客观地看待自己所处的环境，以现实为基础确定自己的目标和方向。大数据赋能个性化思想政治教育，一方面，推动教育方案从"一类一策""一班一策"甚至"一专业一策"向"一人一策"转变，增强了现代教育因人而异的针对性。通过大数据的"学生画像"，精准分析个体学习、生活、精神等状态，以及思想变化和行为特征，实现教育内容、方法、载体的精准定制与供给。另一方面，实现教育方针和策略的分层指导、分类引导、个性化传导，增强教育方式的针对性。思想政治工作者可以通过实时在线的数据信息精准追踪、精准感知、精准分析、精准定位，实现对学生个性化需求的深度掌握，有针对性地制定教育措施。

（二）精准到事，紧跟时事

"精准到事，紧跟时事"突出了对"事"的感知、掌握和应对，通过以"事"为据、对"事"发力实施针对性的思想教育与行为引导活动，让学生从一系列的事件、事情、事物中明事理、悟道理、求真理，实现"因事而化"的目标，增强个性化思想政治教育的时代感。首先，围绕数据集的点击率与热度获取当下国内外时事和社会热点问题。其次，密切跟踪学生关注的热点，不间断搜集、分析和加工数据，获取学生关注的与学生有相关度的社会事件，及时开展引导教育。最后，要发挥思想政治教育体系性、理论性、权威性特质，将"事"回归书本，以扎扎实实的理论基础与形象生动的生活事例，对"事"进行有高度、有深度和有厚度的解析。对于一些学生高度关注的社会热点事件要积极正面应对,通过大数据建模分析,预测事件发展趋向,根据学生思想变化主动设置议题,主动释疑解惑,巧妙正面引导,从整体上、源头上进行前瞻性处理,阻断实践发展可能出现的不良情况。

(三)精准到时,因时而教

思想政治教育效果的好坏,与恰当的时机相关联。教育需循序渐进、有章有序、精准到时、因时制宜,切忌急功近利、揠苗助长。首先,个人的成长是循序渐进的过程,每个社会个体一般都会经历童年、少年、青年、中年、老年等成长发展历程与人生阶段,不同阶段大脑发育水平、自我意识程度、处理事务能力都有所差异,需要有针对性地予以关注。其次,即便是在某个成长阶段、某一天、某个小时等相对较短的时间段,面对海量的信息,人的思想都有可能随着社会热点、各式各样意识形态的冲击呈现流变性、波动性。思想政治教育时机可谓稍纵即逝。这就要求我们分析大学生不同阶段、不同时段特点,精准捕捉有利时机,甚至精准创造时机推进高校思想政治工作,实时动态调整教育供给。一方面,在某些特定时间节点,教育对象会在心理、精神和思想上形成预期、期待和准备,进而形成思想政治工作时机。教育者要充分利用大数据预测技术,科学预判趋势,提前准备方案,根据受教育者的身心渴望度、接受度及时供给,沁入心田。另一方面,时机也广泛存在于思想政治教育活动全过程,教育者需要通过大数据感知技术全程在线、全域在场、敏锐捕捉、随时准备,一旦时机成熟立即供给教育内容,达到最佳教育效果。

四、大数据时代高校个性化思想政治教育的原则

2019年2月,中共中央、国务院印发的《中国教育现代化2035》将"更

加注重因材施教"作为推进教育现代化的基本理念之一。在智能时代，育人目标随着社会的发展会有些许变化，海量数据的涌现改变了个性化思想政治教育教学模式，也改变了个性化思想政治教育的原则。

（一）目标导向原则

2016年12月7日，习近平总书记在全国高校思想政治工作会议上强调："高校思想政治工作关系高校培养什么样的人、如何培养人以及为谁培养人这个根本问题。要坚持把立德树人作为中心环节，把思想政治工作贯穿教育教学全过程，实现全程育人、全方位育人，努力开创我国高等教育事业发展新局面。"❶习近平总书记以"立德树人"赋予思想政治教育新的理论内涵，提出了更高的实践要求。思想政治教育是社会上层建筑的有机组成部分，是意识形态的重要内容之一，与经济基础和上层建筑的其他部分处于相互联系、相互作用之中。

为此，大数据时代推进个性化思想政治教育必须始终围绕"落实立德树人的根本任务，培养德智体美劳全面发展的社会主义建设者和接班人"的育人导向，坚持正确的政治目标，同我国发展的现实目标和未来方向紧密联系起来，培养新时代的接班人；始终致力于揭示蕴藏在历史进程和社会实践背后的道理、学理、哲理，阐释共产党执政规律、社会主义建设规律和人类社会发展规律，通过中国共产党人精神谱系诠释"中国共产党为什么能""马克思主义为什么行""中国特色社会主义为什么好"等深刻道理，培育新一代青年坚定中国特色社会主义道路自信、理论自信、制度自信、文化自信，奋勇前进、砥砺前行，积极投身全面建设社会主义现代化国家的伟大实践。

---

❶ 习近平在全国高校思想政治工作会议上强调把思想政治工作贯穿教育教学全过程开创我国高等教育事业发展新局面[N].人民日报，2016-12-09.

（二）尊重个体差异原则

中国共产党始终以人民利益为中心，马克思主义的崇高价值追求是实现每个人自由全面发展。高校思想政治教育要坚持正确的价值目标，在遵循思想政治工作规律、教书育人规律、大学生成长规律的同时"围绕学生、关照学生、服务学生，不断提高学生思想水平、政治觉悟、道德品质、文化素养，让学生成为德才兼备、全面发展的人才"❶。大数据时代，学生的需要日益多元化、个性化、高层次化，主体意识得到极大提升，高校思想政治教育需要以大学生健康成长为出发点和落脚点，把理论灌输与实际生活结合起来。首先，刚柔并济，坚持以学生成长为中心的管理理念。通过大数据监控，应用各种柔性管理手段满足学生内在需求，为学生创设一个人性化监管氛围；结合大数据分析，了解学生学习、生活特点，再通过刚性管理营造一个纪律严明的校园育人环境，尊重学生个体差异，尊重学生人格思想。其次，动之以情，科学运用情感教育手段。通过数据分析，了解大学生心理活动基本特征，借助信息推送，如校园广播、校园论坛、课程网站等，通过情感共鸣激发学生内心世界，产生自我发展和自我实现的需求，以此吸收和内化思想政治教育成果。最后，建立平等融洽的师生关系。教师是思想政治教育的主导者和组织者，学生是重要参与者，师生之间地位平等，在思想政治教育过程中，学生与老师的关系是双向互动的，师生互动可通过面对面交流、线上交流（电子邮件、学习软件交流区、微信及QQ等）多渠道实现，尊重个体差异，建立平等和谐的师生关系，多角度推动高校个性化思想政治教育体系的构建。

---

❶ 中共中央 国务院印发《关于加强和改进新形势下高校思想政治工作的意见》[N]. 人民日报，2017-02-28.

（三）与时俱进原则

高校思想政治教育是在继承中创新与发展的。由于我国社会主义市场经济体制的不断健全和优化，以及社会主义民主政治的不断发展和完善，人们主体观念显著增强。数据与信息的爆炸式增长，使当代大学生不同于以往的大学生。在思想政治教育的进程中，将理论与实践相结合，言传身教相结合，解决思想问题与解决实际问题相结合，贴近社会发展，基于促进人的个性化发展的价值导向，构建个性化思想政治教育模式，增强思想政治教育的时代感，着力培养适应和引领时代发展的多样性人才。在以中国式现代化全面推进中华民族伟大复兴的新征程上，思想政治教育对接国家战略和服务社会，就是要围绕全面建成社会主义现代化强国的目标，着力培养高素质专业化的干部队伍和各类创新型人才，不断提高我国自主培养人才的能力，引导大学生自我教育、自我服务、自我管理，才能更好地促进教育的发展。要注意高校思想政治教育系统内部要素的优化，注意大学生知、情、意、信、行结构的优化，也要注意大数据处理下各种具体方法的融合，提升高校思想政治教育实际效果。

（四）人性化关怀原则

大数据的开放性使数据采集获取信手拈来，要想达到对人主体的充分尊重，就需要在个性化教育的同时，强化思想政治教育的人文关怀。首先，要利用大数据技术充分探测学生需求。学生的思维意识是动态的，及时感知学生精神状态，考量学习感受，改变"说教"式的方式，对受教育者多加诱导劝诫。思想政治教育人文关怀的立足点是关爱人，关注受教育者的心理和精神需要，帮助他们升华情感，塑造和培养健全的人格。高校思想政治教育人文关怀的内涵是在提升大学生思想道德的同时满足他们的情感需求，要及时关心学生，让大学生感受到教育者的关心和关爱。其次，要保护学生隐私，防止数据泄露和滥用对受教育者造成困扰,把握好数据利用的尺度。思想政治教育应是一种既教人以生存手段和技能,使人能很好地把握物质世界,又教人以生存的意义和价值,使人能自主建构自身精神世界的活动。数据信息流向与规整控制,既是对个体人格的尊重,也是对受教育者构建隐私意识和责任感的一种潜在影响。最后,教学活动要注重"生活化",使教学实践与学生生活高度契合,带动学生学习的主动性。人文化关怀是大数据时代个性化思想政治教育进程中至关重要的一步,是以人为本的重要体现。

(五)动态性原则

传统的思想政治教育教学方式是静态的,为了以防万一,所有的内容都是计划好、制定好之后才实施的,因此,在课堂上教师严格按照教学内容进行,教育中对学生个体的了解同样是静态的,呈固化态势。但在大数据时代,智能化的数据和资源可以促进教学过程的及时变化和调整。面对越来越复杂、需求不断变化的学生群体,大数据可以完全掌控、实时监测和了解学生的需求,以求达到最好的教学效果。课前,教师通过监测每一位学生的预习情况,及时调整教学内容;课中,通过大数据监测学生的听课状况和反馈情况,根据学生状态进行多样化的授课;课后,辅助学生完成布置的作业,帮助教师及时预测教学效果,得到最新的教学资料。在动态化的教学环境下,个性化的教学更加精准客观,更有利于发现其中包含的重点信息。

不仅教学过程是动态监测的,教学管理、教学评价、教学反馈、教学质量都被实时监测,教育的整个过程都是在数据化的视域下受到监管。思想政治教育本身就是动态化的学科,其内容随着时代的发展不断更新,在与大数据融合发展下,动态化的特征更为明显,教师能够更及时地把握学生状况,针对性地制订教学方案。

五、大数据时代高校个性化思想政治教育的结构

大数据时代个性化思想政治教育的结构主干仍然不变，包括三个部分：主客体关系结构、环境结构和内容结构。具体到每个结构中，由于大数据技术的运用，创造了机遇也带来了挑战，但机遇大于挑战，要通过不断优化思想政治教育结构，加强两者的融合，提高思想政治教育效果。

（一）主客体关系结构

传统的思想政治教育主体是教育者，而客体是受教育者，教育者教，受教育者学。在大数据时代，个性化思想政治教育目的是培养个性化、差异化的人才，虽然在教学中主体仍然是教师，客体仍然是学生，但是主体和客体没有被局限在具体的对象上，而是灵活变动，因而他们之间的关系也发生了改变。

首先是思想政治教育的主体发生了变化，即教育主体多元化。教育主体是指教育的组织者、发动者和实施者，具有主导教育内容、起主导作用的特性。在高校，教育主体主要是指教师、辅导员等。在课堂上，教育主体利用其知识储备，对教育客体进行教导，传授课程内容。大数据技术的广泛应用催生了教育的变革，思想政治教育进入个性化时代，这时候教育者和受教育者都可能是教育主体。在思想政治教育教学过程中，为更好激发受教育者个体的独特性、独立性和自主性，让受教育者在教学过程中起主导作用，以学生为中心的教学方式引发越来越多的关注，教师成为教学过程中的辅助者，而学生在教学过程中的主体性与主动性被极大地发挥，这种教学方式更利于个性化思想政治教育的发展。同时，在大数据时代，人工智能技术得到迅速发展，教学时空局限被打破。将人工智能运用到思想政治理论课教学过程中，教学主体变成了人与机器协同，教育主体变得多元化，这让传统的主体对象受到冲击，但不论主体是谁，个性化思想政治教育的目的都是培养独立、个性、创新性的人才。

第二章 大数据开启个性化思想政治教育新时代

其次是思想政治教育的客体相较于之前更加灵活，其思维方式发生了质的变化。客体是接受者和受动者，客体接受主体对其所产生的影响和作用，受主体的主导和调控。客体可以分为个体客体和群体客体、正式客体和非正式客体等。在大多数情况下，个性化思想政治教育的客体仍然是学生，但个性化思想政治教育中为了突出以学生为中心，突出学生的特性和个性，主客体的界限被打破，作为客体的学生在大多时候是以主体的形式存在，主导课堂活动和学习，客体主体化的趋势日渐明显。大数据时代，学生更多关注数据的相关性而不是因果关系，他们在日常的学习生活中，思维模式被相关性思维代替，对于事物背后原因的关注度降低，这为日常的个性化教学增加了难度。同时，作为学生的客体本身也发生了一些改变，客体由原来的被动接受到现在的主动获取，客体对课堂的依赖减少，对网络和新型技术的依赖增加，因此，作为教师要根据大数据及时进行分析，从整体进行把控。

最后是主客体之间的关系结构发生了前所未有的改变。思想政治教育主客体之间的关系有固定不变的地方，主体向客体传授知识，最基本的方法仍然是线下课堂讲授法，但在大数据时代，学习场景和教学方法发生了改变。主客体两者相互对立，主体在特定条件下转化为客体，客体在特定条件下转化为主体，但主体始终处在指导地位，客体始终处在被指导、被支配的地位。大数据时代，客体对主体的依赖逐步减少，大量学习知识和内容通过网络便可轻松获得，主体并不是客体获得知识的唯一渠道，两者的关系相较之前发生变化。客体通过网络获取信息，但网络平台内容复杂繁多，许多言论、观点需要客体进行过滤和鉴别，因而对于主体来说增加了教学工作的难度。因此，主体与客体需要打破时空束缚，主体针对客体学习数据的收集和分析，通过线上线下多种方式，与客体进行客观性对话和交流，对客体进行监督引导，让挑战变为机遇，不断优化思想政治教育结构，提高思想政治教育效果。

（二）环境结构

不管时代如何发展变化，环境对思想政治教育的影响是至关重要的，因为"人创造环境，同样环境也创造人"❶。思想政治教育结构中环境的作用不容忽视，要重视环境对人的作用。大数据时代的到来，对高校思想政治教育物质环境和非物质环境都产生了巨大影响，物质环境与非物质环境互相作用，共同影响个体和群体的行为和思维方式，成为影响思想政治教育的重要因素。

首先是个性化思想政治教育的物质环境。物质环境是指周围的物理空间和物质构成，如建筑、道路、自然景观等。校园是个性化思想政治教育的主阵地，这里的物质环境对学生的发展起着至关重要的作用。大学生的主要生活环境就是校园，因而校园环境是思想政治教育环境的重要组成部分，整洁的校园、完备的教学设施、齐全的后勤保障为大学生的学习和生活提供了便利的条件。大数据时代，科学技术将学校打造成数字化校园，如图书馆智能化，通过大数据分析，了解每个学生感兴趣的领域和阅读书本的数量，在教学过程中进行有针对性的引导，在课外学习中进行相关兴趣内容的推送，为个性化教学提供了平台。再如，学校的园林建设智能化，帮助学生营造良好的人文环境，可以有效提升学生的学习效率。校园物质环境是实现学校人才培养目标的有效途径，通过校园文化在大学生教育、学习、科研、管理、生活等各个领域的活动所创造出来的一种与社会、时代密切相关而又有校园特色的人文氛围、校园精神和生存环境，是学校在长期"教书、管理、服务"育人过程中形成的一种理想信念、价值观念和行为规范，是凝聚人心、鼓舞斗志、催人奋进的一面旗帜，对大学生的思想政治素质、行为规范的养成及个性的发展有着深远的影响。

---

❶ 中共中央马克思恩格斯列宁斯大林著作编译总局. 马克思恩格斯选集：第3卷[M]. 北京：人民出版社，2012：2-3.

其次是个性化思想政治教育的非物质环境，即精神环境。精神环境是影响人们思想和行为的客观实在的社会上一切思想活动总和。对于这些精神环境，可以分为统治阶级意识形态、理想信念、家风家教、社会风气等。这些精神环境都有着共同的特点，就是非物质性、客观实在性、渗透性、持久性，这些因素对人们的影响深刻而久远。第一，统治阶级的意识形态确立了主旋律、主基调。作为社会主义国家，我们要加强意识形态工作，弘扬社会主义核心价值观，因此对于历史虚无主义要坚决抵制。我们提倡的是个性化思想政治教育，但主流意识形态不能个性化，必须统一，不能出现特殊性。第二，理想信念是人们的精神向导，为人生的发展指明了前进的方向，志存高远的人才能走得更远。大数据时代，创新了树立理想信念的载体，如利用网络平台提供教学资源和材料，用先进的技术和设备对学生进行理想信念教育。另外，在大数据时代，为防止错误思潮对当代大学生的影响，我们要在网络平台宣传主流思想，加强学生的辨别能力，帮助学生通过学习不断坚定理想信念、筑牢思想根基、打造良好的精神环境。第三，家庭是社会的缩影，家风家教是学生成长成才的第一粒扣子。新时代数字技术为家风建设创造了新机遇，要挖掘和弘扬优秀家风，通过互联网将良好家风传播出去，打造一系列优秀家风文化产品。在高校，通过与家长联系，掌握学生的家庭环境和每位学生的家风家教，利用大数据技术，把能够引领社会风尚的家风家教通过数字化的形式展现出来，凸显好家风，以好家风涵养好作风，引导学生朝着正确的方向前进。

（三）内容结构

思想政治教育的内容覆盖面广，且内容之间互相关联，具有整体性、层次性的特点。个性化思想政治教育的内容结构突出个性教育，在大数据的依托下，内容范围广、程度深，满足了学生的个性化需求。

个性化思想政治教育的内容包括思想教育、政治教育、道德教育、法律教育、心理教育及个性教育。这六个要素构成了个性化思想政治教育的内容结构。思想教育是了解和引导学生的思想状况，目的是使学生树立正确的世界观、人生观、价值观。面对纷繁复杂的网络世界，学生对错综复杂的事件要有自己的判断力，可通过个性化教育的设计方案培养学生的逻辑思维能力，激发和提高学生的判断力。政治教育是思想政治教育的核心内容，为了突出个性化思想政治教育，学校可通过学习平台不断向学生推送时政新闻等政治教育内容，让学生了解国家的政策方针和国际形势的变化，坚定正确的政治方向、立场和观点，将国家的政治制度内化为自己的政治意识，成为担当民族复兴大任的时代新人。道德教育是建立约束公民行为规范的标准。新时代公民道德建设的重点任务是要筑牢理想信念之基、培育和践行社会主义核心价值观、传承中华传统美德、弘扬民族精神和时代精神。个性化思想政治教育就是要帮助学生了解学习这些规范，提高学生的社会化程度，通过个性化信息的定制和推送，引导学生将个人品德和社会公德相结合，让学生形成良好的行为习惯。法律是约束公民的硬性标准，法律教育就是引导学生普及法律知识，树立法治意识，杜绝违法行为。学校、社会可通过法治宣传、讲座，倡导法治文化，形成良好的社会氛围；还可通过法律信息的推送，让学生自觉遵纪守法，在保护自己权益的同时履行义务，引导大学生在日常生活中积极宣传法治思想，倡导守法、用法的价值观念，推动社会向更加法治化的方向发展。心理教育是个性化思想政治教育必不可少的环节。了解学生的心理状况是个性化教育的前提，帮助学生塑造积极向上的心理状态，维护学生良好的心理健康素质，矫正出现的心理问题。学校可通过线上线下宣传，加大心理健康教育，利用大数据技术客观公正地收集学生心理活动相关数据，预防和缓解心理问题。个性教育是个性化思想政治教育的重点，大学生日益多样的个性，是新时代条件下呈现的一个鲜明特征。个性多样化呼唤个性化思想政治教育，这就要针对大学生的多样化个性，采用符合青年个性特点的内容、形式、方法和手段开展思想政治教育，以满足大学生对思想文化的多样化需求。同时，也要求高校对海量数据信息进行深度解析，全面了解学生的思想动态，探究大数据时代高校思想政治教育工作的规律，为实现高校思想政治教育精准化提供技术支持，确保个性化思想政治教育工作全覆盖、有实效。

大数据时代，个性化思想政治教育的内容结构受到时代和长期发展的影响，需要对内容结构进行优化，面对复杂的国际环境，重点突出政治教育，增强学生对国家的归属感。同时，新的思想和新的资源要求增加个性化思想政治教育的内容，丰富课堂教学，灵活运用多媒体技术，构建起系统化的内容信息库。因此，应建立起内容评价体系，以需求为导向，解决教学内容出现的问题，满足学生和教师的学习需求。利用新技术优化个性化思想政治教育的内容结构，是思想政治教育创新的方式，同时提高了思想政治教育质量，帮助学生成长成才。

第三章　大数据时代创新高校个性化思想政治教育的理论基础与思想渊源

党的二十大报告强调推进教育数字化的必要性，教育数字化转型已经成为我国教育改革事业的重要战略主题。多媒体技术的发展促进了信息数据的多向交互，打造了多元化的高校思想政治教育课堂，把以往以教师为主体的单向灌输改变为师生双主体的互动交流。大数据时代，高校个性化思想政治教育理念的提出，是思想政治教育传统优势与信息技术跨界融合的新认知；是个性化教育理论范式与数据研究实践范式的创新融合；是对前人教育理念的高度承续与深度延展。技术的创新建立在理念创新的基础上，而理论只有追根溯源才能全面把握，因此我们要不断探寻"个性化教育"与"数据应用"的理论基础和思想渊源。

第一节　大数据时代创新高校个性化思想政治教育的理论基础

思想政治教育是以现实的人为出发点和落脚点的，承担着培养"人"、塑造"人"、发展"人"的重要任务，以及实现每个人自由而全面发展的历史使

第三章 大数据时代创新高校个性化思想政治教育的理论基础与思想渊源

命。大数据时代高校个性化思想政治教育是对马克思主义关于人的全面发展理论与一般与个别论述的现实遵循,是对中国传统文化中个性化教育理念的继承发展,是对中国共产党人对于人全面发展理论的一以贯之与当代践行。

一、马克思主义关于人的全面发展理论

人是社会中的人,社会的多样复杂性决定了人有不同的需求:物质需求、精神需求、文化需求、政治需求、安全需求等。实现人的全面发展,意味着人的合理需求得到了全方位满足。马克思立足于现实的个人,深刻阐释了人的全面发展,他指出:"人以一种全面的方式,也就是说,作为一个完整的人,占有自己的全面的本质。"❶ 实现人的全面发展首先要实现人的本质的全面发展,人的需要是促进人自身发展的推动力量,人的个性则是体现人自身发展的衡量尺度。马克思指出,体力是指人所具有的自然力,是人体活动时所能付出的力量;智力是指精神方面的生产力,是人们认识客观事物并运用知识解决实际问题的能力。人的能力的全面发展,不仅是人的自然力的进化,更主要的还是社会力的充分发展。自然力"作为天赋和才能、作为欲望存在于人身上"❷,可见马克思所指的全面发展包括人的能力、素质和个性的充分发展。教育工作者初期常常以"理想的人"作为参考模型,循序渐进地引导开发受教育者的自我认知。人的全面发展不是按照标准化、刻板化的雷同模式复制粘贴,也不是要求一个人具有架海擎天的能力,而是要凸显人与人之间与众不同的个性,包括人的自主性、独特性以及创造性。这里的自主性是指个体能够打破陈腐的拘束,具备独立思考和理性思考的能力,自主做出决

---

❶ 中共中央马克思恩格斯列宁斯大林著作编译总局.马克思恩格斯文集:第1卷[M].北京:人民出版社,2009:189.

❷ 中共中央马克思恩格斯列宁斯大林著作编译总局.马克思恩格斯全集:第42卷[M].北京:人民出版社,1980:167.

定，按自己的意愿行事；独特性即每一个人都是一个独特的个体，各具特色、各有所长，要善于展示自己的特点，充分挖掘和利用个人的优势；个体在自主性与独特性的基础上，充分发挥自己的主观能动性，将推理、想象、联想、直觉等思想领域高度联动，开拓新的认知领域，开创新的思维活动，以上三点是人的全面发展的重要指标。在资本主义社会中，资本家对工人无情剥削，为追逐最大限度的利益，一度增加对工人劳动力的压榨；在日复一日机械式工作模式下，工人不仅体力透支，而且丧失了思维的多样化发展和追求美的意识，人生活在不自主的生活状态之下。资本主义社会中社会关系的异化和社会制度的结构性缺陷，导致人的本质的发展是片面的，甚至产生了许多遏制人性和基本需求的问题。马克思对于此种现象进行严厉的批判，并且呼吁在共产主义社会里人要实现全面发展。

马克思指出，实现人的全面发展，除了要发展生产力、消除私有制，还应以教育促进人思想层面的进化。"个人的全面发展，只有到了外部世界对个人才能的实际发展所起的推动作用为个人本身所驾驭的时候，才不再是理想、职责等等。"❶思想基础是人发展的内在条件，人是独立而自由的，人的成长过程有着鲜明的个体性和自主性。教育能够促进人的思想的发展，教育是在教育工作者的指导下进行的，使受教育者获得正确的知识、技能、信念、价值观等。其中，思想政治教育作为一种特殊的社会活动，其本质属性包含着人的个性和社会性的辩证统一，其本质意义就是促进人的全面发展。马克思指出，实现人的全面发展，就必须时刻关注人的个性化发展，将人的个性化发展与社会发展协调起来。人的全面发展必须且必然是一种自由的发展，自由是人的全面发展的必要条件之一。思想政治教育实现人的全面发展是自主的，而非强迫的；以尊重学生个性为教学前提，以激发学生兴趣为教学动力，引导学生自主地走进

---

❶ 中共中央马克思恩格斯列宁斯大林著作编译总局. 马克思恩格斯全集：第3卷[M]. 北京：人民出版社，1960：330.

第三章 大数据时代创新高校个性化思想政治教育的理论基础与思想渊源

个性化教育新天地。兴趣是最好的老师,个性化思想政治教育有助于引导学生运用自己所获取的知识创造性地、全面地运用到社会生活中,这就要求教育过程不能只是简单的机械式的循例重复,而是要不断创新。另外,马克思认为只有在共同体中,个人才能获得全面发展才能的手段。脱离共同体,教育将背离其本质,这是人自由发展的片面化和异化的表现形式,这种异化关系最终将反过来否定人的自由而全面发展。

"人的自由而全面发展"是以人为本的理念逻辑,是因材施教的终极目标,是马克思主义教育理论的基础。一千个人眼中有一千个哈姆雷特,同样,教育所施加的对象也是千人千面。大数据时代高校个性化思想政治教育能够促进人的全面发展,不仅能满足不同学生、不同群体的个性化需要,还能发展学生的主体性和独特性,真正实现以人为本的教育理念,是对马克思人的全面发展理论的深刻践行。

二、马克思主义关于一般与个别的理论

马克思主义诞生之前,西方哲学家常常否定"一般"的客观性,将其看作主观概念或个体判断。古希腊哲学家苏格拉底曾提出一般与个别之间的关联,认为一般潜藏于人们的意念与认知之下,属于局限在伦理中的普遍概念,他强调认知的本质是通过分析个体的特征来探索普遍规律,这种观念的出发点是唯心主义的,偏向于宗教神学。柏拉图割裂两者之间的联系,将"一般"视为脱离"个别"的独立且静态的存在物。直至近代西方哲学史,关于普遍与特殊的争论从未停歇。洛克将一般与普遍视作人的悟性,不是一种现实存在物。黑格尔的观点则与之相悖,他在继承唯心主义论的前提下,指出一般与个别之间存在相互包含的关系,普遍并非一个单一体,而是渗透着特殊性的复杂存在。在黑格尔的眼中,真实的概念不是抽象概念,而是"一般与个别的统一",即具

体概念。例如，蔬菜这个具体概念是一般与个别的统一，离开了个别的蔬菜，就没有一般的蔬菜一说。

马克思和恩格斯在《神圣家族》中对这种思辨唯心主义提出了严厉的批评，指出其根源在于："通过诡辩，把事物的概念当作独立存在的实体，也就是把本来是从个别事物中抽象出来的一般当作独立存在的本质，并把它作为感性存在物的来源和基础。"❶世界上的事物是一个个独立的个体，这些独立的个别事物之间既有不同程度差别点，又有不同层面的同一点，在诸多"个别"中抽取其中的同一性，就有了所谓的"一般"。一般与个别之间是辩证统一、互相依存的。个别是单个事物、现象或过程，也是事物之间个别与特殊相区别的规定性，每一个事物都有其与之相异的特殊性质及其呈现的特殊现象，世间万事万物都别具一格，各类事物的个性组成了体系的多样性。花有花的幽香、草有草的清香、树有树的葱茏，但植物的个性却不是完全独立的，它与生物体系中其他部分有着密切的联系，这种联系就是"一般"。一般存在于个别之中，由于抽象出来的一般具有同一性，致使具有较多同一性或者说在主要方面具有同一性的事物就会在"类同"的基础上形成一个集群，对个别起着规定作用，代表着"属""类"，两者之间的联系与渗透，是包含着差别的辩证统一。例如，一种植物上长了一朵花，这朵花首先是它本身的一部分；其次，为植物输送养分，它作为单个存在物充当该植物的叶、茎、果、根的同类分支。"个别与一般"这对范畴，反映不同事物之间以及同一事物内部各方面、各阶段的个性与共性、区别与联系。除此之外，个别与一般并非部分唯心主义者认为的是意念或纯粹理智的产物，而是事物本身所固有的、客观地存在于事物与事物之间的联系之中，并贯穿于一切过程的始终。如世界上找不到完全相同的树叶，要么质地差别，要么形状迥异，要么脉络差异。这种独特的差异客观地存在于每一

---

❶ 顾海良. 马克思主义发展史 [M]. 北京：中国人民大学出版社，2009：54.

第三章 大数据时代创新高校个性化思想政治教育的理论基础与思想渊源

片树叶之中。笔作为一种工具在能写字这个属性上同一,但它们之间的材质、形状又是不尽相同的。再者,人的认识与发展过程是由具体到抽象,再由抽象到具体,即认识个别上升到认识一般,再由认识一般到认识个别的辩证发展过程。由此可见,个别与一般的关系问题,是辩证法的出发点。人们认识过程的起点是直接的整体表象,经对表象中的具体的层层研究,不断接近抽象,然后再回到深层次的具体,人的认识与发展总是在这样的循环往复之中进行的,每循环一次则会加深一次认识的程度。而就人类思维的一般情形而言,人们喜欢面对、探求直观具体形象的事物,换言之,人们对于抽象难辨的概念哲理有回避型心理,原因在于直观可触的一般事物相较于晦涩抽象的概念生动许多。但一般与个别理论告知人们,只有逐步扩大和深化对直观事物及其共相、共性等同一性的认识,才能以这种共性认识为指导,认识更多新质、具体的事物。从个别到一般,再从一般到个别,是不可避免的循环往复。

恩格斯指出:"人们远在知道什么是辩证法以前,就已经辩证地思考了。正像人们在散文这一名词出现以前,就已经用散文讲话一样。"❶ 个别与一般作为一种概念之所以对教育学有深厚的哲学价值,就在于它可以帮助教育者避免教学活动中的失误。一是重视个别而忽略一般。教育工作者不能过度解读学生之间的个别,过度着眼于学生的个性特征,就会忽略学生群体构成一个班集体之间的共有特征,从而无法从个别当中抽象出来一般共性;二是重视一般而忽略个别。能否从普遍群体中抽象出正确的个性特征,是对教育工作者的全新要求,也是个性化教育的关键所在。抽象是人类的一种有意识的追求,被抽象出来的结论总是浅层的、简单的、一定的,而自然存在着的具体事物是复杂多变的。列宁说:"个别一定与一般相联系而存在。一般只能在个别中存在,只能通

---

❶ 中共中央马克思恩格斯列宁斯大林著作编译局.马克思恩格斯全集:第20卷[M].北京:人民出版社,1971:155.

过个别而存在。任何个别（不论怎样）都是一般。任何一般都是个别的（一部分或一个方面，或本质）。任何一般只是大致地包括一切个别事物。任何个别都不能完全地包括在一般之中，如此等等。"❶ 马克思主义经典作家关于一般与个别这对范畴的论述，推进了本体论与认识论的演绎进程，从多角度、多层次阐释了其内涵与实质。

一般与个别的方法论，对教育改革、教学研究起到了引领作用。受教育者内含人的个性差异的本质属性，与人所拥有的"类"的属性和特征相对，这就决定了思想政治教育应以"个性差异"作为教育的资源和动力。个性化教育既是教学手段，也是教学目的，精准公平的教学模式能够激发个体潜能，为个人自我发展提供更多的选择性。大数据时代为个性化思想政治教育提供了新契机，以海量的数据态势分析研判，实现教育个性化定制与标准化内核的有机统一，推动教育由"数量规模"向"质量领域"发展，建构了未来思想政治教育发展新图景。

三、中国共产党人关于人的全面发展论述

中国共产党人既是马克思主义的承续者，又是马克思主义与时偕行的先锋。毛泽东、邓小平、江泽民、胡锦涛、习近平等党和国家领导人，在领导中国革命、建设和改革的同时，也科学发展和践行了马克思主义。人的自由而全面发展是中国共产党人秉持和追求的目标，逐渐形成中国化时代化的马克思主义人的自由全面发展理论。

毛泽东同志是伟大的马克思主义者，他十分注重在艰苦斗争中铸造人的精神力量。毛泽东深入官兵中间，开学校、讲政治，除了传授战略战法，还著

---

❶ 钟万如. 列宁《谈谈辩证法问题》的主要内容及其当代价值[J]. 中共石家庄市委党校学报，2023，25（10）：33-37，48.

第三章　大数据时代创新高校个性化思想政治教育的理论基础与思想渊源

书立说，以科学理论解答各种困扰人们的问题，武装头脑，塑造红军的精神世界。在中国共产党第八届中央委员会第三次扩大会议上，毛泽东强调："政治和业务是对立统一的，政治是主要的，是第一位的，一定要反对不问政治的倾向；但是，专搞政治，不懂技术，不懂业务，也不行。我们的同志，无论搞工业的、搞农业的、搞商业的、搞文教的，都要学一点技术和业务……使自己成为内行，又红又专。"❶ 毛泽东从识人、选人到培养人，都注重德才兼备，尤其是有正确的政治方向，重视人的多方面发展。新民主主义革命时期，以毛泽东同志为代表的中国共产党人将马克思列宁主义基本原理和中国革命具体实际相结合，开辟了农村包围城市、武装夺取政权的革命道路。中华人民共和国诞生以后，毛泽东提出了一系列重要论述，提出在科学文艺工作中实行"百花齐放、百家争鸣"的方针。他号召共产党人无论能力大小，都要努力成为"一个高尚的人，一个纯粹的人，一个有道德的人，一个脱离了低级趣味的人，一个有益于人民的人"❷。毛泽东选人用人的智慧与艺术，为我国革命事业提供了高质量人才，为社会主义建设提供了培育人的指导原则，奠定了中国共产党人实现人自由全面发展的理论基调。

邓小平同志把尊重人才落到实处，他认为，"一个重要的问题，是对又红又专要有正确的理解，合理的要求"，"专并不等于红，但红一定要专"。❸ 建设社会主义道路，需要的是全面发展的人，有专业知识能力的人才能为四个现代化服务。实现人的全面发展并不是求全责备。人非圣贤，是人就会有缺点。邓小平从我国处于社会主义初级阶段的基本国情出发，其任人唯贤的态度秉持着唯物辩证主义的立场，强调考虑人的不同角度，尊重个体受教育程度和生活经历的不同，尊重个体不同层次的差异性，根据个人实际差别，实现不同

---

❶ 张颖.中国共产党干部选拔任用标准的历史演进及经验启示[J].理论导刊，2023（4）：21-26.
❷ 代红凯.毛泽东人民主体思想的发展进路及其理论特质[J].毛泽东研究，2023（2）：88-98.
❸ 李艳玲，曹淑利.邓小平选拔干部理念探析[J].中共太原市委党校学报，2022（4）：11-13.

方式、标准、途径的全面发展。江泽民同志注重提高干部和党员素质，他强调："我们建设有中国特色的社会主义的各项事业，我们进行的一切工作，既要着眼于人民现实的物质文化生活需要，同时又要着眼于促进人民素质的提高，也就是要努力促进人的全面发展。"❶社会主义的建设不仅要发展经济，更要注重人文关怀，人的自由全面发展也是现代化的重要部分。党的十六大以来，以胡锦涛同志为代表的中国共产党人树立以人为本、人的现实性和个性全方位发展的理念，丰富了人的全面发展理论。

党的十八大以来，习近平总书记强调，要在全国范围内树立起科学的人才观、成才观、教育观，建设一个全民终身学习型大国。在2016年召开的全国高校思想政治工作会议上，习近平总书记强调："思想政治工作从根本上说是做人的工作，必须围绕学生、关照学生、服务学生，不断提高学生思想水平、政治觉悟、道德品质、文化素养，让学生成为德才兼备、全面发展的人才。"❷2021年2月25日，习近平总书记在全国脱贫攻坚总结表彰大会上的作出讲话："在全面建设社会主义现代化国家新征程中，我们必须把促进全体人民共同富裕摆在更加重要的位置，脚踏实地、久久为功，向着这个目标更加积极有为地进行努力，促进人的全面发展和社会全面进步，让广大人民群众获得感、幸福感、安全感更加充实、更有保障、更可持续。"❸人民对美好生活的向往，既是物质财富的满足，也是对人的自由而全面发展的向往。新时代，我们完成了脱贫攻坚的艰巨任务，为实现人的全面发展开辟一个更为广阔的空间。在这个意义上，人的全面发展将实现更丰富、全面的社会关系，每个人在不同的领域充分发挥个人主观能动性和个体创造性，获得不断铸就自我、

---

❶ 江泽民.江泽民文选：第3卷[M].北京：人民出版社，2006：294.

❷ 习近平在全国高校思想政治工作会议上强调 把思想政治工作贯穿教育教学全过程 开创我国高等教育事业发展新局面[N].人民日报，2016-12-09.

❸《全面建设社会主义现代化国家热点解读》编写组.全面建设社会主义现代化国家热点解读[M].北京：新华出版社，2021：288.

第三章 大数据时代创新高校个性化思想政治教育的理论基础与思想渊源

展现自我、实现自我、奉献自我的机会。实现人的全面发展是以人为本的另一层面,以共同富裕促进每个人的发展,以其成果改善社会资源分配不均问题,使共同富裕惠及每个人;以共同富裕激发人深层次的主体性,充分调动人的主观能动性、积极性和创造性,人人参与、人人发展、人人有机会。

中国共产党历代领导人继承与发展了马克思主义关于人的自由全面发展的理论,是对人全面和个性化发展的一种肯定,也为如何培养合格的社会主义建设者和接班人指明了方向。这就要求新时代思想政治教育工作者也要树立尊重个体差异、注重教育个性化、培育全面发展现代化人才的意识,以培养学生健全的人格、激发个体创造性,在加速实现社会主义现代化的同时实现每个人自由全面的发展。

四、中国传统文化中的个性化教育思想

个性化教育源远流长,人类实施个性化教育的历史,远远超过实施标准化教育的历史。儒家教育推崇"因材施教"。"因材施教"的"因"是指依据、根据;"材"指禀赋、资质,这一理念是儒家学者基于对"人"与"材"的探讨与思考得出的。儒家曾以"仁者人也"❶四个字归属人的本质,仁即"仁爱",孔子曾曰"人善我,我亦善之;人不善我,我亦善之"❷。"仁爱"之下还需"知人",曰:"好仁不好学,其蔽也愚;好知不好学,其蔽也荡;好信不好学,其蔽也贼;好直不好学,其蔽也绞;好勇不好学,其蔽也乱;好刚不好学,其蔽也狂。"❸孔子弟子身通六艺、各有所长。孔子为何要进行因材施教?因为"柴也愚,参也鲁,师也辟,由也喭"❹,每个学生个性都不相同。孔子以"言

---

❶ 李季林. 四书金言[M]. 合肥:安徽人民出版社,2012:10.
❷ 杨树达. 论语疏证[M]. 上海:上海古籍出版社,2007:132.
❸ 阮元. 十三经注疏:论语注疏卷十[M]. 上海:上海古籍出版社,1990:148-154.
❹ 李凯,张子青. 古代中国文明文献萃编[M]. 北京:华夏出版社,2023:273.

志""静观"了解学生,让弟子们谈论各自的志向兴趣,以此达到"知人"。在"仁爱""知人""识材"的基础上,对弟子的教育要做到"因材施教、循循善诱"。因材施教包含两方面,因人而教和因时而教。孔子提到"生而知之者,上也;学而知之者,次也;困而学之,又其次也;困而不学,民斯为下矣"。他发现不同的学生脾性、领悟力、学习力千差万别,而他作为师者,需要"对症下药"。"中人以上,可以语上也;中人以下,不可以语上也。"❶ "中人"是指中等才能水平的人,中才以上的人,才能跟他讲高深的学问和道理。中才以下的人,只能跟他讲浅近的,即对于学习能力较强的弟子,应该多加引导、启发,让学生多思考多探求;针对学习能力较差的弟子,需要多关注多调动其积极性,进行适当的强制管教和约束。需要注意的是,孔子所谓的因人而教是在保证教育公平性的基础上进行的,每个学生平等地享有受教育的权利,不能因为其贫富、贵贱、智愚、善恶加以区别对待。另外,教育需要因时而教、循序渐进,不能急功近利、跳跃式学习,"呻其占毕,多其讯言,及于数进而不顾其安"❷是打乱学生的学习规律的表现,这种做法违背规律不可取,教学要把握时间与顺序,要针对学生年龄阶段和知识接收能力的不同,采取不同的教学内容、教学策略和教学方法,挖掘每一个学生身上不同的学习潜力,使其得到最大的发展。针对不良习性要"禁于未发之谓豫",防患于未然,不可任其发展。最后,在整个传道授业解惑的过程中,师者当秉持循循善诱的理念,辩证施教。正是因为孔子在教育实践中灵活运用个性化教育的理念,才有"弟子三千,贤人七十二"的教育成果。

《学记》作为古代中国和世界教育史上最早的一部较为完备的教育文献,在继承和发扬孔子教学主张的基础上,提出了一系列教学原则和理念。"道而弗牵,强而弗抑,开而弗达。"这句话揭示出因材施教一个极为重要的原则:

---

❶ 孙宏良. 论语述读:重启人生的修行[M]. 北京:学习出版社,2022:515.
❷ 林语堂. 孔子的智慧[M]. 北京:北京联合出版公司,2013:21.

第三章 大数据时代创新高校个性化思想政治教育的理论基础与思想渊源

以个性化教育培养个性化人才。教师扮演的角色是引导学生的领路人，不是牵制学生的"紧箍咒"，对学生进行因势利导，不代替学生作结论。另外，教学过程要做到"游其志、存其心、兴其艺、安其学、亲其师、乐其友、知其心、当其可、尽其声、待其从容"❶。学生在教师的引领下能否自觉深入投入，这在一定程度上取决于教师能否"识材、因材"，能否拉近师生之间的距离。北宋教育学家胡瑗秉承"明达体用"的教学理念，开创了分斋教学制度，即苏湖教法。他是我国最早提出实行分科教学制度的教育家。他按照实际需要在同一所学校中分设经义斋和治事斋，并且把一些具有实用意义的科目纳入官学教学体系，学生可依据自身特点与兴趣选择心仪的修习科目。他开创了主修和辅修的先河。南宋理学家朱熹在《四书集注》中说的"圣贤施教，各因其材，小以小成，大以大成，无弃人也"❷，正是这个道理。朱熹还推崇关注学生心理发展规律，把握不同年龄阶段施教特点，将教育分为小学与大学两个阶段，施以相得益彰的知识与课程，主张将经书中所学的内容由"泛泛而谈"变为"学以致用"。

"因材施教"在我国历经千年而不衰，充分彰显了它正确客观的教育规律。中国传统教育中的因材施教，其出发点是基于社会的需求与实践为特定阶层培养人才，目标是化育万民，建立理想社会。中国传统文化博大精深、源远流长，教育作为一个国家事业的根本，对于民族发展有着举足轻重的作用。"因材施教"的教育理念揭示了教育教学的本质规律，具有重要的历史价值，对于今天高校个性化思想政治教育有着指导意义。人的"本质"，"材"的辨析，"教"的方法，"时"的把握，是个性化教育的深层次考量，而在大数据技术的助力下，可以进一步把这些传统教育理念融入高校个性化思想政治教育的实施过程，做到知古鉴今、以古促今。

---

❶ 郭丹，程小青，李彬源，等.四书五经[M].北京：中华书局，2019：279.
❷ 朱熹.四书集注[M].长沙：岳麓书社，2004：65.

五、西方的个性化教育理念

西方国家长期秉持个性化教学理念,注重个体创新精神的塑造和实践能力的培养。尤其经过文艺复兴、宗教改革、启蒙运动的洗礼,人们的思想逐渐解放,教育的功能日益凸显,因材施教也相应地发展为精细化施教,体现为教育关注个人需求,即个体对于知识、自由和美的追求。自此,西方的教育观逐渐发展、演变、改良,催生了许多新的教育理念,对人类社会的发展产生了积极的推动作用。

古希腊哲学家苏格拉底认为美德即知识,教育的最终目的就是让人们努力成为"有德行的人"。苏格拉底是西方最早提出启发式教学方法的人,他提出"产婆术""问答法",即由讥讽、助产术、归纳和下定义四个步骤组成。这种方法有利有弊,其优势在于不将现成的结论硬性强加给受教育者,但是这种推理式启发的适用人群受到局限,仅仅适用于有一定知识储备和归纳总结能力的成年人,而且对教育者度的把控要求很高,过于紧逼式的追问会使受教育者逐渐产生抵触、恐惧感。亚里士多德认为理性为人类所独有,人生最终的价值在于觉醒和思考的能力,不仅仅在于简单的生存,教育的目的是不断修炼理性。他建构了教育的年龄分期理论,即教育的成果取决于"三端","三端"分为出生时的禀赋、日后的习惯及内在的理性三个阶段。人从出生到接受教育,应该按照这三个阶段因材施教。不同的阶段施教内容和方式及侧重点有所不同:幼儿教育时期重视学生身心环境、远离恶行,不实施劳动教育和深度功课;初级教育时期重点施教情感道德教育,包括美育和德性的培养;高级教育时期促进理性灵魂的发展,包括政治、伦理、几何、天文、算术等。另外,在亚里士多德的眼中,人是由身体和灵魂两部分构成的,身体是人成长发育的基础,灵魂则承担着沉思、内化、辨别的功能,教学应该兼顾这两个部分,即身体训练和理智教育,教学内容和课程学科都应是自

第三章　大数据时代创新高校个性化思想政治教育的理论基础与思想渊源

由学科，使教学过程充满令人愉悦的自由价值，个体能够获得身心的愉悦和理性的自由发展。昆体良作为古罗马奴隶制帝国初期最负盛名的教育理论和实践家，高度重视教师在教学活动中的角色能量，教师需要具备全面素质、才德俱优、因材施教。其因材施教包括两个方面，一是发现、发展个人的特长，二是用不同的方法教育个性不同的学生。昆体良从自己的理论储备和实践经验出发，对古希腊以来的教育思想进行了系统的总结，主张因材施教的过程中，教学活动应当奖罚合宜、量力而行。

18世纪，西方的现代个性教育思想主要凸显于新教育思想、自由主义教育思想、进步主义教育思想、实用主义教育思想和人本主义教育思想中。法国的哲学家卢梭，在其著作《爱弥儿》中强调了"自然教育""自然后果法"的重要性，因为"自然人是完全为他们自己而生活的，他是数的单位，是绝对的统一体，只同他自己和他的同胞才有关系。公民只不过是一个分数的单位，是依赖于分母的，他的价值在于他与总体即同社会的关系"[1]。卢梭个性发展的思想影响了近代教育，康德、斐斯泰格齐对卢梭的浪漫个性化教育观进行了继承和发展，其中新教育思想、自由主义教育思想、进步主义教育思想和实用主义教育思想中的个性教育观虽然继承了卢梭重视儿童的"自由""兴趣""自然""直观"的思想，但开始由感官的个性化教育观，逐步转为辩证个性教育观，且在其后的人本主义教育思想中开始越来越重视辩证个性教育观，这使得个性化教育更贴合现代个性教育的实际。杜威提出教育即"生活""生长"和"经验改造"，无论是教材还是教学方法的选择，均以"儿童为中心"，鼓励探究并创新教育思想。罗杰斯从心理学的角度出发，提出教育是"以人为中心的治疗"。美国是最早开始推进个性化教育的国家，提出了如斯金纳的程序教学、布卢姆的掌握学习等方法教育；教育学家夸美纽斯为应对班集体教学模式的弊

---

[1] 夏小红. 教育学[M]. 南京：南京大学出版社，2020：259.

端，提出"教育应该顺应人的天性"，认为人作为抽象的存在，需要遵循自然法则，教育在于使学生遵循自然的法则，换句话说，教育不在于教学生如何避免死亡，而是教他们如何去生活。

19世纪末，美国大学实行以自主命题选拔学生入学的个性化评估方式，且当时为改进大学入学标准化、统一化的问题，中学课程是否标准化成为美国教育改革的重要议题。德国思想家尼采指出，学生"走上被任用和雇佣的实际岗位之后，即使在他似乎是一个自由人的时刻，他仍然被层出不穷的烦恼和怀疑所困扰，为那个了不起的自由幻想而受罚。他感到无能为力引导自己、帮助自己，于是绝望地沉浸到日常生活和劳作的世界里面"❶。这句话充分体现了当时德国标准化教育导致大学生的精神迷茫、散漫、平庸化。后来，美国创办的阿尔特学校，办学理念极具西方个性化教学特色。该校设置多维度、多样化的课程领域，为学生提供多元化课程选择。学习空间从教室、图书馆拓展到科技馆、体育场、公园，发展学生知识、思维、生存、交往层面的素养，并且对课程管理作了周期性安排，分为学习动机、思维建构、项目展示三个阶段，以此激发学生主动的、有目的的求学意识。教师拥有充分的自主权，不受刻板课程的约束，不受校园时间和场所的限制，根据学生个体间的差异性实施不受外部杂念干扰的教学活动。另外，阿尔特学校打通了网络化家庭学校合作，该校专门研发名为阿尔特录像的课堂实录软件，家庭与学生双方可以通过软件进行线上互动，使家庭能及时掌握学生学习情况、走入学生课堂。除此之外，英国创办的伊顿公学，以及澳大利亚创办的悉尼中学等，均反对灌输式教育，注重学生个性化培养和自主教育。

不难看出，西方教育理念中学生是学习的核心和主人，他们规避了传统教育中权威专断、遏制人性发展的弊端，在教育方法的设定上十分注重启发受教

---

❶ 杨春时. 中国现代文学思潮史[M]. 南京：南京大学出版社，2011：1148.

育者思维,以发挥受教育者的主观能动性,尊重教育主体的个性特征与需求。西方国家认识到教育不单单是学校书本上的固化知识,而是无处不在、无时不在,需要学校、家庭、社会的协作联动,多方面、多维度感化受教育者。由此,教育需要"以人为本、因人制宜",教育工作者与受教育者应当民主交谈,前者应从教育对象的个体差异性出发,依据其身心发展程度及个人优势长处,实施不同的教育方法。

综上所述,教育的目的不是驯化人,而是真正地实现"人",必须将"人"这个主体当作第一位,实现人真正自由全面发展。必须遵从个性化教育教学理念,只有从本源上把握个性化教育的真谛,才能实现个性化教育自然性和社会性、独特性和共同性、稳定性和可变性、功能性和目的性的统一。"数据"+"教育"是新时代教育个性化转型的直接力量,催生了新的教育理念和教学质态。只有利用数据技术不断把握个性化教育的内在逻辑,才能培养出堪当重任的时代新人。

第二节 大数据时代创新高校个性化思想政治教育的思想渊源

从古至今,"数"在人类的心中具有神秘的力量。人类利用"数据"治理国家、便利生活的历史源远流长。早在中国传统社会,古代君王将相就推崇以"数"治国,以"实"定国,利用数据掌握民众信息、巩固中央集权的统治。后来,中国革命、建设和改革的各个时期,一代又一代的中国共产党人继承并更新了数据治理的理念,将数据运用于治国方略之中。此外,西方国家"万物皆数"的哲学起源及"多元智能"心理学理论,都为大数据时代创新高校个性化思想政治教育提供了思想渊源。

一、中国共产党人关于"数据"运用的理念

中国共产党人自始至终都十分注重"数据"的运用。毛泽东同志在《中国佃农生活举例》中详尽记载了中国农户家庭产出、收支、亏空的明细,得出这些佃农过着入不敷出的艰苦生活,分析出本分佃农转变为乡间匪盗的内在原因。在《湖南农民运动考察报告》一文中,他以百分比描述贫农、富农、地主的占比分布情况,而正是通过对这些看似平常的数据的分析,解决了当时中国革命力量"依靠谁、指望谁"的问题,为中国革命指明了正确的前进方向。毛泽东在军事斗争中秉持数字化军事斗争理念,遵循"在战略上以少胜多,在战术上以多胜少"的原则。除此之外,毛泽东的诗词当中也包含着数字的万千世界,从"十万工农下吉安"到"百万雄师过大江",从"七百里驱十五日"到"六亿神州尽舜尧",从"二十万军重入赣"到"三千毛瑟精兵",以及"自信人生二百年,会当水击三千里"等,毛泽东在其诗词中大量运用数量关系及夸张手法,体现了浪漫主义与现实主义相碰撞的完美融合,彰显了毛泽东以数雕刻史实的高亢斗志,以数烘托史事的豪放格调。历史经验告诉我们:数据的来源及真实性决定了事情的成败,真实的数据会带来正确的决策,虚假的数据会误导人们的判断,带来了不良后果。也是在毛泽东同志实地调查、实事求是、"一切工作要有数目字"等理念的指导下,中国的革命道路才转向正轨。

"问数字""爱算账"是邓小平同志求真务实、注重调查研究鲜明特征的彰显。中华人民共和国成立之初,邓小平同志作为政务院副总理兼财政部部长,以数字看轻重、以数字理政治。他对财政厅干部说"数字中有政策,决定数字就是决定政策"[1],下达政策不能凭一时兴起的轻率决定,走马观花、应付差事、自欺欺人的调研,是对党和人民事业极其不负责任的体现,必须"爱算

---

[1] 中共中央文献编辑委员会. 邓小平文选:第3卷[M]. 北京:人民出版社,1993:274.

第三章 大数据时代创新高校个性化思想政治教育的理论基础与思想渊源

账""算细账",算扎扎实实、没有水分的账,找出问题根源、制定解决办法。江泽民突出强调了科学技术在国家建设和生产力发展进程中的重要地位,提出实施科教兴国战略。2000年11月,江泽民同志给大学生讲高数,在黑板上写下"一尺之棰,日取其半,万世不竭"。❶这句话出自庄子,意即一尺长的棍,每天取其中的一半,这样永远取下去,是取之不尽的。他告诫学生这种极限思想体现了数学的无穷魅力,数学对个人的成长、国家的发展有着无限的助推作用。随着全球化的发展,国与国之间的关系尤为紧密。在此境遇下,胡锦涛同志指出:"互联网、云计算、物联网、知识服务、智能服务的快速发展为个性化制造和服务创新提供了有力工具和环境。"❷这也意味着"数据"作为重要的网络发展的重要信息产物,潜藏着无穷的能量。

进入新时代,中国共产党领导人审时度势,加大科教兴国、人才强国的力度。以习近平同志为核心的党中央高瞻远瞩,从国际视角把握科学技术发展的国内外大势,高度重视大数据发展,将大数据发展提升至国家战略高度。2015年10月29日,中国共产党第十八届中央委员会第五次全体会议指出:实施网络强国战略,实施"互联网+"行动计划,发展分享经济,实施国家大数据战略。这就开启了数据治理的新篇章。浩瀚的数据海洋蕴含着巨大的能力,可以惠及医疗、教育、社会治理等方方面面,切实精准解决当前的民生问题。将"数据"运用至思想政治教育是助力现代化教育的重大举措。习近平总书记强调:"要运用新媒体新技术使工作活起来,推动思想政治工作传统优势同信息技术高度融合,增强时代感和吸引力。"❸大数据有助于教育工作者科学地认识到受教育者的思想动态、行为轨迹以及社会思潮等,把握受众者个性化、多元

---

❶ 张新.中国名家[M].北京:中国人民大学出版社,2019:322.
❷ 中共中央文献编辑委员会.胡锦涛文选:第2卷[M].北京:人民出版社,2016:400.
❸ 习近平在全国高校思想政治工作会议上强调 把思想政治工作贯穿教育教学全过程 开创我国高等教育事业发展新局面[N].人民日报,2016-12-09.

化的发展需求，为思想政治教育管理、评价、决策等提供有效的判断依据和决策遵循。成长中的青年人易受错误思想观念的影响，这使思想政治教育面临着"社会被不同的意见极化群体所分隔，社会共识难以凝聚"的困境。为避免大数据被有心者反利用，应将思想政治教育与大数据相融合，以主流价值观念驾驭大数据。以大数据分析助力思想政治教育决策，实现了数据与思想政治教育的双向融合。2021年12月6日，习近平总书记在十九届中央政治局第三十五次集体学习时作出指示，"要加强国家安全、科技创新、公共卫生、生物安全、生态文明、防范风险等重要领域立法，加快数字经济、互联网金融、人工智能、大数据、云计算等领域立法步伐"❶，以此更好地服务我国经济社会发展和人民生活改善。

大数据融合于国家治理不可一蹴而就，是一项需要长期系统全面布局的大工程。数据作为助推国家教育治理体系和治理能力现代化的科学力量，对于我国教育行业改革亦有重要意义。其中，教育数据已经成为党和国家系统管理、创新教育行业的基础性战略资源和高价值重要资产，是促进中国式现代化教育转型的重要生产要素。大数据时代，在中国共产党的带领下，思想政治教育工作者和数据信息构建者应该共同努力催生两者融合的契机和能量，时刻推进思想政治教育大数据体系、手段、能力与应用的均衡发展，构建极具中国特色的新时代教育科技生态。

二、网络思想政治教育关于数据研究的理论

马克思主义认为，社会主义必将取代资本主义，成为人们向往和追求的美好社会。马克思致力于社会主义制度的建立和共产主义的实现，提倡要用共

---

❶ 习近平. 坚持走中国特色社会主义法治道路 更好推进中国特色社会主义法治体系建设[J]. 求是, 2022（6）：1.

第三章 大数据时代创新高校个性化思想政治教育的理论基础与思想渊源

产主义的理想来教育广大人民群众。高校网络思想政治教育必须把握思想政治教育本质和时代特征，以中国特色社会主义共同理想为价值导向，运用大数据等信息技术服务高校师生，尤其是在意识形态领域，以数据构筑理念共识的屏障。网络思想政治教育关于数据研究的理论，应注重以下几个方面：第一，网络阵地搭建。大数据与网络思想政治教育的新型融合，意味着新的思想政治教育阵地意识需要重新被审视和搭建。网络思想政治教育阵地分为外部阵地和内部阵地。外部阵地是对边界的构筑，边界是划分两个不同区域的界限。不同于疆土地理方面的边界，网络思想文化阵地的边界是具有相对性的，主要用于区分价值观念、行为习惯、生活方式等，网络外部阵地的搭建需要时时刻刻强化阵地意识，并正确对待"虚拟世界"与"现实社会"之间的关系。而内部阵地则是对基础设施的建设和维护，提升网络优秀思想文化的供给功能和质量，消弭低端技术与落后观念对网络优秀文化产出的滞碍性，始终以马克思主义思想为指导，充分利用大数据技术，捍卫真理、坚守正义，打破腐朽思想，搭建并守好网络阵地。第二，强化技术掌控。计算机、网络、社交媒体、移动终端等技术已经广泛服务于高校师生，在推动教育主客体主动、自觉、有目的地获取知识的同时，也对他们的技术掌控、信息素养、科技理念的培养发挥了重要作用。当前，人工智能、移动互联网、虚拟现实、算法推荐等新技术层出不穷，但部分教育主体因技能水平、阅历积累的局限，并不能完全将这些新兴技术融入网络思想政治教育，这就需要人们强化技术掌控，并为技术引擎植入价值领域的"灵魂"。第三，树立危机意识。数据创新网络思想政治教育必定会开辟一个新的育人环境。网络环境本就纷繁复杂，现实与虚拟的碰撞往往会引发信任危机、安全隐患，但是危与机总是并存的，大数据融入高校网络思想政治教育就是一个正确看待危机的过程。树立危机意识，是数据研究与教学过程中必不可少的理念。综上所述，网络思想政治教育的现代化有着潜在的阻力与障碍，要正确应对网络群体极化、网络亚文化、网络圈层化等负面影响。在大数据计算与预测技术加持下，及时、快速、准确地掌握思想态势和舆情走向，采取适宜的决策与行动，可以还网络思想政治教育一个明朗健康的新生态，同时使网络精准思政成为可能。

在大数据的时代背景下，教育教学工作者提升了对于数据的敏感度，积极将数据引入网络思想政治教育的实践场域，使数据成为网络思想政治教育教学助手、学习助手、管理助手，成为网络思想政治教育政治引导、思想引导、情感疏导、行为教导、就业指导等功能落实的智能辅助员。量变能够引起质变，因此，必须加强对量变的研究，才能把握趋势、掌握规律、抢占先机。探寻大数据时代网络思想政治教育的特征和变革，必须本着教育以人为中心的理念，稳定教育运行保障，提升教学实践和逻辑思维能力，使大数据成为网络思想政治教育的润滑剂和平衡器。

三、中国传统社会中的重"数"理念

大数据融入高校思想政治教育是建立在现代社会信息高产、技术革新、教育教学创新的客观条件下的，借助大数据技术可以创新高校思想政治教育的观念和方法。值得注意的是，人们对客观数据的收集、归纳、处理、再利用并不是大数据时代的独有技能，中国人对于数据的重视及利用可以追溯到古代安邦治国的实践之中。虽然当时不如现在对数据应用那么普遍，但我国古人对于数据的重视也为大数据时代思想政治教育研究提供了思想渊源与借鉴经验。

重视数据分析，换言之就是注重调查、研究、分析事实。中国古代是典型的小农社会，正如毛泽东所阐述的那样，几千年来都是个体经济，一家一户就是一个生产单位。国家治理依赖于人口与土地两个最基本要素，因此人口的统计和土地的丈量也成了历朝历代国家治理的重要一步。《尚书》中有记载：

第三章 大数据时代创新高校个性化思想政治教育的理论基础与思想渊源

"惟殷先人有册有典,殷革夏命。"❶可见,古代殷商时期,已经有了户籍人口登记制度这一规定。管仲曾言:"不明于计数而欲举大事,犹无舟楫而欲经于水,险也。"❷这说明春秋时期人们将实际调查、数据统计视为做大事的地基,地基不牢靠,事情大半没有回旋的余地。自商鞅起开启"数据"治国模式,在《商君书》中列举了国家兴盛需要掌握的13类数据,其中有8类是关于人口的数据,而数据来源则是户籍的调查。后来,秦始皇统一六国,全国范围内每户每家人口数量,职业爵位,家中几亩地、几头牛马、交多少税款都记录在册,且相关内容每年派专人更新。为避免个体户上报虚假信息,规定"案比",即派专员勘验、比较、查处信息,一经查实有虚报信息将严惩不贷。汉代类似上述记录的书籍叫作《户律》,他们延续并更新秦始皇的做法,将民众信息集合为庞大的数据库,以此加强管理、保障税收、充盈国库,稳定中央集权的统治,汉代人口数量也呈现持续上升的趋势,国泰民安。在治国理政之外,中国传统教育也倡导"以实正名",即以客观的事实存在作为了解事物的起点,名和实的问题一直以来都颇受重视。孔子曾坦言,如果让他安邦治国,他首先要做的就是正名,"名不正,则言不顺;言不顺,则事不成"。春秋战国时期,社会制度发生剧烈变化,旧的名搭配新的事物,很快名与实之间产生矛盾,名实不符,国家安定成为问题。正如商鞅所言:"故圣人之为国也,观俗立法则治,察国事本则宜。不观时俗,不察国本,则其法立而民乱,事剧则功寡。"❸"不观时俗,不查国本",即不调查研究,不对形势进行考察,就无法"正名",推行的政策也将受阻。此外,中国传统教育注重对人的言行调查研究,体现在《论语·公冶长》中的一句话:"始吾于人也,听其言而信其行;今吾于人也,听其

---

❶ 姜建设.《尚书》与中国文化[M].北京:华夏出版社,2022:147.
❷ 李凯,张子青.古代中国文明文献萃编[M].北京:华夏出版社,2023:273.
❸ 张晋藩,陈煜.辉煌的中华法制文明[M].南京:江苏人民出版社,2015:195.

言而观其行。"❶ 这表明了孔子对没有进行事实调查、以主观评判决定客观实际持反对态度。他认为，对一个人的认识过程，不能停留在他所说的话，还要看他做的事实。

无论是齐家治国平天下，还是识人辨人育人，都需要在立足"名"与"实"的基础上，查考事实，调查态势拐点。虽然中国传统思想教育缺乏科技支撑的数据作为参考，但古人依旧将事实、实名作为行事的前提与助攻，为当代个性化思想政治教育提供了思想启蒙。

四、西方"万物皆数"的哲学起源

"数"是西方文化的内核，其重要性由来已久。西方国家"数"的起点发生在约公元前 8000 年的美索不达米亚，伴随文化的交流以及逐渐复杂的等级制度的革新，当地人利用黏土筹码表达不同的度量单位，他们试图寻找具有逻辑关联的特殊符号来表达数量信息。伴随着数字符号的转变，美索不达米亚人创造了一种新的计数模式——位置计数法。古希腊人讲求理性思维，哲学家柏拉图在雅典创办了阿卡得米学园，专门将数学作为一门独特的教育类别纳入学园，而欧几里得几何的炫彩之处是它所构建的精致的数字结构，利用"数"在基本命题的基础上推理演绎。罗马人从希腊人那里继承了计数模式，对数字的研究传统在埃及的亚历山大城得到继承。在经历了数的感知，数的概念的形成，计数模式的创建，算数学、逻辑学及算法的形成之后，西方社会深切地体会到数字独特的魅力与价值。

哲学作为理论根基指引着事物的发展，继古希腊哲学家赫拉克利特提出"万物皆水"理念之后，又产生了将"数"置于哲学层面的"万物皆数"的理念。"万物皆数"是毕达哥拉斯学派提出的一种唯心主义的观点，促使人们相

---

❶ 徐儒宗. 六艺论[M]. 浙江：浙江大学出版社，2019：421.

第三章 大数据时代创新高校个性化思想政治教育的理论基础与思想渊源

信数是构成物质世界的基础。毕达哥拉斯称:"我并不是智者,我只是爱智慧的人。"❶自此,"哲学"一词盛行开来。毕达哥拉斯将哲学与数学捆绑结合在一起,创立了毕达哥拉斯学派,他花费大量精力研究"数",是为了揭开自然神秘的面纱。该学派认为:数作为万物的本原,可以解释实物世界中的万事万物,无论是金字塔的建筑物,还是音乐中的旋律,其性质都是由某种特定的数量关系决定的,并按照一定的数量比例构成稳定、和谐的秩序。世间的一切真理都可以通过比例、平方及直角三角形去推理和认证。他们以数学研究乐理,通过调整乐弦长度比例,探索不同度数的音程关系,创立数学韵味极强的音律——五度相生律,这套定律成为毕达哥拉斯艺术实践活动中的中坚力量并流传至今,影响着现代音乐理论。除此之外,在毕达哥拉斯学派眼中,数形关系决定自然界中一切物体的几何形状。球形是最完美的,其中宇宙、大地、太阳、月亮、行星都是球形,数是一切事物形状与性质的总源头。毕达哥拉斯学派的典型代表人物之一菲洛劳斯曾指出:"任何一种东西之所以能够被认识,是因为包含一种数;没有这种数,心灵什么东西也不能思考,什么东西也不能认识。"❷这是因为他们坚信,上帝通过数来统治整个宇宙,只有在数的帮助下,人们的精神、灵魂才能得到极致升华,与上帝融为一体,接收来自上天的信息。数代表神的生命,是灵魂;代表对立和否定的原则,是意见;代表正义,是宇宙创造者的象征。可见,"数"对于毕达哥拉斯学派来说有着举足轻重的地位,但是他们为数描上了一层浓厚的宗教色彩,将数的力量神秘化、上帝化,这是典型的唯心主义,是该学派为后世人所诟病之处。然而,毕达哥拉斯提出的"万物皆数"哲学思想开启了对"数"的重视以及数学哲学的发展,一度形成了数学争鸣的局面,全民提升了对数学

---

❶ 赵勇,赵天舒.西方哲学的"非连续性"传统:以布朗肖为中心——阿兰·米隆教授访谈[J].马克思主义与现实,2020(1):83-92.

❷ 许正林.欧洲传播思想史[M].上海:上海人民出版社,2022:575.

教育、数学思维能力的重要性培养意识。

19世纪的西方社会实现了数学研究的自我更新，这个时期的数学已经从毕达哥拉斯学派推崇的自然界和唯心主义中挣脱出来，能够自立门户核算并结合其他技术动力解决发展中的问题。直至20世纪，"数"的势头依旧猛增不减，演变出量变数学、概率论。对于大数据时代的21世纪来说，"数据"及数据分析技术已经成为各国的新型战略性文化，其呈现出的效果也彰显了数据信息的巨大价值和良好的发展前景，为大数据时代个性化思想政治教育的探讨、创新和发展提供了有益的启示。

五、多元智能的心理学理论

智力，即才智与勇力，由观察力、注意力、记忆力、思维力、想象力等方面构成，指个体认识事物、理解事物、运用已知经验解决问题的能力，包含逻辑推理、制订计划、抽象思维等心理能力。智能，即智力与能力，其基于智力又高于智力，心理学家将个体的智能划分为语言智能、逻辑智能、空间智能、身体运作智能、音乐智能、人际智能、自我认知智能等范畴。传统智力理论以心理测量为主，认为人类的认知是单因素论或二因素论，个体的智能内核是可量化的，其智力很大程度上取决于遗传，而非后天之力可更改。其中卡特尔基于智力的功能性差异，将智力分为流体智力和晶体智力。流体智力，由遗传因素决定，随着身体及年龄的增长不断递增，待达到递增峰值之后随着年龄的老化又逐渐衰退；晶体智力则依赖于后天的学习与经验，如生活常识、实践经验。单因素的智力理论在教学中体现为单一课程与教学方法，以标准化无差别的测试检验受教育者，而卡特尔的二因素论将个体与生俱来的素质与后天学习获得的能力相区别开来，教师开始注重培养个体后天学习能力的重要性。

第三章 大数据时代创新高校个性化思想政治教育的理论基础与思想渊源

而真正使教学活动注重学生个体差异、促进因材施教的理念转变，是多元智能心理学理论的提出。1983年，美国教育学家和心理学专家霍华德·加德纳提出一种全新的人类智能结构理论，即多元智能理论，批判传统的智力测验，力图通过不同的学科角度探讨人类的认知能力。加德纳认为人的智力并非单一存在的，而是具有多元性；智力不是一种能力的整合存在，而是一组能力以相互独立的方式存在的，包括个体对语言的掌握和灵活运用能力、对逻辑因果关系的推理罗列、对三维空间的感知辨别、对音乐韵律的区分表达、对身体协调灵活度的训练把控、对人际交往的沟通回应、对自身内部的洞察反省等。他指出，"不同个体的智能组合方式各不相同。虽然我们的多种智能均与生俱来，但没有两个人拥有完全相同的智能组合"[1]，即个体在不同的发展阶段或不同的个体在同一发展阶段其能力集存在差异性。"我把人类描述成拥有7种、8种或12种智能的生物。我们每个人都拥有这些智力潜能，从而我们可以根据个人的倾向和文化背景，对这些智力潜能加以利用和联系。"[2]

加德纳对个体智能的研究，并非如传统智力测验一般，单单建立在一元的教学测试数据之中，而是通过对人类大脑机能、个体生活背景、个体人生经历、个体喜好倾向等多项研究综合获得的。

多元智能理论一经提出就在全世界各地的教育工作者中引发了强烈反响。在此之前大多教育工作者多半受行为主义学习理论影响，这一理论主张学习是强化和反馈不断刺激的过程，过分强调学习过程中外部行为的变化，忽视了学习主体内部构建的过程。教师对受教育者实施绝对的把控，学生由主动变为被动，教学机制的制定并不关心受教育主体的意愿，使其完全丧失了自主性，受教育者们按照教师所期待的意愿行事，将分数视为学习阶段的唯一标准，这种结局的根源是应试教育体制下教学模式的异化。

---

[1] 霍华德·加德纳.多元智能新视野[M].沈致隆，译.北京：中国人民大学出版社，2008：36.
[2] 许正林.欧洲传播思想史[M].上海：上海人民出版社，2022：575.

多元智能理论的提出，使家庭和学校的教育环节开始转变教育关注点和教育方式。加德纳认为每个人都具有8种或9种智力的潜能，人们应该将各自的智力倾向作为发展个体智力的依据，这使教育者们认识到其实绝大多数孩子具备成才的充分潜能，个体的成材道路并非单一的独木桥，智力是以组合的方式来运作的。在未充分激发潜能、利用优势之前，应多观察学生多元智能，避免武断单一地替学生下定论，扼杀学生的潜能和天赋。另外，学生与生俱来的差异性决定了他们有着心理倾向、智力强项上的差异性。教育是以群体为单位进行的统一施教，如若想使教育产生最大功效，就应该在理论和实践层面，都尊重学生的个体差异，有差别地对待个体。这意味着教育工作者需认真对待每个学生的特质、兴趣、爱好、学习特点、学习目标，尽可能地帮助他们认识、体会、走进自身的潜能，使越来越多的学生发现自己的专长、了解自己的技能、增强求学自信心、培养展现自身的勇气。再者，教学活动是双向决定的，每个学生独特的优势、擅长的领域、适合的发展方向决定着教师的教学风格，在了解每一个学生智力特点的基础之上融入丰富的教学手段和教学策略，才能更好地让学生产生思绪的跳动和情感的共鸣，这样受教育者才能逐渐从传统智力的框架中脱离出来，最大限度地激发自身隐藏的潜能。智能多元化必须匹配多元化的知识，以多样化、多维度的知识充分挖掘学生的多元智能，使教学过程充满知识性、人文化、个性化的色彩。分数作为阶段检测的暂时性结果，无法真实捕捉到学生在思维、品德、能力方面的达成度。多元智能理论要求教育工作者摒弃用单一性标准化的评价工具了解学生学习情况，可通过转变评价角色的方式让学生自己评价，从不同角度代入自身行为表现，评估他人的同时，也是评估自己的过程。教师应多维度关注学生表现，观察受教育者与其他同学讨论、朋友谈话的情况和表现分析学生处境，或者与学生家长交换意见，家长相比教师有更多、更细节的机会了解学生在多元智力环境下的学习和成长情况，帮助受教育者取长补短。加德纳指出，教育工作者通过分析学生的"不当行

第三章　大数据时代创新高校个性化思想政治教育的理论基础与思想渊源

为",有助于教师更进一步走进学生、挖掘学生长处,如好动、好说的学生可能在语言智力方面有潜力;"拉帮结派"可能在人际沟通交往方面有潜力,教师需要根据学生展现的潜力给予规范性、合理性的指引,而不是一味地打压、批评这些"不当行为"。

大数据时代,人们越来越认识到多元智能理论的重要价值。新质生产力的第一要素是人,这一生产力中最活跃、最具决定意义的因素,应当具备多维的知识结构、熟练掌握新质生产工具,这离不开教育对人才的培养。新时代需要推动教育、科技、人才的有效贯通与融合发展,多元智能理论是对新型教育的最好诠释,它所倡导的弹性的、多因素的智力观,以及所涉及的教学评估、课程教育、教师进修、社区参与等方面的研究对大数据时代个性化思想政治教育有深刻的启迪意义。多元智能理论提倡全面的、多样化的人才观,而新时代的社会发展更需要的是专业化、技能型、多样化、结构化的人才群体,只有恰当的教育方式和先进的教学理念才能助力科教兴国和人才强国目标的达成。

"数据"作为信息时代的"石油",无论是中西方传统社会,还是如今的数据时代,始终是一招"先手棋",谁能利用这一招先发制人,谁就能获取竞争中的主动权和优势阵地。新时代,我国力求高质量发展。"教育数据"能够缩小师生之间、学生之间的差异性与距离感,有助于占领思想政治教育的转型高地,实现新质人才的培养目标。

第四章　大数据时代高校思想政治教育的变革与发展

大数据为实现个性化思想政治教育带来前所未有的发展机遇，思想政治教育不仅朝着科学化、精准化、有效化发展，也呈现出与时俱进的创新发展态势，在智能终端、网络存储、高速宽带等新一轮信息技术的助力下，安装了动力新引擎，产生了微观新变革，擘画了未来新蓝图。大数据技术与思想政治教育的融合为思想政治教育研究范式、教学理念与方法、人才队伍培养、管理服务的转型带来了新思考、新路径，在此过程中也产生了许多新成果，在促进教育信息化、智能化的道路上迈出了重要一步，奠定了创新高校个性化思想政治教育的现实基础。

第一节　大数据时代高校思想政治教育的新变革

大数据时代的到来，不仅对人类社会的发展进行技术赋能和增能，也引发了社会关系形态和文化结构的改变。大数据的运用使人类生存和发展环境产生了巨大变化，伴随着互联网长大的"00后"大学生，"数字化生存"是他们生活的日常状态，这也给思想政治教育带来了极大的挑战。面对知识传播数字化、教育环境复杂化、学生主体个性化的新特征,高校思想政治教育必须作出及时的回应,使大数据成为带动高校思想政治教育创新变革的动力引擎,擘画大数据时代创新高校个性化思想政治教育的宏伟图景。

一、大数据时代高校思想政治教育变革开启新方向

当今时代,大数据已经广泛渗透到我们的政治、经济和文化生活中,影响和改变着思想政治教育的宏观环境。与此同时,大数据时代高校思想政治教育的微观层面发生了变革,包括教育者教学与管理变革、教育对象学习模式变革和教育载体变革等,高校思想政治教育创新发展的新蓝图正在绘就,实现更加个性化的思想政治教育迎来了新的发展契机。

(一)教育主体能力多样化

思想政治教育者就是思想政治教育活动的发动者、组织者和实施者,在思想政治教育活动中起着主要的引导作用,是教育对象道德结构发展的促动者和精神助产士。❶在大数据时代背景下,慕课、翻转课堂、混合式教学等教学方式的创新发展推动着高校思想政治教育向更加精准化、个性化、智能化方向发展。思想政治教育者也势必要与时俱进地发展自身,转变教学观念和方式、增强数据素养、提高利用信息技术工具的能力,完成教师角色和职能的转变。

首先,大数据时代高校思想政治教育者角色和职能都发生了转变。思想政治教育者必须改变以往一成不变的教育理念,从"以教为中心"转型到"以学为中心",和学生一起拥抱新技术。随着大数据技术、文字识别、语音识别的广泛应用,将思想政治教育者从作业批改中解放出来,使教育者转型为学生思

---

❶ 陈万柏.思想政治教育学原理[M].北京:中国人民大学出版社,2012:149-150.

想的引领者。❶ 教育者不仅要具备传统教学技能，还必须具备整合与应用新技术、新工具的能力，如利用机器人进行辅助教学，实现多层次多角度的人机合作，使教育者"个体性作用发挥"转向"人机协作性作用发挥"，促进技术与教育的深度融合，最终达到提高教学效率的目的。

其次，大数据时代要求高校思想政治教育者具备数据素养。数据素养指的是思想政治教育者在数据的采集、组织和管理、处理和分析、共享与协同创新方面的能力。❷ 这就要求思想政治教育者拥有较为敏感的数据意识，能够及时发现教学实践中存在的数据，并且能够对数据进行系统分析，探究数据背后的相关性。数据获取、分析和解读能力是大数据时代思想政治教育者必不可少的数据能力，在为学生精准画像、提供个性化教学内容方面起到了重要作用。通过深层次挖掘、分析思想政治教育大数据，教师可以量化受教育者的学习过程和生活行为，预测学习水平、能力和思想动态，及时发现和解决受教育者的潜在问题。

最后，大数据时代思想政治教育者要注重信息技术工具的运用。2017年是教育部确定的"高校思政课教学质量年"，中央电视台《新闻联播》对此进行了专题报道，其中就提到了手机进课堂，通过手机App来增进课堂互动，采集课堂数据。❸ 手机App等信息技术工具的优势在于能够采集学生的学习数据，为教育者提供直接的教学反馈。例如，在许多高校中，思政课属于人数较多的大班课堂，思想政治教育者可以借助超星学习通等App实现课堂签到、课堂讨论、习题练习与问卷调查等教学辅助活动，及时掌握学生的学习与思想状况。同时，利用这种信息技术工具，能够及时了解学生对知识点的掌握情况，实时答疑和讨论，促进师生互动、生生互动、时时互动。

---

❶ 方海光. 教育大数据——迈向未来学校的智慧教育[M]. 北京：电子工业出版社，2019：69.
❷ 方海光. 教育大数据——迈向未来学校的智慧教育[M]. 北京：电子工业出版社，2019：70.
❸ 李珩. 教育大数据：开启教育信息化2.0时代[M]. 重庆：重庆大学出版社，2019：119.

（二）教育对象学习数字化

随着大数据时代的到来，思想政治教育对象的学习和生活方式都发生了极大的变革。学生学习行为趋于主动，学习场所不再局限于学校和课堂，获得知识的途径也不再仅仅依靠教师课堂讲授，大数据技术的应用促进了学生学习向混合式学习、移动学习和量化学习的转变。

首先，大数据变革了高校思想政治教育对象的生活方式。一方面，大数据时代的信息推送更加精准。无论是阅读网页、观看视频还是网络购物，都会产生相应的数据，而数据算法可以推测出用户的喜好和习惯，主动推送用户可能会感兴趣的内容，使用户有更好的使用体验。另一方面，"数字化生存"成为常态。高校思想政治教育对象是最快接受各类新技术、新工具的群体。随着智能手机、手表、平板等设备的普及和应用，运动健身可以数字化为手机屏幕上的步数和卡路里消耗值，健康状况可以数字化为智能手环上的心率值和睡眠时间，现金支付可以数字化为在线支付中的几串数字。我们日常生活中的各种行为都生成了数据被记录下来，也就是说，实现了从传统的个人隐私空间生存状态到时刻生活在大数据"监视"之下的转变。❶

其次，混合式学习、移动学习和量化学习等学习方式的转变，使学生的学习呈现出高度的自主性和个性化。混合式学习促进了线上学习和线下学习的优势互补。混合式学习是指基于互联网、在线学习和大数据技术的发展，将传统学习方式的优势与数字化学习的优势相结合。在传统课堂中，老师的授课内容和授课节奏是不变的，但是不同学生的学习能力并不相同，这就导致了同一门课学生的学习效果存在差异。而混合式学习融入了线上学习的方式，学生能够根据自身情况掌控学习节奏，在观看教学视频的过程中可以随时暂停、快进、重复，这就使学生学习更具自主性，也较大地消除了学习效果的差异。移动学

---

❶ 张瑞敏．大数据背景下高校思想政治教育创新研究[D]．上海：华东师范大学，2020．

习改变了学习场域受限的弊端。移动学习称为"Mobile Learning",学习者可以凭借手机、平板等设备进行灵活自主的学习。学习环境不再被限制,教师和学生都是移动的。例如,学生可以用"为知笔记"来记录学习中的点滴,用"扇贝"来背单词,用"学习强国"来及时了解政治要闻……这种由学习者自我管理、自我调控、自我负责的学习方式,能够减少时间和空间的束缚,更好地利用碎片化时间进行知识的预习、复习和练习。移动学习为"混合式学习"提供了载体,移动端所采集的教育数据也为"量化学习"提供了数据来源。量化学习加强了学生更理性的自我认知。量化学习是大数据时代的一种趋势,一切学习资源和学习行为都可量化,其目的在于让学习者直观地了解自身学习情况,以此来及时调整学习进度和改进学习方法。量化学习第一能够应用于学习资源的筛选。学生可以通过点击率、下载量、好评率等多元标准进行网络课程资源的选择,用更短的时间找到更优质的资源。第二是量化学习在学习反馈中的应用。通过慕课和超星学习通等平台的学习数据,学生能够了解自己课程学习的情况,包括访问的次数、在班级横向比较中的学习程度,如作业得分情况和活动参与频率等。借助这些反馈信息,学生可以及时调整自己的学习进度,制订更加适合自己的学习计划。

(三)教育载体形式多元化

思想政治教育载体承载和传递着教育信息,是思想政治教育者和教育对象之间联系的桥梁。在大数据时代,想要实现思想政治教育教学的有效变革,需要加强教育教学的信息化探索,而思政的信息化教育过程,离不开思想政治教育新载体的应用。[1]随着互联网、大数据等新技术的发展,载体在思想政治教育过程中的重要性日益凸显。在大数据"技术赋能"的促成下,思想政治教育

---

[1] 刁生富,李香玲,刘晓慧,等.大数据时代思想政治教育新探[M].北京:知识产权出版社,2019:3.

第四章 大数据时代高校思想政治教育的变革与发展

载体不断地进行优化与变革，影响着作为"千禧一代"和"数字原生代"大学生的思维模式与行为方式。

随着科学技术的进步，高校思想政治教育载体日益丰富，呈多元化发展。首先，线上思政课程成为线下思政课程很好的补充，二者相辅相成。在传统的线下思想政治理论课之外，慕课、钉钉、超星学习通等线上课程载体发挥了重要的作用，学生在家也能同上一堂思政课。其次，依托新技术，高校思想政治教育文化载体和活动载体都有了诸多改变。在传统的实地参加讲座、参观图书馆等之外，学生可以通过浏览掌上图书馆，随时随地查阅资料和阅读书籍；通过线上参与会议，进行学术交流；通过集赞、投票助力等方式宣传模范人物和感人事迹，提高学生参与的积极性，达到活动载体的教育目的。再次，大数据时代为思想政治教育开辟了网络新阵地。新媒体的发展，使学生能够在报纸、图书等实体刊物之外，通过微信公众号、电子报纸等虚拟刊物来获取知识。微博、QQ、网络视频等成为学生日常获取信息的来源。最后，在大数据的助推之下，思想政治教育载体彼此联动，拓展了思想政治教育的对话空间。相互分离、彼此孤立的传统思想政治教育载体逐渐形成合力，各类载体之间优势互补，能够有效弥补传统载体孤立发挥作用时的"力不从心"。[1]思想政治教育者通过发挥新载体多向沟通的优势，分享交流自己的教学设计和教育理念，与全国各地的优秀教师群体形成多渠道联系，实现思想政治教育资源的流动和共享。同时，思想政治教育者通过微博、微信等新载体能够形成与教育对象的交流圈，建立更为密切的互联、互动关系，多渠道收集教育对象的数据，分析教育对象的学习和思想动态。

---

[1] 张瑞敏.大数据背景下高校思想政治教育创新研究[D].上海：华东师范大学，2020：77.

二、大数据时代高校思想政治教育变革展示新维度

创新是现代社会发展的客观要求，是民族进步、国家兴盛不可或缺的动力源泉。伴随着大数据技术融通各学习平台、教育系统的信息技术逐步成型，高校思想政治教育构建起了新的教育场域、新的价值思维，在基本规律、现实功能、满足诉求三个基本维度上呈现出新变化，为高校个性化思想政治教育奠基铺路，也推动着思想政治教育朝着更精准、更智慧、更全面的方向发展。

（一）基本规律维度，彰显思想政治育人新逻辑

遵循基本规律是大数据融入融通高校思想政治教育、促进其创新变革的基本要求，包含对思想政治教育本质属性、思政育人基本原则和"三大规律"的遵守，体现了对育人目标的坚守和对育人逻辑的把控，符合党和国家对思想政治工作传递主流意识形态、推动社会发展的基本要求。只有首先达到遵循基本规律这一维度，创新才有意义，变革才能继续，否则便是空谈。

从基本规律维度考察大数据推动高校思想政治教育新变革，表现为准确把握思政育人运行逻辑，统筹育人资源和育人力量，对大学生形成更大思想政治教育效力。第一，大数据有助于精准达成高校思想政治教育的根本使命。在世界进入百年未有之大变局时代背景下，培养中国特色社会主义事业发展的生力军成为新时代高校思想政治教育的使命担当。依托大数据技术，教育者可以对教育对象的知识层次、学习能力、情感特征有更为深刻精准的洞察，从而正确定位、找准特性、贯彻实施，落实育人使命。第二，大数据有助于准确把握高校思想政治教育的实践性知识特质。美国政治哲学家欧克肖特曾经说过，"人类的知识可以分为两大类，一类是技术性的知识，这类知识可以通过课堂讲授与记忆的方式让学生去掌握；另一类是实践性的知识，这类知识更多的是需要

学生自己不断地去操练、不断地去实践才能够形成的"❶。显而易见，高校思想政治教育不是单纯的理论灌输课，而是一种政治引领、理想信念教育和价值观教育。大数据时代，打破了传统思想政治理论课知识性教学的智性接受束缚，在实际的教学中运用大数据技术智能教学、智慧服务、个性化辅导，精准追踪大学生的行为轨迹，立体透视思想与实际的差距，找准教育的最优途径。第三，大数据有助于促成大学生的感受性接受。思想政治教育如果不能使大学生产生感受性接受，在思想政治教育工作者和大学生之间形成体验和共鸣，那么思想政治教育的效果将大打折扣，情感共鸣和感受性接受是实现教育目的的最主要因素。大数据与人工智能化设备技术的应用，使教师的"知识权威"角色发生转变，教师和学生的关系演化为合作者、帮助者、引导者，突破了以往思想政治教育主客体的局限，提升了教育过程的亲和力，使大学生主动接受思想观念的输入。

（二）现实功能维度，彰显立德树人新动力

现实功能指的是借助大数据技术与高校思想政治教育的融合，真正促进思想政治教育效用的达成。高校"要把立德树人的成效作为检验学校一切工作的根本标准，真正做到以文化人、以德育人"，"要把立德树人内化到大学建设和管理各领域、各方面、各环节，做到以树人为核心，以立德为根本"。❷ 在两者结合的过程中，大学生是出发点和落脚点，创新与变革要体现在大数据技术影响下教育内容、教育形式、教育结果发生实际的转化与改变。

大数据技术作为高校思想政治教育创新进程中的驱动性因素，在社会伦理、法律、政治等基础上建立数据信息算法，有助于利用智能技术推动高校思想政治教育模式变革，使大学生坚定中国特色社会主义道路自信、理论自信、

---

❶ 欧克肖特.政治中的理性主义[M].张汝伦,译.上海：上海译文出版社,2004：7-8.
❷ 习近平.在北京大学师生座谈会上的讲话[N].人民日报,2018-05-03.

制度自信、文化自信，有效防止由于现代网络技术发展使大学生迷失政治方向，避免大学生认识偏执、信息茧房、"回音室效应"等问题的出现，从而全面落实立德树人根本任务。一方面，大数据有助于精准设计高校思想政治教育的教育内容。随着网络社会的快速发展，各种社会思潮、各种事件案例真真假假混入大学生的视野，这就要求思想政治教育工作者能够从鱼龙混杂的信息中筛选合理有效的教学资源。通过大数据技术与思想政治教育融合创新，收集、检索、储存技术可以实现教育内容智能筛选、智能推荐、精准分发，从而为大学生精准设计合适的教育内容，避免因教育内容的误选造成大学生思想跑偏、方向跑反，真正实现因材施教的现实功能。另一方面，大数据有助于动态分析大学生的思想政治状况。高校要实现立德树人的根本使命，首先要了解大学生目前的所思与所想，只有这样才能有针对性地对大学生实施精准的思想灌输。在传统的思想政治教育中，由于信息缺乏和流通的局限性，对大学生的思想和行为动态进行整体的记录、储存、分析成为一项难题。如今，可以运用大数据技术进行全方位、更丰富、更深层地收集信息和归纳整合，及时分析大学生的思想政治状况，了解并实现价值引领，从而大大加强和提高高校立德树人工作的针对性和实效性。

（三）满足诉求维度，彰显以人为本新境界

满足诉求是高校思想政治教育创新变革的价值旨归，是验证其成效的最高标准。构建完备、系统、协调的育人体系，实现对每一位大学生的科学培养，提升他们的理论知识与政治素养，是高校思想政治教育创新变革需要满足的基本诉求。"以人为本"是马克思主义哲学的核心思想。习近平总书记指出，"教育要注重以人为本、因材施教"[1]。大数据时代高校思想政治教育变革的一个重

---

[1] 习近平. 全面贯彻落实党的教育方针 努力把我国基础教育越办越好[N]. 人民日报, 2016-09-10.

第四章 大数据时代高校思想政治教育的变革与发展

要价值维度就是有效提升人的主体性,使每位大学生满足自身诉求,得到自由而全面的发展。新时代科学技术越进步越要防范技术对人的主体性僭越,因此,大数据与高校思想政治教育的变革要把好"满足诉求"关键一关,必须要以保障人的主体地位为前提,坚持以人为本的思想政治教育内在理念。

进入新时代,高校思想政治教育面临更为多元的文化环境和复杂的生存形式。大数据作为新时代的教学资源与教学工具,为更好地加强和改善思想政治教学效果、实现思想引领、促进大学生全面发展提供了可能。第一,有助于实现个性化教育。个性化教育是高校践行以人为本理念的重要途径。以往整齐划一的教育模式很难适应高校大学生的时代变化,高校思想政治教育需要采取更加符合思想政治教育工作者和大学生之间"培养"与"塑造"关系的个性化教育模式,深入了解大学生现实诉求,做到精准思想政治教育。借助大数据技术,利用专业相关算法分析大学生个人需求,深入挖掘大学生个性化特征和学习规律,积极呈现大学生个人的"个性画像",实现个性化教育,践行"以人为本"理念。第二,有助于提升大学生适应社会的能力。随着大数据前沿技术的发展,智能设备成为大学生生活学习的重要组成部分,"人机共处、人机共生、人机共治"的社会新态势成为现实,智能学习成为大学生生活学习的主要方式。高校思想政治教育要顺应这种趋势,以促进人的全面发展为导向,掌握人机协同的大数据前沿技术并建立思想政治教育协同的教育体系,在大学生思想走向成熟之前,及时传授科学理论知识、增强教育内容的交互感,从而增强政治思想认同,促进大学生社会适应能力的提升。

三、大数据时代高校思想政治教育变革呈现新态势

近年来,我国高校思想政治教育领域不断进行着改革与创新,其内容与形式也日益丰富。大数据技术快速走进大众的视野,给高校立德树人提供了改变

教育理念、创新教育方法等方面的技术支撑，实现了新技术视域下铸魂育人工程的新发展，呈现出大数据时代高校思想政治教育创新变革的积极态势，为个性化思想政治教育的实现奠定了技术基础，厚植了创新理念。

（一）优势要素聚合态势

优势要素聚合是大数据时代思想政治教育创新变革的一个明显发展态势。首先是大数据技术要素优势。大数据技术目的性、价值性的特征为高校思想政治教育实现"三全育人"奠定了坚实的基础。大数据技术能够将海量数据中隐藏的信息和需求要素挖掘出来，为思想政治教育的实施提供依据，这与思想政治教育因地、因人、因事、因时开展工作的要求不谋而合。在法律允许、伦理许可的前提下，筛选、比对、分析大学生在学习生活中的各项数据，全面了解大学生的思想动态、认知规律和接受水平，使教育者提供的思想指导与大学生的真实诉求匹配，为高校实现创新思想政治教育营造了机会。其次是大数据资源要素优势。"大数据"优点在于有"大价值"，规模数量大、种类繁多、传播速度快，为思想政治教育创新提供了丰富多彩的素材。在基础性思想政治教育资源中，数据信息已然成为其中一项重要教学资源与分析素材，日臻充实的信息资源库使高校思想政治教育的内容越来越丰富、越来越接近实际。高校思想政治教育者需充分把握大数据时代的新机遇，积极运用大数据技术的比对甄别功能，对信息进行筛选，去伪存真、去粗取精，筛选出最有价值的内容融入思政课堂，将大学生群体关心的社会热点、焦点、难点问题引进教学内容，注重大学生理论知识与实践能力的全面进步，为思想政治教育增加亲和力、感染力和说服力。最后是大数据速度要素优势。大数据最大的特点就是处理速度快，结果能够瞬间呈现，这是与其他传统数据挖掘技术相比最显著的优势。而思想政治教育的价值导向功能，是其区别于其他学科和工作的最根本特征之一。❶

---

❶ 冯刚. 新时代中国特色社会主义思想政治教育的创新发展 [J]. 中国高等教育，2018（Z1）：28-32.

大数据的速度优势与思想政治教育价值导向功能相结合，将打造出更新快、内容全、方向准的思想政治教育模式，使思想政治教育各要素聚合更为迅速、精准，集中全部优势教育资源，构建高校思想政治教育生态新系统。因此，大数据优势要素的聚合，不仅是大数据时代科学技术发展的应然走向，也是推进高校思想政治教育创新变革的必然态势。

（二）队伍能力复合态势

新技术的出现是创新变革一种新业态的前提，而要驾驭这种新技术就必须要有新型人才队伍。大数据时代，传统的知识型思想政治教育人才已不能完全满足育人的需要，教育者为适应时代的变化、教育对象的变化、教育过程的变化，以及充分驾驭大数据技术带来的复杂教育系统，不仅需要成为掌握教书育人规律、思想政治工作规律、学生成长规律，具备高尚人格、先进理念、广博学识的理论型专业教师，更需要成为具备较高的数据素养、掌握基本的数据分析技能、善用大数据技术驾驭新型教育管理系统的技术型人才。因此，大数据时代高校思想政治教育队伍越来越呈现能力复合化的态势。第一，具备大数据分析和处理技术。在运用大数据助力思想政治教育创新发展的进程中，大数据是一个重要的驱动性因素和技术支撑，而掌握相对较高的数据分析与处理技能的新型师资队伍，是这一创新进程的保障。思想政治教育面对数量庞大、成分复杂的研究对象数据时不再有望洋兴叹的无力感，他们有能力对教育教学大数据进行系统的分析与处理，整合教育对象的思想动态数据，精准预测其行为走向，并实施教育与引导，从而使思想政治教育在网络时代发挥更大的效用。第二，具备大数据管理能力。以往的高校思想政治教育者主要通过主观经验判断拟订大学生的教育管理计划，如今通过数据可以全面了解不同大学生的家庭背景、生活环境、兴趣喜好、成长经历，准确关照其个性化发展，制定合理、规范、科学的教育管理方式，甚至可以量身定制"个性化"的培养方案。在高校思想政治教育管理流程方面，大数据时代可以借助智能教学管理平台，通过大数据技术对大学生的数据信息筛选比对，探究各信息要素之间的相关性，之后开始确立目标、拟定计划、改进机制、监督评价的一系列流程，使思想政治教育管理流程数据化、可视化、清晰化、时效化。因此，大数据背景下的思想政治教育师资队伍变革，呈现出复合化发展新态势，大数据时代的思想政治教育人才队伍，既要培养基本功扎实、理论功底深厚的理论型人才，又要培养熟练掌握大数据技术应用、数据素养高的实践型人才，这样才能打造出一支适应新时代需要的"双师型"人才队伍，圆满地完成思想政治教育育人目标，促进个性化思想政治教育创新。

（三）政策实施求实态势

教育政策的作用是巨大的，但其制定与实施是一个复杂的过程，包含确定目标、决定策略、执行计划、全面普及、实施评估、效果反馈等内容，这些过程之间形成了纵横交错的复杂关系。大数据的运用简化了这种复杂的过程，使高校思想政治教育政策更接地气，政策实施呈现求实态势。一方面，大数据的本质决定了这一态势。大数据从本质上来看是一种"镜像化生存"，本身就有着"实事求是"的特点，运用大数据技术呈现的"镜像世界"使现实中的世界可以被更加客观、立体、全面地感知，使之同样具备"求实性"的特征。大数据技术推动思想政治教育创新变革，其作用机理是将大数据的技术、理论、资源运用到教育全过程，不断促进其体系的建构与完善；同时，能够于各个方面精准挖掘有关大学生诉求的准确数据资源，发现高校思想政治教育主体、客体、载体间存在的联系与矛盾，并准确判断他们与其他要素之间是否相互影响，从而使高校思想政治教育政策实施更加切合实际。另一方面，在弥补传统思想政治教育仅凭经验制定策略的缺陷过程中形成了这一态势。没有大数据之前，政策的制定往往具有凭主观经验而定的特点，大多数思想政治教育者是依靠主观经验和直觉制定相关政策,导致教育政策的低效实施甚至无效实施,不可避免地会出现教育偏差的情况。要改变这种教育偏差,便需要强调思想政治教育的实用性。大数据时代消除了传统教育难以逾越的信息鸿沟,将大数据技术与思想政治教育结合起来,通过机器算法技术对大学生的行为举止、思维习惯等数据信息进行"全样本"量化研究,从而得到信息完整、精准描述、可信度高的大数据反馈结果,将其作为思想政治教育者制定政策的依据,从而使这些政策更加客观实际、更具科学性,避免了仅凭经验制定策略的缺陷,凸显了政策求实的态势。

第二节 大数据时代高校思想政治教育的新发展

实践是理论创新的起点,亦是理论创新的终点。大数据时代高校思想政治教育在理论与实践的交融互动中创造了许多新成果,彰显出巨大的活力和生命力,使得育人体系系统性增强,育人内容生动性提升,育人效果可信度增强,为高校思想政治教育构建全方位、精准化、个性化的育人格局奠定了重要的思维和技术基础,并促进其向信息化、智慧化方向有序发展。

一、大数据时代高校思想政治教育理论创新不断丰富

"大数据时代绝对不是理论消亡的时代,相反的,理论贯穿于大数据分析的方方面面。"❶ 在与大数据的融合中,高校思想政治教育不断涌现出新的发展成果。

---

❶ 迈尔-舍恩伯格,库克耶.大数据时代:生活、工作与思维的大变革[M].盛海燕,周涛,译.浙江:浙江人民出版社,2013:94.

（一）理论视野不断拓展

大数据时代引发了思想政治教育思维转向，拓展了理论视野，推动了研究范式转型，为高校思想政治教育决策、教育评价、教育管理变革提供了新视角和新思路。

大数据引发了高校思想政治教育研究的思维变革，使得教育决策更具预见性和引导性。黄欣荣教授在2015年就指出："大数据革命给思想政治教育研究和实践带来的最大变革是思维方式的变革。"❶大数据时代的思想政治教育，突破了传统的以问卷调查、个别访谈等对各类群体现象进行抽样调查的样本思维，向系统、全面的整体思维转变；突破了以往的用简单、线性、静态的因果关系去思考和解决问题的因果思维，向复杂的、非线性的、动态的关联思维转变，从看似毫无关系的数据中把握潜在问题的信息，提高了思想政治教育的敏感度；突破了从精准无误、符合特定的精确思维向模糊思维转变，用发展的眼光看问题，尊重多样性、凸显灵活性、彰显准确性，提升了发掘事实真相的可靠性。大数据带来的思想政治教育思维转换激发了思想政治教育技术属性与创新属性的发展，但在应用过程中，要防止将思想政治教育过度技术化地表现和对待。

大数据带来了高校思想政治教育模式的新思考和新转变，使得教育模式更加多元和全面。以往的思想政治教育模式以单纯的知识灌输、说服教育为主，传帮带式的教学途径和手段单一且枯燥，教育活动的向度单一、维度一元，面向的教育对象也呈现出目标单一、范围狭窄、教育内容局限的特点。"从教育模式的思维角度来认识大数据给思想政治教育带来的新价值和新影响，可以把大数据思想政治教育理解为一种全新的思想政治教育模式。"❷大数据时代思想

---

❶ 黄欣荣. 大数据对思想政治教育方法论的变革 [J]. 江西财经大学学报，2015（3）：94-101.
❷ 刘春波. 大数据思想政治教育模式的创新 [J]. 湖北社会科学，2016（9）：193-198.

政治教育模式构建起了思想政治教育跨学科研究的矩阵，协同起了计算机科学、教育学、心理学、统计学等，能够在多方面分析教育对象的基础上定制多元且富有个性化的教育方案，多元运用教育载体，更新教育方法，影响了整个思想政治教育生态，为实现科学、精准、个性、立体、实时育人提供了创新基础。

大数据推动了高校思想政治教育研究范式的新方向和新转型，使得教育评价更具科学性、精准性。传统思想政治教育研究范式偏重描述、思辨、假设，而大数据时代思想政治教育研究形成了"思辨＋实证""定性＋定量"的综合研究范式，打开了以人为核心的数据集成的"镜像世界"，可根据动态数据库提供的数据信息，以可视化的状态清楚呈现和预测学生价值选择、行为导向。"思想政治教育大数据研究范式将研究对象数据化，实现了研究对象定性定量的综合集成，成为当前包括思想政治教育学科在内的不同哲学社会科学发展的新领域和新趋势。"❶ 这颠覆了思想政治教育研究的传统定势思维，开辟了思想政治教育大数据研究新范式，将学生思想行为量化，对于正确把握学生思想特征和规律、学生学习过程和生活状态，以及评价教师教学质量和学生学习效果发挥了积极作用。

（二）理论成果不断涌现

随着大数据时代高校思想政治教育理论创新的不断加快，学者们从认识论、实践论、价值论等多个角度出发分析了大数据为思想政治教育带来的机遇与挑战，相关理论成果也不断涌现，同时也促进了跨学科交流与实践。

在大数据与高校思想政治教育融合的探索阶段，学者们从认识论的角度出发，对于大数据在实践发展中表现出的特征、规律、功能进行总结，思考应

---

❶ 李怀杰.现代思想政治教育大数据研究范式变革的逻辑理路与实践路径[J].学校党建与思想教育，2017（1）：67-70.

用到思想政治教育领域会带来的机遇和挑战；到了大数据与思想政治教育的融合发展阶段，学者们开始了更加细致的研究，从实践论、价值论等角度，对大数据能够为思想政治教育研究范式、教育模式、教育方法、教育环境等带来哪些改变和创新进行了多项研究和论证。随着网络空间意识形态的保护加强，学者们又从网络空间治理视域出发，分析大数据、新媒体如何促进引领网络道德建设问题；从信息技术与文化传播的角度出发，思考红色文化资源的数字化保护、中华优秀传统文化的数字化传播等一系列具体问题。随着建设教育现代化强国目标的不断落实，不少学者进一步思考思想政治教育现代化的驱动因素。学者罗红杰、平章起认为，"大数据驱动是思想政治教育现代化的重要引擎，也是思想政治教育现代化的内在要求"❶。从不同角度、不同视域出发研究得出的理论成果推动着高校思想政治教育的创新发展，并为大数据与思想政治教育的实践指引了正确方向。

在理论成果不断涌现的同时，相关学术研讨会也层层递进、逐步开展，引领大数据时代高校思想政治教育发展的新方向。华中师范大学从2016年至2023年连续举办了六届"大数据与思想政治教育创新"学术论坛。从初步认识、研究网生代的政治参与特征、大数据时代下的微平台建设及如何利用好大数据技术开展思想政治教育，到各大院校着手筹建大数据研究中心阶段、分析学生综合信息的数据模型形成学生画像，再到深入研究大数据时代思想政治教育评价模式以及实践育人方面的数字化变革、转型与重构等问题，得到了全国各地高校的支持，高质量的理论成果和研究经验频出。研讨会着眼于大数据时代高校思想政治教育的接续发展，紧随时代发展和技术的不断创新，为高校思想政治教育内涵式发展和质量提升开创了新局面。

---

❶ 罗红杰，平章起. 大数据驱动：思想政治教育现代化的重要引擎[J]. 重庆大学学报（社会科学版），2020，26（4）：257-266.

二、大数据时代高校思想政治教育实践创新不断拓展

目前,大数据思维与技术已为思想政治教育奠定了一定的实践应用基础。大数据时代,高校思想政治教育的创新以实践为导向,注重提升实效性,在与大数据技术的良性互动中取得了丰硕的实践成果。

(一)大数据推动高校思想政治教育技术应用升级

"大数据时代,带来了思想政治教育创新发展的系统性互联,推动思想政治教育在范式、理念、载体、途径、内容、体系等各方面要素发生了革命性的重构。"❶ 从实践层面思考,大数据技术的应用直接推动了高校思想政治教育内容载体、工具和方式、传播路径的变革。

思想政治教育平台网络化、共享化。思政课是思想政治教育的主渠道,高校思政课集体备课平台的共享共建,拓宽了教育内容的承载途径,从大平台里找突破、从大数据中找规律,提升了备课质量和效率。2017年,"全国高校思想政治理论课教师网络集体备课平台"建设完成,数据库、文献资源、电子图书、微视频资源等应有尽有。在线备课功能强大,课上教学互动 App 功能多样,设立了名师讲坛、学习大家谈、青椒论坛等品牌栏目,成为思政课教师的知识"百宝箱"和"储备库"。

思想政治教育工具数字化、智能化。在教育信息化发展的浪潮中,思想政治教育的工具和方式与时俱进,思政课教学方式从板书阶段转变到多媒体应用阶段,再到 VR、AI 智能阶段,虚拟技术开始应用到思想政治课程教育工作中。江汉大学人工智能学院研究和构建了"VR、AI + 党建"的项目学习模式,应用到课程思政中,立足于立德树人的根本任务,将课程思政与专业实践、党

---

❶ 吴满意,叶本乾.系统性互联:大数据时代思想政治教育创新发展之基[N].中国社会科学报,2020-09-02(010).

史学习教育与专业课教学相结合,深入挖掘历史素材,利用虚拟现实和交互技术制作了 VR 红色作品,打造了学生们喜爱的 VR 思政课,让学生在三维动态实景中学习了专业知识,感悟了建党精神。

思想政治教育路径信息化、网络化。大数据技术的支撑、思想政治教育载体的网络化拓展了教育资源的汇聚路径,微课、慕课、思政专题公众号、"学习强国"App 等新兴媒体教学渠道快速建设和发展。相比以往图画、文本等传统的载体形式,以大数据为基础的新媒体教学载体通过不同的形态、不同的网络传播路径汇聚整合了海量教育资源,并以便于接收、乐于接受的方式传输给受教育者。武汉大学致力于建设"没有围墙的思政课",将优质教学资源、师资力量通过新技术、新应用链接到全国各地学生。"互联网+大数据",推动了线上线下混合教学模式的创新发展。

(二)大数据推动高校思想政治教育实践能力提升

大数据强化了高校思想政治教育的育人功能,提升了预测预警能力。学生在校表现以数据形式全盘记录,形成了整体的数据链,对于深刻而全面地了解学生,进行思想政治教育预测、实施、评价和反馈等的改进有很大帮助,提升了高校思想政治教育决策的科学性和精准性。电子科技大学在 2012 年率先建立了大数据研究中心,依托大数据与思政学科背景,将电子信息技术运用到学生教育管理、党建、学生资助、就业、心理教育等方面,开发了"学生画像"和"教师画像"系统,形成了精心教育、精细管理、精致服务、精准评价的"四精型"网络育人模式,成为"大数据+思想政治教育"的示范引领地。其开发的"面聊""学生画像""思政智库""奖助学金智慧评定系统"等教育大数据产品逐步应用于实践,"在学业成绩排名预测、课程挂科预警、校园舆论走势预测、抑郁倾向研判、职业和学业规划、精准资助认定等方面发挥着积极作用"❶。"教师画像"系统在教师工作绩效、教师成长轨迹、学科前沿研究方向探索、高质量人才引进建议、科技评价方法完善等方面提供了方便，形成了教育数据一体化平台，"汇集了系统的思想政治教育数据库，形成了跨部门、跨专业的大数据应用团队"❷，搭起了思想政治教育链。

华中师范大学利用云计算、人脸自动识别系统等新媒体新技术，逐步构建了思想政治教育大数据模型，具有学生学习晚归、未归预警功能，能够展现学生的多维画像，实现精准资助和育人，在思想政治教育实践创新方面取得了一定成绩。以大数据助推高校思想政治教育实践创新，实现了可量化分析与评估学生思想行为，能够得出较为全面、合理、客观的分析结果和数据模型。

大数据技术增强了高校思想政治教育个性化发展和管理的时效性，提升了精准育人能力。第一，大数据技术在课堂的教学运用推动思想政治教育的个性化定位。2021年，教育部在线教育研究中心在清华大学举办智慧教学研讨会，发布了"雨课堂5.0"，这项在线教育致力于构建新型的、高频互动的教学场景，采集课堂教学全过程的数据，分析教学行为，评估教学成效，能够形成完整的教学数据链。在此基础上，为每位学生量身定制学习方案，从而实现因材施教。第二，大数据技术将学生信息资源转化为数字化的存在方式，拓宽了教育教学与管理服务的时空界限，使教育管理由过去的经验式、粗放式发展到数据化、精细化，管理结构更科学，管理效率更高。高校易班平台的建设，将思想教育与教学服务、生活服务、文化娱乐集于一体，形成了网络思想政治教育数据化新阵地，为高校思想政治教育精准育人提供了全

---

❶ 高校辅导员网络学院.电子科大推动"网络育人"提质创新 探索网络思政教育新途径[EB/OL].（2019-03-29）[2024-01-20]. http://www.ausc.edu.cn/news/anlifx/2019-03-29/4473.html.

❷ 李怀杰.大数据时代思想政治教育研究范式的转型——以电子科技大学为例[J].思想教育研究，2016（12）：17-21.

方位的数据信息。兰州理工大学易班平台的建设就依据这一思路，搭建了"德通活稳"的数据平台，将思想教育、生活服务、教育教学融为一体，不断创新思路，开展党史知识竞赛、"易起感悟"等一系列有针对性的网络思想政治教育活动，以轻应用带动重思想，增强了大数据时代思想政治教育的创新力和感染力。

三、大数据时代高校思想政治教育技术创新不断夯实

大数据是信息化发展的重要阶段，在教育信息化建设过程中为高校思想政治教育奠定了新的生存基础和发展基础，相当于思想政治教育领域的"新基建"工程，促进了高校思想政治教育的信息化发展。

（一）大数据分析助力高校思想政治教育信息化建设

诸多高校搭建了课堂教学和管理服务两大载体平台，用网络串联了丰富的数据信息，为思想政治教育累积了丰富的数据资源。"高校思想政治教育开展学生的教学和工作有了一定的基础数据、资源数据、行为数据、思想数据等"[1]，例如，由学校的科研、图书、医疗、宿舍、教务等管理系统生成的校园大数据为思想政治教育科学研究、教育教学提供了重要的数据支撑，从记录行为轨迹到分析思想状况，在实际应用中推动了高校思想政治教育要素结构的重塑和能力的提升。

大数据技术已成为分析高校学生网络行为和意识形态取向的有力工具。在数字校园、智慧校园的建设和逐渐升级过程中，大数据已融入高校网络教育、心理健康教育、社会实践、学生资助、就业教育、全员育人等多个方面，

---

[1] 景星维. 数智并举：大数据时代的思想政治教育结构重塑[N]. 中国社会科学报，2020-09-02.

通过分析和解读大量有关学生学习生活、日常社交的动态数据资源，包括社交行为、浏览习惯、兴趣爱好、购物行为和上网时间等，为了解学生思想动态提供了客观有力的信息支持，成为高校思想政治教育信息化建设的智库基础。浙江大学在 2019 年正式运行一站式学生工作信息平台系统，形成了全方位的学生数据画像，着力于精准引导学生成长，为学生服务。华南理工大学积极推动学校教育数据的共享与融合，2020 年年初启动学生画像项目，到 2020 年 7 月已完成共享的数据涉及 9 个数据主管部门，100 余个字段类型，合计 5.4 亿条。❶大数据技术的应用将校园—网络—个人联系在一起，在方便学生享受刷卡充值、借阅书籍、贫困申请、就医医疗、住宿登记等服务的同时，也为教育者搜集和筛选有价值、有意义的学生信息提供了帮助，促进了教育者把握学生动态思想状况，以便在实践教学中及时更新适应学生成长规律的内容。

（二）高校思想政治教育大数据研究中心陆续建立

"十三五"期间，随着大数据、云计算等技术的应用，各个高校产生了数据治理热潮，许多高校成立了大数据研究中心。华中师范大学成立了教育大数据应用技术国家工程实验室，为思想政治教育创新与实现精准思政奠定了数据研究基础。以数据化推动思想政治教育，成为高校思想政治教育系统高效率运行的重要支撑。大数据时代的高校思想政治教育突破了时空界限，变得可量化和可视化，形成了崭新的思想政治教育环境。

自 2012 年教育部《教育信息化十年发展规划（2011—2020 年）》发布以来，实现了包括教育信息化基础能力建设、优质数字教育资源建设与共享、国

---

❶ 华南理工大学：学生画像推动校级数据共享 [EB/OL]．(2021-03-11) [2024-02-01]. https://www.edu.cn/xxh/xy/xytp/202103/t20210311_2083310.shtml．

家教育管理信息系统建设、学校信息化建设与提升、教育信息化可持续发展能力建设五大方面的发展，使教育信息化建设从基础设施逐步完善走向深化应用和融合创新。❶ 2018 年教育部印发《教育信息化 2.0 行动计划》，为加快教育现代化和建设教育强国，明确提出以大数据技术为依托，加强网络教育，提升教育资源覆盖面，实现教育资源服务普及，推动了"专用资源服务"向"大资源服务"的转向，为课堂教育汇聚了高质量优课资源。2019 年，中共中央、国务院印发的《中国教育现代化 2035》，重点部署了面向教育现代化的十大战略任务，其中第八条提出加快信息化时代教育变革。随着智慧校园、数字校园的建设，现代高校已有将大数据作为底层逻辑助力校园信息化发展的意识，并将其运用到管理、教学、科研、服务等多个方面，以期提升高校教育信息化水平。

在教育信息化和大数据技术的基础上，各地高校陆续建成思想政治教育大数据研究中心、思想政治教育数据资源库等，推动了高校思想政治教育信息化建设。华中师范大学建立了思想政治教育大数据创新资源库，包含了大数据与思想政治教育相关的新闻资讯、政策法规、学术资源、实践案例、国外文献、经典著作、课题研究等多项研究内容；华东政法大学创建的"大学生思想动态大数据研究中心"，旨在通过深挖数据，采集大学生网络生活数据，分析大学生思想行为变化规律，为学校思想政治教育建设提供客观可靠的数据支撑。各省高职院校思政课移动云教学大数据研究中心陆续成立，将云教学产品研发与课堂实践结合，为了解和分析思政课研究现状、拓展教学资源、开发辅助工具和创新课程起到了重要作用。思政课网络教学平台、中国大学 MOOC（慕课）、超星学习通、中国大学生在线、各大高校思政育人公众号等网站和新媒体应用

---

❶ 翟雪松，史聪聪.《教育信息化十年发展规划（2011—2020 年）》的实施现状、挑战与展望 [J]. 现代教育技术，2020，30（12）：20-27.

也不断推动思想政治教育数据资源的传播和利用,在实践过程中促进了网络思想政治教育的有序开展。

2023年3月,教育部科技司开展了2022年度教育信息化教学应用实践共同体项目遴选,助力"互联网+教育"教学模式实践探索。其中,网络教研类项目5项,聚焦于网络在线研究;智能美育教学类项目5项,依托国家级全民数字素养与技能提升基地,构建美育系列课程,旨在共同推进大中小学智能美育教学创新;数字化赋能劳动教育类项目5项,旨在以大数据赋能劳动教育为抓手,重塑劳动教育要素及其相互关系;信息化支撑学生综合素质评价类项目5项,旨在利用信息化手段完善以发展素质教育为导向的学生综合素质评价体系,提高教育评价的科学性、专业性、客观性,促进学生全面发展(表4-1)。这些项目为思想政治教育与大数据、5G、AR虚拟实践、数字赋能等新技术的融合积累了相关实践经验,有利于提升思想政治教育的活力和生命力。

表4-1 2022年度教育信息化教学应用实践共同体项目推荐名单

序号	项目类别	省(直辖市)	共同体项目名称	牵头单位
1	网络教研	广东	"众智行远"智能教研环境设计及应用实践共同体	华南师范大学
2	网络教研	江苏	深度 精准 优质:基于区校协同的智能教研实践共同体	江苏省徐州市泉山区教育局
3	网络教研	河南	聚焦融合 深化应用 教育信息化促均衡发展	河南省叶县教育体育局
4	网络教研	河北	基于"虚拟教研室"的乡村教师研修实践共同体	河北省唐山市开平区教育局
5	网络教研	湖南	芙蓉网络联校教研体	湖南省教育厅
6	智能美育教学	重庆	"新智慧美育"系统构建与融合实践共同体	重庆高新技术产业开发区管理委员会公共服务局
7	智能美育教学	江苏	大中小学一体化贯通智能美育教学实践共同体	苏州市职业大学

续表

序号	项目类别	省份	共同体项目名称	牵头单位
8	智能美育教学	北京	大中小一体化数字美育双反哺教学实践共同体	首都师范大学
9	智能美育教学	浙江	数字赋能 共富共美：艺术互联网学校创建共同体	浙江省桐乡市教育局
10	智能美育教学	湖北	"美育在线专递课堂"智能美育教学共同体	湖北第二师范学院
11	数字化赋能劳动教育	广东	"数智"劳动教育研究共同体	广东省江门市江海区景贤小学
12	数字化赋能劳动教育	安徽	大中小学劳动教育数字资源的建设与应用共同体	安徽艺术学院
13	数字化赋能劳动教育	浙江	"劳动课堂"数字场景建设与应用共同体	浙江省天台县教育局
14	数字化赋能劳动教育	湖南	智慧教育平台赋能职业院校劳动教育应用实践	湖南铁路科技职业技术学院
15	数字化赋能劳动教育	吉林	吉地智联劳动教育实践共同体	吉林省教育技术装备中心
16	信息化支撑学生综合素质评价	陕西	数字化支撑的高校育人综合评价改革共同体	西安电子科技大学
17	信息化支撑学生综合素质评价	广东	实验教学数字化及个性化评价体系研究	华南理工大学
18	信息化支撑学生综合素质评价	四川	基于场景融通开展学生综合素质画像的实践	四川省成都市武侯区教育局
19	信息化支撑学生综合素质评价	重庆	数据驱动下的成渝经济圈学生职业能力评价实践	重庆工程职业技术学院
20	信息化支撑学生综合素质评价	上海	大数据范式下的诊改驱动型学生综合素质评价	上海市材料工程学校

资料来源：中华人民共和国教育部网站。

第五章　大数据时代高校个性化思想政治教育新契机

大数据基于自身的资源优势、技术优势及思维优势，在破解传统高校思想政治教育信息获取能力不足、主客体关系弱化、教育方法低效等方面开拓了新空间，在契合高校思想政治教育资源需求的多样性、实践发展的多元性、思维转变的复杂性方面展现了新价值，为高校个性化思想政治教育提供了战略资产。大数据为高校个性化思想政治教育带来新契机，既彰显了大数据与高校个性化思想政治教育价值的契合之处，也为大数据背景下高校个性化思想政治教育的创新提供了可行性与合理性依据。

第一节　大数据与高校个性化思想政治教育需求相契合

大数据不仅有助于突破传统高校思想政治教育发展制约，还能够凭借资源优势、技术优势及思维优势，在新形势下推动其与高校个性化思想政治教育资源需求的多样化、实践发展的多元化及思维转变的时代化相契合。大数据空间全覆盖、时间全天候的特征，为高校个性化思想政治教育提供了新型的海量数据资源。大数据由零散分割向集聚共享、由孤立隔离向协同共治、由主观决断向科学预判的功能为高校个性化思想政治教育实践发展提供了技术支持。此外，大数据全样本、复杂性等的特征为高校个性化思想政治教育思维转变提供了理念支撑，展现了大数据在契合高校个性化思想政治教育发展需求方面的新价值。

一、大数据契合了高校个性化思想政治教育资源需求的多样性

随着信息化的快速发展和外部环境的复杂化，高校个性化思想政治教育不仅要丰富和充实自身内容来增强其时代感和吸引力，还要深化对思想政治教育对象的认知，同时提升思想政治教育管理使其更加科学化、系统化、高效化。不论是高校思想政治教育内容的丰富、认知的深化还是管理的优化，都需要海量的数据信息资源作为支撑，而大数据强大的数据收集和分析能力，契合了高校个性化思想政治教育对资源需求的多样性，为实现高校精准化、科学化、个性化思想政治教育创造了有利条件。

（一）大数据提供了更为丰富的内容资源

首先，大数据整合了高校个性化思想政治教育的文化资源。文化资源是高校思想政治教育重要的内容资源，丰富的文化资源有助于扩充高校思想政治教育内容的选择性。❶ 传统高校思想政治教育主要信息来源为报纸、杂志、广播等，其涵盖信息量的有限性、更新慢等特点严重制约了思想政治教育工作的进展。这就使学生的现实精神需求与相应的文化内容资源供给得不到匹配，削弱了高校思想政治教育的实效性。为培育新时代需要的社会主义新人，高校思想政治教育迫切需要发挥其价值引领和精神生产的功能，提高大学生相应的数据使用和创造信息能力。大数据资源的无限性与信息更新快的特点，弥补了传统

---

❶ 陈华洲. 思想政治教育资源论[M]. 北京：中国社会科学出版社，2007：76.

信息来源的不足。大数据对相关资源的深度挖掘和分析，将一些小众文化呈现在学生眼前，让学生领略更加多元化的文化风景，使高校思想政治教育内容的吸引力和创造力不断提升，在教育内容上也展现了更加多元和开放的优势，打破了传统信息更新慢的局限性。

其次，大数据解决了高校个性化思想政治教育主客体之间交流不畅的问题。传统的高校思想政治教育模式较为单一，内容缺乏创新，主客体之间的交流以"层级式"交流为主，限制了主客体之间的交流空间，使学生不能按照自己的学习需求进行资源选择。随着大数据、物联网等先进技术在高校教育中的广泛应用，数字化信息体系不断重构。大数据既有传统媒体的开放性、共享性，同时具备移动通信的可移动性和灵活性，在为学生提供个性化选择的同时，极大地推动了教育智能化的发展，缓解了高校思想政治教育工作中存在的获取信息渠道闭塞、主客体之间交流不畅等问题。同时，大数据数量大、处理速度快、种类繁多的优势，使高校思想政治教育主客体掌握了大量的信息资源和知识资源，促进了师生之间的资源共享，打破了原来意义上"层级式"交流的限制，为学生学习成长提供了一个百科全书式的世界。

最后，大数据增强了高校个性化思想政治教育的辐射力。目前，基于外部技术环境的改善，大数据进一步应用于高校思想政治教育各环节。高校通过对其各要素的静态数据和动态信息进行数字化存储和分析，并将这些资源进行共享，不仅可以清晰地得到诸如教育主客体现实需求、教育队伍建设现状、舆情倾向等实时信息，还可以获取高校思想政治教育以往的教学情况记录。通过在线实时学习，传统意义上教学的时空限制被打破，从而丰富了高校个性化思想政治教育的内容，增强了高校思想政治教育的辐射力。

（二）大数据提供了更为全面的认知资源

高校思想政治教育是为党和国家培养社会主义建设者和接班人的重要途

径，也是提高学生综合素质的重要手段。做好高校思想政治教育工作的前提是准确而又全面地了解教育对象。不管是对思想政治教育对象内心世界的把握，还是对"以学生为本"要求的践行，都离不开对人的外在行为数据信息资源的充分占有、了解和分析。

首先，准确而又全面地了解教育对象，既包括对思想政治教育对象整体性特征和个体性差异的了解，也包括对思想政治教育对象思想变化和行为趋势等各方面信息资源的了解。在传统的思想政治教育过程中，由于受所处环境状况和思想观念的影响，教育对象往往处于被动地位，这就导致高校思想政治教育工作忽视了教育对象的实践体验，使教育对象产生抵触心理，缺乏参与热情，难以发挥自身的优势和特长。大数据突破了传统高校思想政治教育收集受教育者各类行为数据的瓶颈，受教育者可以根据自身实际情况选择学习内容，下载资料或者在线学习，如此不仅调动了教育对象参与学校教育教学管理、服务管理和校园建设的积极性，而且为高校个性化思想政治教育的发展注入了生机活力，增强了大学生主人翁意识，提升了大学生对自己的全面认知。

其次，大数据的时效性改变了教育主客体之间的单向交流模式。电视、广播和报纸等传统媒体的一个重要特点是信息传播的单向性，即信息是由信息的发布者单方面提供的，这就决定了信息接收者只能被动地接收信息，而不能够根据自身实际情况和兴趣爱好来选择相关信息。与此同时，从发布信息的主动方来看，信息发布者也很难得到有效反馈，使二者不能进行有效沟通，导致出现学习效率低下的问题。大数据信息传播则明显不同，其信息传播模式是双向的、交互的，信息不再是单方面地发布或者接受，而是呈现网状的全面流动。任何人都可以成为信息的提供者和接收者，这种发展模式不仅有利于信息传播的平等开放和共享，也有利于信息的反馈，保证了信息传播的针对性和灵活性。

第五章 大数据时代高校个性化思想政治教育新契机

最后,大数据的交互性提高了信息传播的针对性和灵活性。传统的高校思想政治教育主客体之间的信息传递在传播范围上受到一定的限制,这在很大程度上会出现信息失真和信息衰减。在"以人为本"原则下,大数据提供的思想政治教育对象的各类数据信息,如出勤、成绩、消费、借阅、上网等各类信息,是思想政治教育对象的真实生活状态,有效地避免了思想政治教育对象因情绪或者态度等主观原因而刻意掩饰一些行为来误导调查结果情况的发生,极大地提升了研究结果的精确性和可靠性。此外,借助大数据新技术,思想政治教育者通过班级空间、QQ或者微信班级群,及时地将学校通知告知每一个受教育者,极大地提高了高校思想政治教育工作的效率,提升了教育主客体之间信息传播的针对性和灵活性。

(三)大数据提供了更为多元化的管理资源

高校思想政治教育管理在其运行过程当中占据重要地位,是推动高校思想政治教育得以顺利进行的基本保证。[1]随着时代的发展,传统高校管理模式的弊端逐渐凸显。以往的高校管理大多集中于教学管理、教务管理和校园管理等环节,传统的管理导致各部门、各环节之间缺乏协调性,没有形成完整的管理机制,给高校管理带来了困难。大数据的应用,为高校管理提供了多元化的管理资源。

首先,大数据提供了更为多元化的教学管理资源。在传统的教学管理模式中,由于受到经验管理和行政管理观念的影响,思想政治教育者在管理方面过多依赖相关教学管理制度来维护教学秩序,"教师主导,学生主体"的观念往往被忽视,师生的参与意识与创新意识得不到充分发挥。大数据通过将不同社交平台所产生的数据进行整合、分析,使学生在选课、排课、考试等教务管理

---

[1] 邱伟光.思想政治教育管理学[M].成都:四川人民出版社,1992:62.

方面更加自主化和智能化，减少了不必要的人力、物力和财力投入，为智慧校园管理的发展提供了广阔空间，实现了校园管理的个性化、快捷化和智能化，帮助管理者更好地了解受教育者的需求及对相关知识的掌握，契合了高校思想政治教育管理的未来发展。

其次，大数据提供了更为多元化的课程设置资源。传统模式下的课程设置往往过于注重学生对知识的理解，忽视了学生实践能力的培养和个性的发展，长此以往将导致学生缺乏相应的社会实践能力和创新能力。而在大数据环境下，学生在课程的选择上既可以根据自己的兴趣爱好和真实需求进行选择，也能通过线上课程弥补自己遗漏的知识点。教师在教学方面则实现了教育资源的数字化，让教材、课件、教学视频等都能轻松共享和远程访问，并通过虚拟实验室、在线互动等提升学生参与度，实现教学效果最优化以及时空上的自由。

最后，大数据提供了更为多元化的评价管理资源。随着高校对先进网络技术的应用，移动客户端也相继开发并投入使用。大数据实现了对学生学习成绩、兴趣爱好，教职工工作表现、教学成效及校园内设施使用情况、安全状况等数据信息的分析，帮助我们更全面地了解校园内师生学习、生活的运转状态。这样，无论是学生评价教师，还是教师评价学生，都可以基于大数据更准确地评估每个人的表现，更精准地把握校园的运行状况，避免了主观臆断和偏见，为教务管理、教学管理及学生管理提供更加客观公正、科学合理、便于操作的评估指标体系。在此基础上，通过相关评估结果，针对各方面、各环节出现的问题，积极制订合理的整改方案，在发挥激励作用的同时，真正达到"以评促建、以评促改、评建结合、重在建设"的效果。如此丰富而又多样的大数据资源为保障高校思想政治教育管理的科学性和提升管理的有效性提供了良好条件。

第五章 大数据时代高校个性化思想政治教育新契机

二、大数据契合了高校个性化思想政治教育实践发展的多元性

高校个性化思想政治教育实践的发展离不开教育载体模式的创新。大数据时代,高校个性化思想政治教育载体模式创新不仅要把握时代给予的机遇,赋予它们大数据时代的特征,促使其更好地服务于高校思想政治教育,还要在此基础上结合时代特征发展高校个性化思想政治教育新载体,实现对传统思想政治教育载体的补充,以此来契合高校个性化思想政治教育实践发展的多元性。

(一)大数据优化了高校个性化思想政治教育课程载体模式

大数据时代,高校思想政治教育课程载体形式更加多元,教学模式更加丰富,极大地促进了个性化思想政治教育的发展。

首先,大数据优化了课堂教学模式,提升了课堂教学质量。课堂教学是高校进行思想政治教育最直接和见效最快的载体形式。高校思想政治教育课程坚持以马克思主义理论为指导,宣传国家的方针政策,传授思想政治教育基本理论知识,是培养人们良好思想品德的主要渠道。课堂教学的影响将会直接在学生的思想品德、行为习惯中表现出来。传统的课堂教学由于受到技术条件、社会大环境、教育者传统思想等因素的影响,主要以一支粉笔、一本书的形式进行知识的传授。大数据时代这种教育方式显然不能满足教育对象对知识的渴求。大数据对相关数据的收集和分析,使教师能够更准确地了解学生的学习状况和需求,制订更为精准的教学计划,提供个性化的学习资源,使每个学生都能得到适合自己的教学指导。这种精准化教学不仅提高了学生的学习效果,也激发了他们的学习兴趣和动力。

其次,大数据优化了线上教学模式,开发了多元化的网络课程资源。大数据时代的来临促进了教育网络化和信息化的发展,使高校课堂教学得以延伸和扩展,使学生在线接受教育成为可能。传统的高校教学模式主要集中于线

下,受教育者处于一种"要我学"的被动地位。大数据通过收集相关教育数据信息,促使受教育者学习态度实现了从被动的"要我学"到"我要学"的转变,实现了教师对教育对象特征、学习进度的把握及教学方法的最优化。基于这些数据,高校可以开发更多元化、更符合学生需求的网络课程,满足不同学习者的学习需求。这些课程资源的丰富性和多样性,使线上学习变得更加有趣和富有挑战,激发了学生的学习热情和积极性,提升了线上教学的互动性和参与度。

大数据在优化实践教学模式、促进教育教学融合式发展方面发挥了重要作用。一方面,随着互联网技术的日益普及和学生对网络依赖性的不断增强,传统课堂教学载体作用的发挥受到了限制,不能很好地满足学生在网络学习生活中的需要。而新兴的网络技术和网络课程的发展优势弥补了传统课程载体的不足,促进了二者之间的融合发展,这不仅有助于提高学生的实践能力,更有助于培养他们解决实际问题的能力,使实践教学更加贴近实际、更加有效。另一方面,通过大数据记录和分析课堂教学环节所用时间、学生课堂反馈等数据,教师可以评估各个环节时间分配的合理性,优化教学结构,使课堂效率最大化,使教学更加紧凑有效;让学生更好地理解理论知识在实践中的应用情况,进而调整教学方案,使理论教学更加贴近现实,更加符合学生的实际需求,从而使高校思想政治教育课程载体与其他各类载体深度融合,满足教育对象从不同层面获取信息的需要。

(二)大数据丰富了高校思想政治教育实践活动载体模式

人们的思想品德是在活动和交往中形成与发展的,如果离开了各种社会实践活动,高校思想政治教育便成了空洞的说教,不可能产生真正的效果。大数据时代,高校思想政治教育活动类载体和社团类载体都为促进学生的思想品德发展发挥了积极作用。

首先，大数据改进了高校思想政治教育活动类载体模式。大数据为高校思想政治教育带来了革命性的变革。常见的高校思想政治教育活动类载体包括校园文化活动、青年志愿活动和大学生科研活动。一方面，传统的思想政治教育载体，如校园文化活动、青年志愿活动等，虽然经典但形式较为单一。而大数据的引入，通过对海量数据的收集、整理和分析，使我们能够深入了解学生的思想动态、行为模式，从而设计出更符合学生特点、更具吸引力的教育活动。另一方面，通过数据挖掘，可以发现学生的关注点，把学生的兴趣爱好与具体的实践活动进行有机结合。例如，大学生的科研活动，可以基于大数据的活动载体，开展实时在线互动讨论和有针对性的主题科研教育活动，这不仅丰富了高校思想政治教育载体的形式，也提高了学生的参与度和实践效果，更为高校思想政治教育注入了新的活力。

其次，大数据改进了高校思想政治教育社团类载体模式。大学生社团在高校中扮演着重要的角色，是高校学生活动的重要组织，是高校思想政治教育的重要基地。一方面，大数据技术的应用，无疑给高校思想政治教育社团的运作带来了全新的变革。传统的社团管理模式受限于信息收集、分析和应用的不足存在弊端，而大数据的引入，让社团管理更加科学、精准和高效，从而促进大学生思想认识的发展、实践能力的提高、创新意识的培养。另一方面，大数据通过对社团成员的数据分析，能为社团活动的策划、组织和实施提供更加有力的支持。根据大数据分析的结果，思想政治教育社团可以更加准确地把握学生的思想动态、兴趣爱好和行为习惯，从而更有针对性地开展主题教育活动，提高活动的吸引力和参与度。此外，大数据还可以帮助思想政治教育社团实现精细化管理，更加精准地推荐相关学习资源和信息，帮助学生更好地拓展知识面和提升综合素质，为社团的激励机制提供更加科学的依据。大数据技术的引入为高校思想政治教育社团载体模式的改进提供了新的方向和思路。

（三）大数据促进了高校个性化思想政治教育传媒载体创新

传媒技术是指通过各种媒介手段来传达信息、传递消息和进行交流的技术。传媒技术包括各种形式的电子媒体，如广播、电视、网络、手机和社交媒体等。传媒技术促进了信息沟通和知识传播，也为商业、政治和社会管理等领域带来了更多机会和挑战。网络传媒的发展使其日益成为宣传思想工作重要的传播载体，甚至成为宣传舆论工作的主要领域、争夺话语权的主阵地。大数据时代传媒载体的普遍应用体现了高校思想政治教育载体模式的创新。

首先，大数据时代思想政治教育者的媒介素养普遍提升。高校思想政治教育者媒介素养提升关系到教育知识的传授，同样也关系到大学生的学习成效。其中，最明显的就是教育者和学习者对于媒介信息的敏感度大大提高了。他们不再像过去那样被动地接受信息，而是能够主动地寻找、筛选和整合各种媒介资源，从而更加高效地进行教学和学习。此外，思想政治教育者对于媒介信息的批判性思维能力也明显增强。他们不再盲目相信媒介所传递的信息，而是能够运用自己的知识和经验，对信息进行深入的分析和判断，从而避免被误导或欺骗。同时，思想政治教育者还展现出更强的媒介创新能力。他们不仅能够熟练地运用各种媒介工具和技术，还能够根据自己的需求，创造出新的媒介形式和内容，为教学和学习带来更多的可能性。

大学生媒介素养得到提升。良好的媒介素养能帮助大学生更好地运用媒介。媒介素养提升主要通过媒介素养教育和规范化管理两种方式实现。大学生与其他年龄段的人相比较，对事物的接受程度较高，对媒介的使用较广泛，所以要通过有效的教育提升其媒介素养。其中，最有效的方式是开设相关课程，提供专业教师的指导，教育者通过自身示范和知识传授提升大学生媒介素养，尤其是高校思想政治教育教师可以把媒介素养的提升与高校思想政治教育相结合，促进学生全面发展。此外，还要对学生使用媒介进行规范化管理，让其从思想层面认识到正确运用媒体的重要性。

其次，大数据强化了网络监督工作。一方面，网络信息的大量涌现带来了丰富的资源，成为关注社会动态的重要窗口。另一方面，大学生群体追求个性、思想价值观念不太稳定的特征，决定了他们在获取复杂网络信息时容易迷失方向，对不良信息的影响辨识度不高，更加容易受到不良信息的影响。以上两方面的影响，要求高校须通过网络监督促进思想政治教育传媒载体的发展，通过大数据技术优化信息发送、传播和接收，进一步提升信息传播的效率和强化引领作用。此外，还可以利用大数据的过滤技术，排除网络中不利于学生发展的信息和负面思潮，避免其陷入思想混乱。

三、大数据契合了高校个性化思想政治教育思维转变的时代性

时代性是一个多维度的概念，既涉及历史，又包含了现实，还面向未来。当下正处于大数据时代，面对技术新、种类多、内容杂的智能化技术，传统的高校思想政治教育思维必须作出符合时代的转变。大数据契合了高校个性化思想政治教育从共性教育到个性教育思维的转变、从单向灌输到双向互动思维的转变、从封闭教育到开放教育思维的转变及从经验教育到科学教育思维的转变，对加强高校个性化思想政治教育的针对性、提升思想政治教育的实效性、保证个性化人才培养的有效性具有极大的促进作用。

（一）大数据契合了从单向灌输到双向互动的思维转变

大数据时代悄然而至，对高校思想政治教育的针对性、时效性、感受性、实效性等提出更高要求，大学生的生活、学习习惯都在潜移默化地发生着改变。高校思政教育需要勇于迎接大数据时代的冲击，改变实现方式以增强思想

政治教育的针对性和实效性，彰显自身价值。

首先，大数据契合了教育主客体教学方式从单向灌输到双向互动的思维转变。教育是在人与人之间的交往活动中展开的，教育是主体与客体之间以共同的课题为中介所构成的交往活动。传统高校思想政治理论课教学采用的是单向灌输教育模式，这种教育模式往往会使教育者成为高校思想政治教育的主体，受教育者处于一种被动地位。长此以往，受教育者的内在需求和实践能力的培养得不到应有的重视，既不利于受教育者创新意识和创新能力的培养，也不利于受教育者的全面发展。在大数据环境下，思想政治教育者可以充分了解和掌握受教育者成长规律，实现高校思想政治理论课教学由教育主体单向灌输到双向互动的思维转变。通过教学形式创新，不断培养受教育者的自主学习能力，让教育主客体在互动中产生思想碰撞，从而促进受教育者更加主动地学习，获得更多的知识来源，减少教育客体对教育主体授课的依赖性。

其次，大数据契合了教育主客体精神交往从单向灌输到双向互动的思维转变。交往是人与人之间最基本的生存方式，其存在于人的一切社会活动之中。交往对于思想政治教育而言，既是手段也是目的。[1] 高校思想政治教育始终是在教育主客体之间展开，二者之间通过交往促成相互理解进而达成共识。传统的高校思想政治教育仅仅将教育过程看成一种单向的理论灌输和道德说教，必定会大大抑制受教育者主体性的发挥，从而难以达到教育目的。思想政治教育以提高人的思想道德素质、促进人的全面发展为终极追求目的，是育心、育德、育人的过程。大数据在高校教育领域中的广泛运用，可以帮助学生多渠道同教育者进行精神交往。教育者在课堂之外通过互动引导学生树立正确的世界观、人生观和价值观，促使学生拥有丰富的内心世界和

---

[1] 王玉平. 大学思想政治教育的交往本蕴与方式[J]. 理论与改革，2010（2）：116-118.

独立人格，更为重要的是使受教育者在"成材"的同时，也实现了"成人"的目标。

（二）大数据契合了从封闭教育到开放教育思维转变的时代性

在高校开展思想政治教育的过程中，环境的塑造是"影响思想政治教育主体、客体、内容、目标、方法、成效及过程的重要因素"❶。高校思想政治教育的环境系统，通常由影响教育主客体思想行为变化的社会及自然因素构成。❷在信息化发展的浪潮下，大数据作为信息化时代的产物，兼具自然和社会的双重特征，具有极其强大的数据分析能力和预测功能，成为人类发展史上的巨大"数据库""信息库""资源库"。大数据的存在对于优化高校思想政治教育的思维、手段、内容和资源产生了极大的影响。大数据在高校思想政治教育环境中的科学运用，是高校思想政治教育环境实现从封闭到开放转变的重要途径，能够从整体上提升高校思想政治教育的环境质量，强化育人效果，更有针对性地开展精准教育和个性化教育。

高校作为网络信息化平台的建设者和智慧校园的打造者，在进行教学、科研、管理及参与社会服务的过程中，势必会受到大数据的影响。在传统教学模式下，高校教育资源主要集中于课堂、图书馆、实验室等相对封闭的物理空间，主要满足固定人群的需求，导致高校教育资源无法得到充分利用。而大数据以其强大的存储性和交互性的技术优势，能在短时间内广泛收集信息，形成一个巨大的"信息库"，经由互联网终端对所有人进行信息链接，"信息库"的内容在不断得到扩充的同时进行不断推送。教育对象可利用数字化的网络平台、智能校园、新媒体、电子设备等资源，获取更为丰富的学习资讯，开展更

---

❶ 杨亮军.高校思想政治教育立体化育人体系的建构[J].教育科学，2021，37（2）：31-38.

❷ 冯多，李大棚.大数据驱动高校思想政治教育创新的活力、困境及进路[J].现代教育管理，2022（7）：113-121.

有效的交往活动。❶ 借助互联网，传统封闭的高校思想政治教育环境将走向开放创新，使不同的优质教育资源跨校园、跨地区覆盖学生学习、生活的每个角落，实现思想政治资源的平等共享，从而达成思想政治教育从封闭到开放的思维转变。

（三）大数据契合了从共性教育到个性教育思维的转变

大数据与我们的工作、学习、生活息息相关。大数据以其快捷的运行速度和高度的资源共享特性，打破了传统教学中的时空限制，为大学生提供了一个更为丰富、广阔的学习空间，增强了大学生的主体意识，挖掘了大学生的兴趣爱好，帮助大学生更好地了解自己的学习需求，有助于实现高校思想政治教育从共性教育到个性教育思维的转变。

首先，大数据契合了学生个性化学习需求。马克思认为，人的发展在一定意义上就是"有个性的个人"逐步代替"偶然的个人"。❷ 高校思想政治教育理论课教学致力于培养德智体美劳全面发展的社会主义建设者和接班人，也非常注重"培养有个性的人"。个性化思想政治教育有助于发挥教育对象的主体性，增强大学生主人翁的意识，促进不同个体独特性的发展。作为独立个体的教育对象，本就有着不同的学习需求，对知识的掌握程度、对习题的把握程度各有不同。然而，部分高校为方便管理，忽视了学生的个性化需求。将大数据应用于高校思想政治教育中，不仅能使教育者在第一时间准确了解学生的兴趣、对课程的掌握与应用情况，还能在此基础上尊重每一位教育对象的诉求，准确把握不同教育对象的差异，为提高教学质量注入新动力，

---

❶ 冯多，李大棚.大数据驱动高校思想政治教育创新的活力、困境及进路[J].现代教育管理，2022（7）：113-121.

❷ 中共中央马克思恩格斯列宁斯大林著作编译总局.马克思恩格斯选集：第1卷[M].北京：人民出版社，1995：79.

从而使高校思想政治理论课教学能更好地满足学生的个性化需求，促进学生全面发展。

其次，大数据契合了学生个性化心理需求。高校学生心理健康工作是高校思想政治教育的重要组成部分，是全面贯彻党的教育方针、建设人力资源强国的重要举措，也是促进大学生身心健康成长的重要途径。大学生作为国家的希望、民族的未来，其心理健康更应该受到重视。为了提高高校学生心理健康教育工作的精准化水平，有必要将大数据技术应用到高校心理健康教育领域。传统的高校思想政治教育过于注重课堂教学，较少关注学生的心理状态和情感需求，这就使学生在学习过程中缺乏代入感，对思想政治教育的理解只限于表面，难以真正理解和接受，进而影响了高校思想政治教育的教学效果。通过大数据对学生的情感诉求和观念意识进行数据挖掘和分析，可以使教育者更加全面地了解学生的心理需求，进而优化心理辅导方案，使大学生能通过网络表达自己的情感诉求和观念意识，为学生个性化心理辅导提供有力支撑。

最后，大数据提供了个性化学习场域。以大数据为代表的智媒体正在深刻改变着社会的发展，推动着各行各业的创新发展。在高校思想政治教育领域，学生学习已经不仅仅局限于教室和图书馆这些固定场所，基于大数据的泛在化学习已经成为常态。泛在化学习是学习者运用智能设备终端，在任何时间、任何地点使用任何可获得的科技工具，进行任何学习活动的5A型学习。❶大数据时代的到来，突破了传统的教学场域及模式。高校思想政治教育呈现教育主体多样化、学习场域多维化与学习资源多元化趋势。此外，线上学习模式打破了传统教学场域时间与空间的局限，学生可以按照自己的学

---

❶ 曾红宇，颜家水，叶奕.人工智能背景下传媒专业课程教学"泛在化"创新策略[J].传媒，2021，（22）：91-93.

习兴趣与爱好，在网上自主查找相关知识，同时也可以加入相关的论坛和社群，与他人进行线上交流，弥补自己相关领域的不足。这既增加了大学生思想政治教育的趣味性，也增强了大学生思想政治教育的活力与生命力。线上教育在扩展学生学习时间与空间的同时，为高校思想政治理论课教学注入了新动能。

（四）大数据契合了从经验教育到科学教育思维转变的时代性

大数据时代的到来，为我们开展高校网络思想政治教育提供了一种全新的思维，促进了教育思维从经验教育到科学教育的变革。基于"大数据+"思维，开放、平等、协作、共享的新理念得以形成，高校思想政治教育可以重塑教学理念、改善学习方法、搭建全新教学平台、优化管理评价体系，让教育手段与时俱进、教育信息有效传播、先进教育观念更加深化。高校思想政治教育可借助"大数据+"，强化对教育对象的引导和行为塑造，同时依托互联网为平台，全方位实现教学、课程、学习、师资评估的变革。

大学的根本任务是立德树人，在这一过程中，高校思想政治教育发挥着重要的作用，对于培养大学生正确的世界观、人生观和价值观具有重要意义。自中华人民共和国成立以来，高校思想政治教育的内容及教育方式一直在不断地完善，高校思想政治教育体系越来越系统化和科学化。过去的高校思想政治教育较多采用的是经验教育，这种教育方式在一定程度上限制了高校思想政治教育的深度和广度，不能在更深层次上推动教育模式的创新和优化。例如，个体经验教育法使"教育者往往凭借自己的传统教学经验进行教授，缺少与时代特征的结合，更没有实时量化的教育特征信息"[1]。在大数据的驱动下，通过数据采集和量化分析对以往的传统教育模式进行优化，使高校思想政治教育的内容

---

[1] 李家圆，王刚. 大数据解决思想政治教育的进路及局限性[J]. 湖北社会科学，2019（4）：167-171.

和方法更加系统化、科学化。具体来说，高校思想政治教育可以对大学生的思想行动数据开展关联分析，深挖"各要素之间潜在的内在关系和作用规律，作出尽可能精准的预测"❶。通过利用大数据极其强大的数据收集和数据分析能力，可以进一步对大学生的思想行为作出科学分析和判断，这对于探究大学生真实的思想动态和行为取向，为高校开展更具科学化、个性化的思想政治教育提供了可能，从而推动高校思想政治教育思维从经验教育转向科学教育。

第二节　大数据时代高校个性化思想政治教育的新成效

大数据、云计算和移动互联等智媒体的普遍应用，正不断推动着教育向数字化、网络化和智能化方向发展。在大数据的浪潮下，高校思想政治教育迎来了前所未有的机遇和挑战。借助大数据技术，我们不仅在教育理念上实现了突破，更在教学方法和效果上取得了显著成效。这不仅体现了教育技术的革新，更是大数据时代创新高校个性化思想政治教育理念的生动体现。

一、高校思想政治理论课教师数据素养显著提升

数据素养（Data Literacy），主要指教师在数据的采集、组织和管理、处理和分析、共享与协同方面的创新能力，以及教师在数据的生产、管理和发布过程中的道德与行为规范。❷教师通过个体或团体的方式收集学生的考试成绩、

---

❶ 罗红杰，平章起.大数据驱动：思想政治教育现代化的重要引擎 [J].重庆大学学报（社会科学版），2019（5）：257-266.

❷ 童春燕.智慧教育背景下高校课堂教学评价体系的构建与创新 [M].长春：吉林人民出版社，2020：124.

学习行为及其他数据，丰富使用数据的知识和技巧。数据素养不仅强调组织、解释、整合和分析等技能，而且注重评估知识、统计知识等。❶ 数据素养是准确观察、分析和处理不断变化的各种数据，有效使用数据并促进决策的能力，教育者可以将数据转换为信息，并最终转化为行动化的知识，能持续促进学校或班级中的教与学。❷ 教师数据素养是高校思想政治教育教学中不可或缺的因素，由数据意识、数据能力和数据伦理三大部分组成。❸ 高校思想政治教师数据素养的提升离不开对数据意识能力、数据定位与采集能力、数据分析与解读能力等关键能力的培养。

首先，高校思想政治理论课教师对数据的敏感度不断提高，数据意识能力持续增强。随着大数据在高校教学中的广泛普及，越来越多的高校思想政治理论课教师开始关注教学过程中产生和收集到的数据。高校思想政治理论课教师通过对反馈数据的整理和分析，不仅能够及时发现和解决教学过程中存在的问题，还可以更准确地了解学生对相关知识的掌握和运用情况，了解思想政治理论课教育的实际效果，发现存在的问题和不足，进而改进教学方法和策略，提高教育质量，使思想政治理论课教学更加贴近学生实际，提高学生的学习兴趣和参与度。

其次，高校思想政治理论课教师对数据收集工具的熟练度不断提高，数据收集和处理能力持续提升。利用大数据将学生学习的多元数据收集起来，可以更好地帮助教师了解学生的学习、生活、情感等的变化，掌握学生的参与度、归属感和学校情况等各方面的情况，发挥数据在思想政治教育中的积极作用。

---

❶ 邱均平，李星星. 近十年来我国知识管理研究论文的统计与分析 [J]. 图书馆，2012（2）：71-74.

❷ 彭希羡，孙霄凌，朱庆华. 国内社交网络服务研究的文献计量分析 [J]. 情报科学，2012（3）：414-418.

❸ 张进良，李保臻. 大数据背景下教师数据素养的内涵、价值与发展路径 [J]. 电化教育研究，2015，36（7）：14-19，34.

第五章 大数据时代高校个性化思想政治教育新契机

近年来，各种在线教学平台、学习平台等不断升级完善，这对高校思想政治理论课教师利用数据来改进教学大有裨益。例如，在数据收集工具普及之前，许多思想政治理论课教师在查看有无人员缺课时只能按照班级名单"对人数"；随着数据收集工具的广泛应用，高校思想政治理论课教师通过学习平台或人脸识别系统就可以轻松完成签到任务，查看有无学生缺课的情况。这反映了高校思想政治理论课教师对数据收集工具使用的熟练度不断提高，数据收集和处理能力持续提升。

最后，高校思想政治理论课教师不断跟进新技术，数据安全和隐私保护意识持续增强。大量数据为我们的生活、工作及学习带来便捷的同时，数据安全和隐私保护问题也须加以重视。高校思想政治理论课教师新技术学习中，意识到数据安全对于学校、教师及学生的重要性。因此，他们在收集和储存学生数据时会采取相关加密措施，确保数据在传输和存储过程中的安全性。

二、高校思想政治教育客体个性化需求得到重视

高校思想政治教育对象的存在，是具体开展思想政治教育实践活动的前提。大数据的思维理念具有强烈的个性化特征，与传统高校思想政治教育"统一化"的认知思维形成强烈反差，是扭转"统一化"认知思维的有力武器。与以往大学生不同的是，新时代的大学生由于受到多元文化和思潮的影响，其在性格、习惯、思维、认知等方面更加多样和多元化。高校可以依托大数据智能化、信息化的优势，通过课程设置多样化、教学方法多样化和个性化辅导，为学生提供更加多样化、个性化的选择，进而不断促进学生成长和发展。

首先，课程设置多样化为学生提供了个性化选择。思想政治教育，归根到底是做人的工作，必须坚持"以人为本"。在传统的高校思想政治教育课程的设置中，往往过于强调学生对于理论的接受程度，忽视了实践的重要性，偏离

了理论与实践相结合的教学模式，进而导致课程内容抽象化，难以引起学生的兴趣和共鸣。在大数据发展环境下，高校可以广泛而又全面地收集学生的个人信息、学习行为等多维数据，根据数据所反馈的信息，按照学生自身实际对学习内容的掌握情况实现分层化教育，使教育内容更加贴合学生实际，实现教育内容的个性化。

其次，教学方法多样化为学生提供了个性化学习路径。相较于传统教学模式单一化的教学方法，大数据为学生提供了多样化的学习路径。在大数据发展背景下，涌现出来大量新兴的教学方法。例如，利用大数据优势，思想政治教育者在教学方法上可以选择"线上+线下"相结合的混合式教学，线上教学可以通过视频、音频、动画、在线讲座、学术论坛等拓宽学生的知识视野，激发不同学生的学习兴趣，为学生带来更加丰富的教育资源和个性化的学习体验，使学生在接受新知识的同时不断摸索适合自己的学习方法。

最后，个性化辅导为学生提供了成长指导。伴随着社会的快速发展，高校逐渐重视对学生实施个性化辅导，如通过设置未来就业规划帮助学生化解迷茫感，并通过提供心理咨询服务帮助学生缓解生活、学习及工作中的压力，及时安抚学生的受挫心理。就业规划、心理辅导等一系列个性化辅导突破了传统教育对学生情感体验的忽视，为高校思想政治教育客体个性化需求的满足带来了新的契机，促进了学生个人的成长和发展。

三、高校数字校园育人环境得到优化

随着科技的不断进步，一系列数字化建设的理念在各个领域得到了不同程度的彰显。数字地球、数字校园、智慧校园已经成为教育信息化发展的重要方向。姜真杰等人在《数字校园理念及应用》一文中综合已有的数字校园的观点，认为数字校园存在两层含义：从广义上讲，数字校园是以网络为基础利用先进的信息化手段和工具,实现从环境(设备、教室等)、资源(图书、讲义、课件、信息等)到活动(教、学、管理、服务、办公等)的全部数字化,在传统校园的基础上构建一个数字空间以拓展现实校园的时间和空间维度,从而提升传统校园的效率,扩展传统校园的功能,最终实现教育过程的全面信息化,达到提高教学质量与科研和管理水平的目的。另一种数字校园的理念是随着信息可视化技术和GIS技术的发展及广泛应用而出现的,即在现实校园的基础上构建可视化的虚拟校园。这是一种基于地球地理坐标系建立的关于校园的空间信息模型,通过信息网络将现实校园的各种信息进行收集、整理、归纳、存储、分析和优化,进而对校园的各种资源、生态环境、社会环境、教学环境等方面的实体和现象进行模拟、仿真、表现、分析和认识。❶

首先,数字化教学资源优化了高校育人环境。资源合理配置是教育发展的基础。传统的育人资源配置过多依赖决策者的经验和直觉,导致决策者难以准确掌握学校、学生及教师的需求,造成资源配置不及时,无法满足学校、学生及教师各方面的需求。相较于传统的育人资源配置,数字校园以大数据为依托,能够及时捕捉到大量丰富、实时的数据,及时准确地了解学校、学生及教师的需求,帮助决策者更好地配置资源,避免出现资源的浪费和分配不均问题。

其次,数字化教学提升了高校育人质量。大数据时代的到来,使"数字校园""智慧校园"建设成为高校教育信息化发展的新主题。育人质量是高校思想政治教育的核心目标之一,要提高高校思想政治教育育人质量,必须促进其与"数字校园"的不断融合。例如,教师可以通过相关平台数据的分析,及时准确地了解学生的学习需求,从而展开有针对性的教学和指导,进而帮助每个学生找到适合自己的学习方法和节奏,提高学生的学习效率。

---

❶ 姜真杰,方陆明,吴达胜.数字校园理念及应用[J].吉林师范大学学报(自然科学版),2003(2):26-28.

最后，数字化教学管理提高了高校管理环境。管理环境是高校育人环节不可或缺的一部分，相较于管理流程复杂且效率低下的传统管理模式，数字化校园可以帮助学校实现信息化、智能化的管理，将学校每个部门和环节整合成为一个有机整体，简化处理流程，减少人工操作，降低因人为操作而带来的工作失误，进而提高高校管理效率。此外，通过构建数字化教学资源库，学校可以将各类教学资源进行统一管理和调配，使教师能够更加方便地获取和使用这些资源，提高教学效果，实现教学资源的共享和优化配置，进一步提升资源的利用效率。

第三节 大数据时代高校个性化思想政治教育的新机遇

大数据技术为个性化思想政治教育的发展带来了新的契机。具体表现在，构建了思想政治教育个性化理念，实现了思想政治教育内容的精准化定制、模式的灵活性转变、方法的个性化应用、教育评估的个性化反馈，以及促进了教育目标的个性化实现。高校个性化思想政治教育在大数据时代将实现跨越式的发展，思想政治教育者的教育和研究方向都将转变，教育主客体的参与方式和感受体验也会发生巨大的变化。

一、大数据推动了思想政治教育理念的个性化转变

个性化教育思想由来已久，伴随着大数据技术的参与，思想政治教育个性化理念也蕴含了与时俱进的内涵。在大数据技术赋能之下，以革新思想政治教育理念为依托，通过对学生数据的收集和分析，为高校思想政治教育工作者提供大量具有针对性的数据，进而凭借科学的数据分析，将大数据思维融入思想政治教育的原理之中，从而促进个性化思想政治教育理念的生成。

第五章　大数据时代高校个性化思想政治教育新契机

第一，大数据时代思想政治教育理念实现了由经验化到科学化转变。大数据技术具有全量性的特征，只要有足够的存储空间，数据就会一直存在于系统。基于对数据的分析，教育主体可以准确地判断教育客体的思想发展趋势。对比从前全靠教育主体的经验判断来进行思想政治教育的状况，大数据的全量性让教育客体的有效数据更加全面，因此，对教育客体分析和判断的结果会更加精确与科学。这样的思维理念融入思想政治教育能够让教师、教学过程都摆脱之前经验化的局限，实现了从经验化到科学化的转变。

第二，大数据时代思想政治教育理念实现了由整体化到差异化的转变。传统思想政治教育理念，因受主客观条件的限制，面对数量众多的教育客体，教育主体更多的是把控全局，关注整体，探求小范围内的思想政治教育现象或具体小事件中的前因后果，是一种"小思政"格局。大数据时代注重个体的差异性，并由此差异推出不同的教育思路和方式，真正聚焦学生，多方位、深层次、立体化地掌握学生在思想政治教育方面的现状，切实提升了思想政治教育的针对性与实效性。通过数据分析，最大限度地拓宽了教育主客体视野，增加了多元的视角，掌握了每个个体的优势，以每个个体为中心，激发思维的创造性和灵活性，由此实现了思想政治教育理念整体化向差异化的突破。

第三，大数据助推了思想政治教育理念由统一性向多样化的转变。传统的思想政治教育，信息来源较为单一，课程模式相对僵化，教育双方互动有限，思想政治教育者无法及时准确地把握受教育者的思想困惑和学习需求，只能根据常规教学经验和为数不多的个体反馈作出判断和改进，教育理念总体追求目标、内容、方法、效果的统一性。大数据根据个体适应原则，提供海量资源供教育对象选择，再加以数据分析，使追求多样化和适配性的个性化思想政治教育理念得以推广。

第四，大数据助推了思想政治教育理念由传统化向数字化的转变。

习近平总书记指出："教育数字化是我国开辟教育发展新赛道和塑造教育发展新优势的重要突破口。"❶ 传统思想政治教育是"一对多"的单向灌输教育，受教育者没有表达自己思想的权利，教育者也很难从受教育者的角度出发，主动了解和掌握受教育者的思想状况。大数据时代，大数据技术在教育者与受教育者之间提供了一个双向互动交流的平台，将传统的"一对多"的单向灌输教育转变为"一对一"的双向互动教育。通过大数据技术，可以分析出学生的思想状况和行为习惯，根据不同学生的思想发展状况提供相应的思想政治教育内容和个性化、系统化的学习方案。同时，数字技术还可以有效扩大优质教育资源覆盖面，缩小教育的城乡、区域、校际、群体差距。

大数据时代，思想政治教育理念的科学化让思想政治教育过程中的测评与判断更为精准，思想政治教育理念的个性化让思想政治教育的课程能够更大限度地发挥其灵活性，大数据的应用更是为教育方法带来新的思路。技术的变革带来理念的更新，理念的更新推动技术的发展，大数据技术推动了个性化思想政治教育理念的构建，这不仅有利于思想政治教育工作在大数据环境中更加顺利地展开，更让思想政治教育理念实现了全新突破。

二、大数据促进了思想政治教育目标的个性化实现

思想政治教育目标主要包含两个方面：第一，对社会主流意识形态宣传、普及，并致力于实现社会的共同理想；第二，协调社会与个人的关系，在实现社会共同理想的同时促进人的全面发展。习近平总书记在 2018 年 9 月 10 日召开的全国教育大会上说："培养什么人，是教育的首要问题。我国是中国共产党领导的社会主义国家，这就决定了我们的教育必须把培养社会主义建设者和

---

❶ 习近平主持中央政治局第五次集体学习并发表重要讲话 [EB/OL].（2023-05-29）[2023-11-28]. https://www.gov.cn/yaowen/liebiao/202305/content_6883632.htm.

第五章 大数据时代高校个性化思想政治教育新契机

接班人作为根本任务，培养一代又一代拥护中国共产党领导和我国社会主义制度、立志为中国特色社会主义事业奋斗终身的有用人才。这是教育工作的根本任务，也是教育现代化的方向目标。"❶思想政治教育的目标必须遵从党和国家对教育目标的指示，致力于培养用马克思主义的科学理论武装头脑、坚定"四个自信"并奋力实现中华民族伟大复兴中国梦的时代新人。

首先，大数据在社会与个人之间搭建了一座沟通的桥梁。通过对大数据的分析，社会可以更加准确地了解每个个体的需求、兴趣和行为模式，从而为个体提供更加个性化的服务和资源。同时，个体也可以通过大数据了解社会发展的趋势、热点和规则，更好地融入社会、参与社会活动。大数据能够覆盖更广泛的领域，帮助个体提升对社会主义意识形态的认同感。这是因为大数据具有大容量、多样性和快速度等特性，使意识形态建设工作能够驾驭更多的领域、捕捉更多的信息。通过数据传输、数据接收和数据利用，大数据能够更好地传播我国主流意识形态。这种覆盖范围的广泛性，使以马克思主义为指导的社会主义意识形态能够更好地为广大人民群众所认可和接受。

其次，大数据的实现路径多样，有助于扩大社会主义意识形态的影响力。意识形态的传播需要借助一些具体的方式方法，而大数据提供了多种传播路径。例如，宣传教育部门可以利用大数据提升思想引导和共识凝聚的效果，及时准确地把握受教育者最为基础的诉求。在广泛搜集受教育者意识形态数据和归类分析的基础上，大数据能够使社会主义核心价值观的宣传教育在主题、内容、形式和载体上都取得事半功倍的效果。

最后，大数据在实现社会共同理想的同时，也能够促进人的全面发展。社会共同理想是每个社会成员所追求的共同目标，而大数据可以为我们提供更加

---

❶ 习近平在全国教育大会上发表重要讲话 [EB/OL].（2018-09-10）[2023-05-20]. http://www.mod.gov.cn/gfbw/sy/tt_214026/4824603.html.

全面、深入的信息支持，帮助高校大学生更好地认识社会、理解社会，从而为实现社会共同理想提供有力的支持。同时，大数据还可以根据每个人的特点和需求，提供个性化的学习和发展机会，帮助每个人实现自身的潜能和价值，促进人的全面发展。

"思想政治教育目标的个性化实现"是在大数据技术普遍运用的新时代提出的一个新概念，这个新概念的最新关键词是"个性化"，是在实现思想政治教育目标的过程中融入个性化思想。这是人文情怀在"科技时代"的反异化体现，让科学技术的发展充分服务于教育和文化，究其根本是让人创造出的科学技术力量服务于人的发展。实现人的个性化发展，既融合了中国古代儒家思想的"因材施教"观念，也契合了马克思主义关于人全面而自由发展的学说。较之于过去传统的"因材施教"，大数据能够更为精准地判断一个学生是什么才，应该施以什么样的教育；个性化问题是什么，应该给以怎样的教导。大数据技术最大的特征就是利用种类多样、规模庞大的数据实现精准化的数据分析，而对个人数据的整理和分析则为思想政治教育目标的进一步实现提供了最直接的推动力。

一花独放不是春，百花齐放春满园。在运用大数据技术的基础上促进思想政治教育目标的个性化实现，是在实现共同理想中对个人特性的尊重和激发。大数据技术深度融入思想政治教育的全过程，从教学计划的制订到教育过程的监测与数据收集，再到对教育参与者的量化、最终分析教学反馈、作出教育评估，都有大数据的身影。可以说，大数据技术让每一个人的小目标和思想政治教育要实现的社会共同目标产生了紧密的联系，这就是个性化思想政治教育目标的实现过程。

三、大数据推动了思想政治教育内容的个性化定制

思想政治教育内容包括世界观、政治观、价值观、人生观、法制观和道德观,以观念为主要教育内容的课程需要增强每一个受教育个体的适配性,以个性化的教育方式匹配精准化的内容才能够更好地实现思想政治教育目的。思想政治教育的内容具有政治性、先进性、针对性、时代性和发展性等特征,其内容不是刻板僵化的而是灵活进步的。随着社会经济的快速发展,人们的生活节奏也越来越快,在这一大背景下,学生群体也有着明显的特征。例如,当代大学生大多是独生子女,部分学生从小在父母的保护和庇护下成长,缺少独立生活和处理问题的能力;他们身上有着鲜明的时代烙印,在接受信息时更加容易接受和理解新鲜事物;互联网的发展使网络成为他们生活中不可或缺的一部分。大数据时代,不再有人是某种知识技能的垄断者,网络平台让教育资源更加丰富且易获取,但是如何在海量的资源中抓取最为适合教育对象的内容,针对每个个体的特性匹配合适的教育内容,就成为思想政治教育者亟待解决的难题。

首先,丰富多元的数据资源库是思想政治教育内容个性化定制的重要支撑。大数据作为传输信息的载体,可以为思想政治教育提供海量的信息资源,使教育内容可选性增多。传统教育模式中,思想政治教育内容大部分依赖于课本内容、师生授受,学生的知识面、自我教育的渠道受到限制。大数据时代,多元化的教育资源为教育主客体提供了多角度的思想政治教育内容和更宽阔的视野,从而不断激发教育主客体的思维模式发生转变。对于教育工作者来讲,吸收丰富的思想政治教育内容可以为学生提供更多的思路,增加课堂的趣味性;对于受教育者,通过网络客户端等渠道,可以接收定制化的思想政治教育内容,实现泛在学习。目前,教育新基建逐步推进,积极布局教育专网建设,推动 5G、IPv6 等网络技术落地应用;各地加快建设智能交互教室、虚拟仿真实验室等教学环境，加强物理空间与虚拟空间的衔接融合，推动教育基础设施实现迭代升级，为现代教育提供了便捷的数据资源库。❶由此，多样化的思想政治教育资源推动了思想政治教育内容的个性化定制。

其次，对受教育者行为的数据收集与分析是思想政治教育内容个性化定制的基础。在大数据技术与思想政治教育融合发展过程中，每一个教育参与者即数据贡献者都是这一过程中的主体。大数据会为每一个用户绘制出一张系统性的画像，画像会展现许多与需求相关的常量，这些常量引导大数据技术为用户进行精准化的服务，预测用户可能性的需要并给予资源匹配，使大数据的个性化服务前进了一大步。而思想政治教育内容的个性化定制，需要对采集到的学生行为数据进行分析，评估其学习状态、学习偏好，预测其学习需求，然后针对不同学生的自身情况，采用不同的方法进行教育和引导，进而传输与之匹配的教育内容，帮助其实现全面而自由的发展，使思想政治教育目标最大化实现。

所以，在个性化思想政治教育中，教育者必须结合社会发展现状和学生自身特点制定适合学生的思想政治教育内容。此外，由于大数据技术能够精准地识别不同年龄阶段的人在思想方面存在的不同特征和差异化需求，这就为教育者设计个性化思想政治教育内容提供了参考。

四、大数据实现了思想政治教育方法的个性化运用

大数据为思想政治教育发展创造了新的发展图景，教育者应当与时俱进，开拓新思路，真正掌握和运用最新的科技手段和思考方法，更新传统思想政治教育方法，实现大数据时代高校思想政治教育方法的最优化。

---

❶ 杨俊峰.数字化让教育"新"中有"数"[N].人民日报（海外版），2024-03-22.

首先，大数据为思想政治教育提供"寻的式"教育方法。"寻的式"教育方法的内涵是突出学习目标的具体指向这一重点，以受教育者的主观选择和知识盲区为切入点，通过个性化"套餐"推送、自主化"订单"选择的方式使受教育者的学习目标性和指向性更加清晰，以达到思想政治教育因需施教、个体补盲的"精准滴灌"式效果。通过大数据的分析，教师可以针对不同学生的特点和需求，采用多样化的学习材料和有针对性的教学策略。例如，对于视觉和听觉敏感的学生，可以提供更多的视频和音频资料；对于实践操作需求强烈的学生，可以设计更多的实践活动和实验课程。根据个体差异，匹配不同的教学计划，根据不同的知识诉求，递送不同的教育内容。

其次，加强扩容式教育方法。扩容式教育方式是指通过扩大教育资源的供给和提升教育质量，满足更广泛人群的教育需求。这种教育方式不仅关注数量的增加，更强调质量的提升，旨在为学生提供更优质、更全面的教育服务。大数据实时共享、互通的技术特征，使思想政治教育方法从零星散点向集聚全面转变，由此增强教育方法的时代性和普遍接受性。在关联性思想政治教育学习方面，大数据的应用尤为重要。通过挖掘学生之间的学习关联、知识点之间的逻辑关联，以及学习与行为之间的内在关联，大数据可以帮助教育者构建一个更加系统、连贯的思想政治教育体系。这种由点到面的关联性学习，有助于学生更好地理解和掌握知识，提高他们的综合素质。

再次，用交互性教育方法代替传统单一灌输式教育。这里所指的交互是指教学过程中教育内容在教与学交流互动中双向流动的过程，打破传统教学模式中以教师为中心的组织方式单一化、静态化，教与学相脱钩的局面，使思想政治教育充分利用大数据优势，为受教育者提供更多的认知机会、体验环境和实践条件。在认知方面，大数据能够帮助学生更加全面和深入地理解思想政治教育的内容。通过收集和分析学生在学习过程中的各类数据，教育者可以了解学生的学习进度、知识掌握情况和学习难点，从而为他们提供个性化的学习资源和指导。在体验方面,大数据能够为学生创造更加丰富和真实的思想政治教育体验。例如,通过虚拟现实、增强现实等技术,教育者可以构建与思想政治教育内容相关的虚拟场景,让学生在其中进行沉浸式体验和学习。在实践方面,大数据能够为学生提供更加精准和有效的实践机会。通过分析学生的兴趣爱好、专业背景和职业规划等数据,教育者可以为他们推荐合适的实践项目和活动,帮助他们将所学的思想政治教育理论知识应用于实践。

最后,采取多样化教育方法。相较于传统单一性、平面性的教育方法,大数据技术充分运用分析和预测等功能,打破时间和空间的限制,使高校思想政治教育方法向多元化、智能化转变。随着互联网教学不断深入,"慕课""学堂在线""网易云课堂"等一系列创新教学模式契合了当代高校大学生灵活多变的思维模式。受教育者性格不同,单一的课堂教学可能会限制部分受教育者,多样化教育方法则连接线上、线下平台,满足其对于知识获取、时事了解等方面多元性、及时性、丰富性的需求,将互联网大数据这一工具高效率、高质量转化为思想政治教育的优势。大数据为新时代思想政治教育提供了新"方法论",在开拓和创新思想政治理论课教学方法上起着举足轻重的作用。

五、大数据实现了思想政治教育评估的个性化反馈

在传统的高校思想政治教育评估中,高校思想政治教育评估的主体是教育者,其评估的结果往往是定性的、静态的,而且带有一定的主观性和局限性。大数据的应用使高校思想政治教育评估有了新的突破,实现了思想政治教育评估的个性化反馈。大数据时代,思想政治教育评估和教学反馈是教育过程中各个方面的适配性磨合。这种适配性不仅存在于教学计划与学生之间,还包括教师与学生的双向量化、教育成果的检测、教育质量的评估和教育方式的考察。

第五章 大数据时代高校个性化思想政治教育新契机

教育反馈是教育过程中一个非常重要的环节,通过反馈可以调整对应的教学内容与教学手段,从根本上提高教育质量,对于优化教学过程、落实教学目标有着十分重要的意义。教育评估是根据社会对思想政治教育的要求,以及思想政治教育评估对象的实际,确立指标体系,运用测量和分析等方法对思想政治教育的实际效果进行价值判断。这样的教学反馈和教育评估主要依据两方面来反映:一是根据思想政治教育的客观过程来衡量既设目标的达成;二是根据教育过程中的每一位参与者的反馈对具体的教育作出评估。

大数据在思想政治教育评估中实现了个性化反馈,使评估更加精准、全面和具有针对性。首先,大数据的实时处理能力使评估反馈更加及时。教育者可以实时监测学生的学习进度和表现,一旦发现学生存在问题或困难,可以立即进行指导,从而有助于学生及时调整学习策略,提高学习效果,促进教育目标的达成。其次,大数据可以实现多维度的评估反馈。除了传统的成绩评估外,大数据可以分析学生在学习过程中的态度、情感、价值观等方面的变化,为教育者提供更全面的评估结果,有助于教育者更全面地了解学生的思想状况和学习情况,从而制定更加有效的教育策略。最后,大数据的个性化反馈有助于提升思想政治教育的针对性和实效性。通过对学生个体的深入分析,教育者可以更加精准地把握学生的需求和问题,为他们提供更加个性化的教育服务和支持。这不仅可以增强学生的学习体验和满意度,还可以提高思想政治教育的整体效果。

大数据技术的参与让教学反馈和教育评估的针对性收集变得不再复杂,反馈和评估过程不经人与人之间的传播,而是利用数据建立起与教育之间的关联,通过科学的数据分析与计算呈现出相关性的结果,这就让教学反馈和教育评估更具客观性和全面性。思想政治教育不是僵化刻板的体系,而是随着时代发展和受教育者需求不断变化不断更新的开放性课程体系,所以有针对性的反馈不仅促进了教育效果的提升,更是促进了个性化思想政治教育的发展。大数据技术让思想政治教育过程中的每一个环节和每一个参与者都单独成为一个量化单位，能够分别进行评估和考察并回收反馈结果，再通过相关性进行分析，直观体现个性化嵌入整个教学的过程。

借助大数据这一技术手段推动思想政治教学反馈和教育评估的发展与完善，克服传统思想政治教育僵化、固化等弊端，采取更加开放自由、灵活多变的教育模式，结合不同高校办学特点、学生的个性表现，以及时代的更迭变化，因地制宜、因人而异、因时而变，提高反馈机制和评估方式的科学性、时效性、准确性，这是大数据时代促进思想政治教育不断优化、不断提高思想政治教育有效性、不断推进个性化思想政治教育发展的重要助力。

第六章　大数据时代创新高校个性化思想政治教育的挑战

大数据的飞速发展,给高校个性化思想政治教育的理念、内容、方式、目标等各方面的转变带来了前所未有的机遇。但是大数据技术在教育领域的应用尚处于起步阶段,数据处理应用技术、数据共享融合、数据人才培养和数据伦理规则等方面发展还不够成熟,给高校个性化思想政治教育带来了一些问题与困境,成为进一步创新发展的阻碍。因此,准确把握和分析这些问题,是高校在大数据应用中应当秉持的积极态度,也是高校个性化思想政治教育创新的必然选择。

第一节　大数据时代创新高校个性化思想政治教育的内在困境

大数据时代给我们带来的不仅仅是技术上的突破,更多的是思维的改变。对高校思想政治工作者而言,困难不仅仅是如何对海量数据进行专业挖掘、清洗以及分析,更主要的是主观上对大数据重要性认识不足、数据素养缺乏,客观上数据资源的供给与需求不平衡导致的偏差与不足,这些都亟须我们重视和加以解决。

一、思维困境制约了高校个性化思想政治教育的"延展点"

大数据推动了思想政治教育工作的深刻变革，但同时，传统教育思维与现代教育思维的冲突也在加剧，加之当前我国高校在数据信息素养方面的教育和培训实践不足，使高校师生数据素养和观念没有跟上时代发展的要求，一定程度上抑制了大数据思维的生成，也制约了高校个性化思想政治教育的快速发展。

（一）大数据时代传统教育思维向数据思维转变存在困难

大数据与思想政治教育的融合发展是信息时代不断进步的产物，要步入正轨实现良性互动是一个渐进的过程。以计算机网络和通信技术为核心的大数据技术通过不同的方式影响着思想政治教育的发展，并推动其不断进行创新与变革。但是在当下，由传统教育思维向数据思维转变面临诸多挑战，阻碍了高校个性化思想政治教育的达成。

第一，部分高校思想政治教育工作者在将大数据应用于思想政治教育工作时，出现了两种极端思维：一种是完全依赖数据，另一种是过分强调人的情感需求，这两种极端态度均不利于推动高校个性化思想政治教育的创新发展。一方面，思想政治教育应立足于育人本质，关注高校学生的思想行为和情感态度。但过分强调人文关怀的教育工作者，往往受制于传统教育观念，认为思想政治教育应保持一贯的方式和理念。他们不仅对大数据缺乏了解，甚至不认可大数据的功能和价值，认为大数据只是数字符号的堆砌，难以反映学生的思想动态和教育规律，因此排斥大数据的应用，不愿也不能够挖掘其潜在价值。这种排斥心理导致高校教育工作者自身的数据素养提升受到了限制，不能充分利用大数据并把它应用于思想政治教育的教学中，不能更好地实现个性化思想政治教育目标。另一方面，大数据开拓了高校思想政治教

第六章 大数据时代创新高校个性化思想政治教育的挑战

育工作者的新视野,他们充分运用数据思维思考与解决思想政治教育存在的一些问题。但对大数据过度依赖乃至神化会产生数据崇拜,以至于忽略思想政治教育是在做人的工作,其内在蕴含着丰富的情感与温度。数据是冰冷的,但人是有感情的,大数据无法全面反映人的心理活动、情绪波动和个性差异,如果思想政治教育工作者只是单纯追求大数据给思想政治教育带来的便捷,不注重在教育过程中应有的情感投入,忽略了人的主观能动性,就会舍本逐末、缘木求鱼。在思想政治教育和大数据融合的实践中,我们应保持清醒的头脑,科学掌控大数据技术的应用,既要充分发挥大数据技术在思想政治教育中的优势,也要认识到大数据本身的局限性,避免偏向任何一端导致失衡。

第二,部分思想政治教育工作者缺乏科学化大数据思维。科学的大数据思维主要包括三个方面:整体性思维、动态性思维与关联性思维。首先,整体性思维即通过对海量数据分析得出全面系统的结论,并体现出一种由大见小的洞察力。大学生通过网络所形成的数据与留存的信息都从侧面反映了学生们自身的思维习惯。高校思想政治教育者往往聚焦于大多数人具有的普遍性问题。因此,如何树立整体性思维,如何全面、系统收集与分析与学生们相关的数据并因材施教是思想政治工作者所要解决的问题之一。其次,动态性思维即通过实时监测分析预测人的思想行为变化的一种思维。传统的思想政治教育是在一种相对静止的时间中了解、把握学生自身情况。大数据时代的到来,冲破了时间上的限制,它可以对学生的行为状况进行实时定位,及时、准确、动态地把握学生的思想行为。但部分思想政治教育工作者依旧按照传统的思维方式,针对大部分学生在相对较长的一段时间的普遍问题来开展工作,教育者对学生思想情况把握的即时性还需要进一步加强与改进。最后,关联性思维即通过收集相关的数据信息,在此基础上进行分析从而预测事情未来发展的方向。大数据技术使得信息收集、分析、处理及预测都成为可能,其所形成的庞大数据链条在一定程度上体现了特有的联系与规律，思想政治教育者可通过其内在联系与潜在规律对教育对象进行科学预测。但当前思想政治教育者的关联性思维还较为缺乏，大部分教育者都是对学生明显表现出来的思想状况、行为习惯进行教育，很少挖掘隐藏在学生数据背后的关联性信息，更很少预测学生未来的行为状态，这也是思想政治教育工作者需要注意的问题。

（二）大数据时代高校思想政治教育工作者的数据素养有待提高

大数据时代，数据的收集、处理、挖掘、应用是一个相互关联的环节，做好海量数据的挖掘和分析才能有效实现个性化思想政治教育，这就对高校思想政治教育工作者的数据素养提升提出了更高的要求。

第一，高校思想政治工作者对大数据的了解和重视不够。高校思想政治教育工作者在开展教育工作时明显欠缺对大数据的把握。首先，传统高校思想政治教育主要靠教学来引导和推进工作，对理工科知识和数字化技术的支撑辅助需要较少，所以部分思想政治教育工作者既不了解大数据，也不重视大数据技术的应用，更谈不上与思想政治教育实现有效融合。其次，预判性是大数据意识的突出特点，既不局限于对现有信息进行分析，更要发现数据背后隐藏的问题，从而判断事态发展的可能方向，并提供事态预警与预控。但高校思想政治教育工作者运用大数据进行科学预判的意识和能力还有待提升。最后，大数据意识强调的是完整全面的数据，但高校思政工作者普遍缺少对大数据的系统认知，对大数据的理解和运用存在偏差，没有意识到大数据对个性化思想政治教育的重要推动作用。一些教育者基于自身认识和实践，更倾向于在教育中开展理论—情感—经验的主观教育，仍沿用传统教育方式进行教学，忽视大数据的运用。因此，在当前形势下我们需要引导高校思政课教师提升对大数据系统全面的认知，使其能够更好地适应大数据时代的思想政治教育环境，探索个性化的思想政治教育。

第二,高校思想政治工作者应用和处理大数据的能力相对不足。数据技术是近年来兴起的一种新技术,它不仅为社会提供便利服务,而且影响了大学生的思想观念。然而,高校思想政治教育工作者并未完全具备数据收集、分析、储存和分享的关键知识和技能,这就制约了大数据时代高校个性化思想政治教育发展的空间。首先,在大数据时代背景下,思想政治教育工作者大数据应用能力难以满足需求。这些教育工作者大多具有文科背景,他们在思想政治教育理论和实践上都有深厚的基础,但对大数据技术不敏感,难以完全掌握。大部分教育工作者都只是通过简单的视频、图片等丰富课堂教学形式,缺乏对大数据的系统认知与实际操作经验,这就限制了大数据与个性化思想政治教育的融合发展。其次,有些教育工作者把对思想政治教育的数据化认识,简单局限于对学生教育管理的数字化平台应用,他们满足于当前掌握的数据技能,缺乏进一步提升数据素养的动力,这也阻碍了学生的思想政治教育获得感。

二、内容困境限制了高校个性化思想政治教育的"突破点"

随着大数据技术在多个行业中的广泛应用和不断发展,高校在思想政治教育方面的数据资源开发也逐步得到加强。大数据具有海量性、共享性和实时性等特征,能够满足高校思想政治教育需求,促进高校个性化思想政治教育信息化建设与转型升级。然而,大数据用于思想政治教育的实践场景有限,虽然大数据信息化技术不断得到发展,思想政治教育资源数量持续增多,但高校在思想政治教育内容大数据建设上并未给予高度重视,个性化的优质思想政治教育资源仍然存在着分布与供求不平衡的情况。思想政治教育的内容建设滞后于时代发展,供给与需求之间的矛盾突出,使高校个性化思想政治教育的实施面临挑战。

（一）大数据时代高校个性化思想政治教育资源分布不均衡

自从大数据广泛应用以来，思想政治教育工作者不断加强教育内容的数字化建设，使其满足大数据时代的个性化思想政治理论课教学需要。然而，由于地区经济条件和科技条件的影响，教育资源分布不均衡的现状并未发生太大改变，这制约了部分地区高校思想政治教育事业的发展。

首先，从省市来看，全国范围内高校思想政治教育的数据信息资源数量众多、类型齐全、覆盖广泛，但由于各地社会经济状况不同，各高校在采集数据方面存在较大差异。从地理位置来看，位于经济较为发达地区的高校，由于其强大的经济能力和卓越的技术实力，在数据信息资源的拥有、开发和分析方面，普遍表现得比经济欠发达地区的高校更为出色。

其次，各高校间存在较大差异，不同学校所拥有的数据信息资源配置程度有很大差别。观察各大高校的数据信息资源分布，我们可以发现，"双一流"大学在数据信息资源的获取上更为集中，在数据的开发和整合方面的能力也更为出色。而普通高校和一些欠发达地区的高校，在数据信息资源的拥有和开发上都显得相对不足。从全国范围来看，各区域内高校间数据信息资源分布差异较大。从高校的内部结构来看，如宣传部、教务处这种部门拥有丰富的数据信息资源，其他部门拥有的数据信息资源则显得相对匮乏。

（二）大数据时代高校个性化思想政治教育内容供需不平衡

第一，大数据时代，部分高校思想政治教育的数据信息资源存在供给不足和供求失衡的问题。首先，优质教育资源数量不足。数字化资源具有极高的可复制性，相同的资源在不同的时间和地理位置会被大规模复制，存在着内容雷同和缺乏创新性的问题，这就导致优质内容数量不足。其次，教育资源投资较低。大多数高校在思想政治教育数据信息库的建设上投入不够，财务投入也并不充足，导致个性化网络建设资源产品的成果少，从而使个性化优质网络教育资源缺乏。再次，部分高校数据信息库的建设主要是为了满足自身需求，这就使得思想政治教育数据库的建设规模较小、服务水平不高且使用效率低。类似"学习强国"这样的 App 比较受学生欢迎，其优点是可以利用碎片化时间选择自己喜欢的内容进行阅读，但是服务平台的内容简单，难以达到利用大数据技术分析学生的精神需求、兴趣所在和学习欲望的程度。最后，高校对个性化思想政治教育资源重视力度不够，没有将优质个性化网络思想政治教育资源的建设当作重点工作任务来抓。而且数据信息资源在供应和需求上呈现出结构性的不平衡，有时候提供了大量有价值的数据资源却未被充分利用，同时也存在急需的特定数据信息资源无法得到充分满足的情况。

第二，高校思想政治教育内容存在单一供给与学生需求多元化的矛盾。首先，随着大数据的发展，教育对象呈现出多样性和思想观念结构的复杂性。当前，高校思想政治教育是以思想政治理论课为主渠道，教育渠道虽然有所拓展，但总的来说还是比较单一，且绝大多数的思想政治教育内容还是通过课堂来传递的。而高校学生的主体意识不断增强，价值观更加多元，单一枯燥的教育内容难以对大学生产生吸引力和感染力，也难以实现教育内容各个维度的全面涵盖。其次，教师在组织课堂教学时有时不能全面考虑教学内容本身所具有的特点，容易将教材内容作为唯一依据来设计教学过程，教育内容不能观照到学生的个性发展，并未真正考虑到每位学生的实际思维状况，这就使思想政治教育课程资源往往不能满足教学需要和学生的多元化需要。最后，传统媒体思想教育的内容大部分是长篇大论的文字，而像读图观影这样的内容较少。这种形式并没有考虑到高校学生的兴趣需求，也没有考虑到互联网特性，严重影响了思想政治教育的成效。因此，我们要想真正实现个性化思想政治教育的目标，就必须从教学实际出发，以课程标准为依据，利用大数据进行科学有效的思想政治教学内容建构，不断满足大学生生活服务、自我提升、价值引导等多样化需求，从而促进学生思想政治素养的发展，实现真正的个性化思想政治教育。

(三)大数据时代高校个性化思想政治教育的内容建设滞后

大数据时代知识和资讯爆炸式增长,信息传递、交流呈现新方式。随着大数据不断应用于思想政治教育教学过程,思想政治教育内容的多样性和针对性有一定提升,但思想政治教育内容仍然存在着内容抽象、刻板老套、不接地气等问题,内容设定忽视高校学生的需求和认知水平,理论与实际有一定的脱节,导致转换效率不高,降低了学生对思想政治教育的接受度。

第一,高校思想政治教育内容缺乏与现实生活的联系和解读。思想政治教育是充满人文色彩的情感体验和现实行动,内容应该与社会生活相契合,而不是刻板机械的存在。当前,部分高校思想政治教育工作者在教学内容上过分追求理论化和体系化,与现实社会相偏离,教师只注重从学理上阐释教育内容,把书本中的内容直接搬上课堂,缺乏对现实的关注,从而背离了思想政治教育的生活化目标。

第二,高校思想政治教育内容的创新力度不够且同质化现象严重。部分高校教育工作者并没有树立以受教育者为中心的教育理念,照搬传统思想政治教育的老办法、老套路,不能了解当今大学生学习方面的合理需求,以及他们的所思所想,也不了解学生关注的热点、思想的堵点,思想教育内容不能与时俱进,更难以解答学生现实的困惑。这种形式开展的思想政治教育往往是脱离实际生活的,教育内容难以做到与大学生社会生活实践和情感体验的融合发展,加大了与受教育者的距离。内容建设的滞后使学生得不到好的教育体验,从而难以积极主动地接受思想政治教育,影响教育内容内化于心、外化于行,也无法达到个性化思想政治教育的目的。

三、伦理困境影响了高校个性化思想政治教育的"稳定点"

进入大数据时代,越来越多的数据被开放共享、交叉使用。大数据在重

第六章 大数据时代创新高校个性化思想政治教育的挑战

构高校个性化思想政治教育的模式、赋予个性化思想政治教育新的发展机遇的同时，也让学生的个人信息被过度追踪和永久记忆，使学生个人隐私面临被动泄露的风险。大数据对传统隐私界限的冲击，让高校个性化思想政治教育有陷入伦理困境的风险，包括但不限于侵犯个人隐私、信息外泄以及侵犯个人权益等，影响了个性化思想政治教育的稳定发展。

（一）大数据时代的高校个性化思想政治教育中数据隐私泄露风险较高

大数据充分发挥作用的基础是拥有足够多的数据，只有当数据充足，特别是关于个人特征的数据充足时，才能对事物或个人进行精准的分析。当信息共享过少，人们便不能很好地享受数据时代的便捷，但信息共享过多，个人的隐私又会受到侵犯，这是大数据时代各个领域都面临的困境，高校个性化思想政治教育也不例外。

马克思指出："人的本质不是单个人所固有的抽象物，在其现实性上，它是一切社会关系的总和。"一方面，人作为社会人，不可避免地要与其他人产生各种各样的联系，在这个过程中必然会进行基础的信息共享。另一方面，人作为一个独立的个体，必然会有基本的个人行为，独立体验成长。"从内在根源上看，人的社会本性倾向于信息共享，个体本性倾向于隐私保护，社会本性与个体本性之间的依赖与冲突关系构成了信息共享与隐私保护之间复杂关系的基础。"❶ 在进入信息社会以前，个人可以对隐私进行很好的保护，但是进入大数据时代，我们在享受互联网的便利时，也面临着隐私被泄露的危险，个人已经无力保障自身的隐私安全。例如，购物软件可以获取我们的购物偏好，社交软件可以获取我们的交往记录，浏览器可以获取我们的上网痕迹。受制于不同机构的技术水平，大数据系统的安全防护能力参差不齐，隐私泄露问题屡见不

---

❶ 董淑芬，李志祥. 大数据时代信息共享与隐私保护的冲突与平衡[J]. 南京社会科学，2021（5）：45-52，70.

鲜。甚至有的机构或个人借助技术优势，可以随意入侵数据系统，截获个人隐私信息。

对于高校思想政治教育而言，丰富的数据背后，是一个个现实的学生个体，数据采集愈加精准，学生的数据画像才能愈加接近现实。学生在网络中留下的数据痕迹，包括在学校系统中留下的消费记录、进出宿舍校门记录、图书馆借阅记录、在教学管理系统留下的成绩记录、选课记录，评教记录等，都能揭示学生个体的学习情况、行为偏好或者性格特征。这些信息在数据挖掘分析阶段、数据储存使用阶段，以及数据传播输送阶段都面临数据泄露的风险。换句话说，在数据使用的全过程，都有泄露的风险。因此，谁可以接触和分析这些数据、如何保护这些数据、数据一旦泄露将如何处理，这些问题都是高校个性化思想政治教育亟待解决的问题。

（二）大数据时代高校个性化思想政治教育中数据安全机制待完善

大数据的应用是一把"双刃剑"，利用得当，可以助力高校个性化思想政治教育更精准地预测学生的学习情况和行为动态，制订个性化方案，提升教育效果；利用不当，便会禁锢学生的主观能动性，触及学生隐私时还会导致学生的反感，对教育起到反作用。"数据安全通常指数据的机密性、可用性和完整性，即依靠各种流程和措施防止未经授权的个人或组织使用或访问数据。"❶一般来讲，数据安全机制分为两个方面。一方面，采取技术手段，提高数据的安全性。另一方面，通过法律法规等手段约束数据采集、分析、储存、传输的行为，最大限度地保障个人数据的安全性。但是，随着大数据技术的不断深入发展，新的技术架构与支撑平台不断涌现，传统的数据安全机制需要不断与时俱进，否则将不能适配大数据广泛应用的趋势。

---

❶ 马忠法，胡玲.论我国数据安全保护法律制度的完善[J].科技与法律（中英文），2021（2）：01-07.

高校个性化思想政治教育的大数据安全机制同样也面临着以下方面的问题。首先，高校个性化思想政治教育数据来源复杂、广泛，又需要为不同部门、不同身份的用户提供数据服务，因此在用户身份的精准鉴别、用户访问权限范围及用户的追踪溯源方面都面临着巨大的挑战。当前，高校常用的云计算等数据处理系统是一个开放的网络环境，容易受到非数据所有者的攻击和入侵。传统的密码技术难以满足安全需求，新的加密技术尚未广泛应用，这为高校个性化思想政治教育的数据安全带来了极大的风险。其次，关于数据安全的法律法规尚待完善。从国家层面来说，虽然《中华人民共和国数据安全法》的颁布弥补了我国数据安全方面没有综合性法律的空白，但是关于数据泄露的细则司法解释需要进一步补充，对于数据流动性需要进一步重视。对于高校个性化思想政治而言，教育大数据作为大数据的一个子集，既有大数据的共性，也有自己的特殊性，而针对教育大数据的运用与管理的法律法规几乎是空白。最后，高校思想政治教育者收集学生数据的目的是运用大数据提升个性化思想政治教育的效果和水平，但在运用的过程中，无法排除数据被不法机构入侵或少数数据管理人员为了一己私利泄露数据的可能性。因此，高校在利用大数据助力个性化思想政治教育的同时，必须重视加强大数据安全技术手段，完善相关法律法规，尽量规避大数据在个性化思想政治教育中运用时所带来的伦理问题。

（三）大数据时代智能依赖导致人的主体性价值被忽视

在大数据背景下，思想政治教育工作者可以充分利用这一技术平台，实现从"灌输"到"引导"再到"服务"的转变，从而有效地促进高校学生价值观和道德观的形成。而大数据时代的智能依赖可能导致思想政治教育忽略教育对象的主体性需求，缺失人文关怀。

在大数据技术的催化作用下，教育领域将逐渐走向智能化。人工智能技术与传统教学相结合，可以让学生更高效地接受知识并提高学习效果。利用智能教育方法，我们不仅可以提高学生的学习效果，减轻教育者的工作压力，还可以利用智能算法来设计个性化的教育策略，从而实现因材施教的目标。然而，仅仅依赖智能算法和智能教育方式，对于高校的思想政治教育而言是远远不够的。高校的思想政治教育从根本上来说是一项做人的工作，它需要充满情感的人文关怀，需要对教育对象的道德品质和情感特质给予高度的关注。因此，高校思想政治教育工作者必须将人文关怀融入教学过程，使学生能够感受到教师对自己心灵的呵护，从而达到思想政治教育的目的。而智能依赖存在着没有办法预测人的情感、感受等涉及人的主观能动性的要素问题，过度依靠大数据推动下的智能模式进行高校思想政治教育，将会导致漠视人的情感现象，从而使高校思想政治教育在实现创新的同时，又呈现忽视人的情感的伦理风险。

第二节　大数据时代创新高校个性化思想政治教育的外在困境

一、技术困境影响了高校个性化思想政治教育的"起跑点"

大数据与思想政治教育的融合发展是信息时代的必然产物，将推动个性化思想政治教育的发展变革。目前，大数据技术在我国各领域得到了广泛的应用，但由于我国大数据技术起步较晚，其整体技术水平还不够成熟，存在诸多瓶颈，这也就阻滞了高校个性化思想政治教育的"起跑点"。

（一）大数据时代创新高校个性化思想政治教育中数据挖掘清洗困难

数据挖掘是一种决策支持过程，是指利用统计学、人工智能、数据库、模

第六章 大数据时代创新高校个性化思想政治教育的挑战

式识别等技术，从大量模糊的数据中总结出隐含的、先前未知的、具有价值的潜在信息。一般常见的数据挖掘对象有关系数据库、文本数据库、多媒体数据库、空间数据库等，根据数据库的功能、类型和特点选择相应的算法，对数据进行解释，最终转换成能被用户理解的知识。"当下主流的数据挖掘算法主要分为关联规则分析算法、聚类算法、预测与回归算法以及索引排序算法。"❶ 在信息化技术不断变革的今天，各个领域都广泛运用计算机技术来提高工作效率，密集的数据网覆盖大众的生产生活，数据生成和传播的便捷性使数据爆发式增长，为数据挖掘的实现提供了前提。将这些大数据进行深入分析，对各个领域都非常重要，教育领域也是如此。

对于高校个性化思想政治教育而言，数据挖掘的主要目的分为四类：一是预测学习者未来的学习趋势；二是研究各种学习资源的有效性；三是探索和改进教学内容、教学方法等；四是通过数据挖掘的结果，建构能促进学习者有效学习的机制。"思想政治工作从根本上说是做人的工作"❷，而人的思想和心理一定会通过行为体现出来，各种行为一定会留下数据痕迹。但在实际运用中，数据挖掘和采集由于受到其他方面复杂技术的影响，得不到完全实行。

首先，数据挖掘的基础是拥有海量数据，这就对数据存储技术和计算机硬件的数据处理技术有很高的要求，并且数据挖掘对象的类型是庞大且复杂的，如超文本数据、多媒体数据、空间数据等。但是面对多样的数据类型和不同的挖掘目的，我们要知道一个系统不能挖掘所有类型的数据，需要特定的数据挖掘系统挖掘特定类型的数据。而高校几乎很少拥有庞大的大数据处理中心，缺乏云计算和虚拟化等先进信息技术的支持。这对于高校个性化思想政治教育的实施是一个巨大的硬件挑战。其次，在海量数据中可能会存在许多噪声数据

---

❶ 黄伟.大数据挖掘与数据处理方法探析[J].电脑知识与技术，2021（17）：23-24.
❷ 韩振峰.新时代思想政治理论课改革创新研究[M].北京：中央编译出版社：2021：268.

（NoisyData），即无意义的数据。噪声数据对于数据处理的结果有很大影响。要提高数据的价值密度，就必须探索能够获取有意义的数据的技术，明晰大数据的取舍之道，即把有意义的留下来，把无意义的去掉。❶目前，运用最广泛的数据处理技术就是数据清洗。数据清洗要考虑几点：数据缺失值的处理；数据异常的处理；重复数据的处理；无效数据的处理。数据清洗是一个反复的过程，需要在过程中不断发现问题、解决问题。但是对于高校而言，专业的数据清洗技术不仅花费巨大，还需要专业的技术人员作为支撑，短时间难以实现有效的数据处理。

当前，许多高校的网络硬件设施并不完善，个性化思想政治教育的数据收集工作本身就面临重重困难，再加上噪声数据的影响，可能会使高校个性化思想政治教育的大数据应用陷入低效率陷阱，耗时耗力但是效果不显著，进而削弱思想政治教育的实效性。

（二）大数据时代创新高校个性化思想政治教育中数据可视化应用不够

当前，大数据的重要性已经得到社会的广泛认同，如何在此基础上提升数据的可信度和具象性，挖掘数据的深层意义，涉及数据管理和应用的问题。数据管理是将当前工作的基本状况通过翔实的数据直观地展现，并通过明确的分析为管理者提供决策依据。其主要目的在于有效发挥数据的作用，为科学决策提供有针对性的参考。伴随着技术的更迭，数据管理经历了人工管理、文件系统和数据库系统三个阶段。其中，可视化管理是数据管理的一个非常重要的部分，可视化就是利用计算机技术和图像处理技术将数据转换成图形，在屏幕上显示出来。数据可视化可以利用图表、图形、列表等模式来显示单纯的文字分析无法表达的趋势，帮助用户简单、方便地掌握海量数据的相互关系。

---

❶ 迈尔-舍恩伯格.删除：大数据取舍之道[M].袁杰，译，杭州：浙江人民出版社，2013：3.

第六章 大数据时代创新高校个性化思想政治教育的挑战

当前,数据可视化技术存在"4V"挑战,在一定程度上制约了高校个性化思想政治教育的发展。第一,体量(Volume)挑战。高校个性化思想政治教育所获得的数据规模巨大但价值密度低。当数据规模达到 TB 或 PB 等级别时,通常需要采用任务并行、流水并行、数据并行等并行可视化处理模式,但此方法对硬件及技术的要求较高,一般高校很难具备这种能力。受屏幕等硬件设施的限制,需要对海量数据进行压缩处理,以保障数据特征的有效显示。但目前所使用的采样、聚合等数据压缩方法,并不能应用于可视化数据场景。第二,多源(Variety)挑战。高校个性化思想政治教育的一个显著特征就是多样化,如何对来自不同数据库的不同类型的数据进行统一的可视化管理,是当前面临的一个困境。其中所涉及的多类型数据可视化、数据关联交互分析的复杂度是非常高的。第三,高速(Velocity)挑战。庞大的数据规模和用户的数据交互需求给可视化产品的效率提出了挑战。再加上高校个性化思想政治教育所需要的数据,是大学生每天随时产生的、随着时间的变化而变化的流数据,这就需要可视化技术不断提升性能,否则很难保障数据分析结果的时效性。第四,质量(Value)挑战。与传统数据的可视化不同的是,高校个性化思想政治教育对于可视化的需求较高,使用者不再满足于单纯的接受,而是开始寻求高自由度的交互。在此情况下,数据类型会越来越丰富,如何拓展可视化技术系统,为高校个性化思想政治教育提供有质量的数据管理,也是一个严峻的挑战。

数据可视化是数据管理的重要一环,只有数据管理得当,才能更好地为高校个性化思想政治教育提供有益的数据支持,但当前可视化技术存在的"4V"挑战无疑削弱了个性化思想政治教育数据来源的可信度和具象性,阻碍了大数据价值的有效发挥。

二、数据困境动摇了高校个性化思想政治教育的"支撑点"

在大数据时代开展高校个性化思想政治教育，需要有海量的、有价值的数据作为支撑。因为高校思想政治教育要实现个性化，首要前提就是分析不同学生的数据，但是当前高校个性化思想政治教育面临数据融合共享不足、数据崇拜异化等挑战，动摇了高校个性化思想政治教育的"支撑点"。深入分析这些挑战，消除已有的数据困境对高校个性化思想政治教育的影响是当前必须解决的问题。

（一）大数据时代创新高校个性化思想政治教育中数据融合共享不足

高校是进行思想政治教育的主渠道和主阵地，而社会和家庭对于思想政治教育的作用也不容忽视，高校思想政治教育是一个需要各方面协同努力的事业。数据关联才能发挥出数据的价值，因此，高校个性化思想政治教育所需要的数据没有严格的边界与范围，仅高校领域的数据不能完整地为个性化思想政治教育提供有益的支撑。但在实际运用中，由于数据编码不统一、系统不兼容等问题，各领域之间存在大量信息壁垒，使得教育大数据面临"信息孤岛"的困境，阻碍了高校个性化思想政治教育的融合发展。

高校内部存在信息孤岛。2021年4月20日，在第二届MEET教育科技峰会上，由国家教育行政学院联合腾讯研究院发布的《迈向更好的教育：未来教育的技术发展空间报告》中指出："当前我国的区域教育主管部门和学校，大部分都已基本建成教育信息化平台，但64.2%的高校和47.1%的中小学依旧认为信息孤岛普遍存在。"[1] 一方面，由于存在"重硬件轻软件"的误区，部分高校在信息化建设的起步阶段就没有做好规划，将大量资金投入基础设施和硬件

---

[1] 国家教育行政学院，腾讯研究院. 迈向更好的教育：未来教育的技术发展空间报告[R]. 2021-04-20.

第六章 大数据时代创新高校个性化思想政治教育的挑战

设施建设,忽视了软件资源的开发,没有统一对应用系统或者数据库进行标准的规划。OA系统、校园一卡通系统等系统之间编码技术及记录格式的不统一,导致各个系统之间的信息采集、交换不能兼容。学校的学工部、教务处、宣传部等部门,掌握着高校个性化思想政治教育所需要的教育数据,但是教育者却缺少接触这些部门数据的机会或系统。另一方面,由于高校实行垂直式管理,同级部门的协调意识较弱,许多项目在建设时自成一体,各个部门和院系都是根据自己的职责范围、管辖权限以及业务逻辑分头推进,缺乏全局观,不能从整个学校的角度设计跨部门的系统,由此导致资源的浪费与实用性不足。一些高校为快速解决实际需求而创建的应用程序或系统,由于信息编码、业务流程上的执行标准不同,在创建后并不能为师生提供便捷的服务,使用率偏低,造成资源浪费、数据浪费。这样既不符合解决问题的初衷,也不符合成本效益。高校个性化思想政治教育在全校的推进,也就不能实现良好的信息共享,各类数据无法组合形成有价值的信息,就无法给个性化思想政治教育提供数据参考。

高校与社会、家庭等之间存在信息沟通困难,存在信息孤岛。拥有数据挖掘能力的政府部门、公司机构,虽然开放了部分教育、医疗、文体方面的数据,但总体来说开放的数据总量低且质量不高。大多数时候是由第三方中介机构对数据进行加工后出售给使用方,在这个过程中数据的准确性、及时性、安全性等都得不到有力的保障。首先,缺乏完善的法律法规,有的政府部门将所拥有的数据当作自己的权力,不清楚哪些数据可以跨部门开放共享,不轻易向公众开放。拥有数据的公司对于数据的价值也没有清晰的评估和定位,不愿将数据放入流通环节。❶其次,由于我国东南沿海地区与中西部地区在经济社会发展上存在差距,教育部直属高校与地方院校信息化水平也存在差距,这种现

---

❶ 邬贺铨.现阶段我国大数据共享面临的问题[J].财经界,2017(8):48-49.

象可能会导致数据垄断,各个地区、各个高校之间出现"数字鸿沟"。最后,受经济收入水平、家庭教育投资及互联网使用水平等因素的影响,各个家庭之间的大数据应用意识和能力存在着巨大的差距,一些家长甚至还没有步入互联网世界,更不用谈能够与学校进行信息沟通,及时反馈学生的思想和行为动态了。

(二)大数据时代创新高校个性化思想政治教育存在数据崇拜异化危机

马克思在《1844年经济学哲学手稿》中,详细阐述了"劳动异化"及其四个表现。主体在实践中认识和改造客体,而在现实中,客体却控制、支配着主体,主客体对立起来,异化就此诞生。数据异化是科技异化的范畴。所谓科技异化,就是指人们利用科学技术改变过、塑造过和实践过的对象物,或者人们利用科学技术创造出来的对象物,不但不是对实践主体和科技主体的本质力量及其过程的积极肯定,而是反过来成了压抑、束缚、报复和否定主体的本质力量,不利于人类生存和发展的一种异己性力量。[1]大数据诞生的目的是助力人们的合理决策,但由于越来越严重的数据崇拜,"言必提数据"成为趋势,大数据逐渐成为一些人行为活动唯一的标准指向,此时的大数据技术不是"为我"的,而是"反我"的。在高校个性化思想政治教育领域,大数据的出现为学生实现个性化的定位提供了可能,弥补了传统思想政治教育的短板;但在实际的运用中,也会为个性化思想政治教育带来一些困境。

大数据技术使一切皆可数据化,学生的一言一行都可以用数据进行量化,通过对数据的分析可以实现对学生思想和行为的判断和预测。但是,一方面,目前我们所能收集到的数据都是学生行为的外在数据,学生的信仰、情感等内在数据并不能很好地体现,而高校思想政治教育恰恰是要做学生的思想工作,

---

[1] 李桂花. 科技哲思——科技异化问题研究[M]. 长春:吉林大学出版社,2011:182-283.

此时如果只依靠数据而忽略对学生非数据因素的判断，盲目定制个性化方案，就会削弱教育效果。并且大学生的身心发展还不够成熟，拥有无限可能，学生是发展的人，不是刻板的、固化的研究对象，因此，过分依赖数据信息、崇拜历史数据，会给学生贴上"数据标签"，对曾经有不良行为记录的学生形成不客观的判断，阻碍学生的自由发展，否定学生改变的可能性。另一方面，学生所展示出来的数据很有可能是经过精心挑选的信息，这些信息也许是特意展示给他人的、经过粉饰的，而那些真实的信息，会刻意隐藏起来。如果因为大数据而放弃了教育者自身的理智思考，将会严重影响高校个性化思想政治教育的针对性和实效性。

（三）大数据时代创新高校个性化思想政治教育中数据收集的困境

利用大数据来创新高校思想政治教育逐步获得了学术界的普遍认同，然而，高校的大数据也显示出数据来源广泛、数量庞大、种类繁多及数据碎片化的明显特征。在此背景下，如何有效地运用好这些海量数据并使其发挥应有作用是当前高校思想政治教育面临的一项紧迫任务。

高校学生通过网络选课、公寓门禁、校园消费和学习上网等日常学习生活环节可以自动生成数据，同时学校也可以通过"期末考试"和"问卷调查"等方式收集数据。此类数据较易收集也能在一定程度上反映受教育者的真实状态，但是更多的学生数据是"非结构化数据"，包括高校学生通过网页浏览、社交平台活动、购物、消费等产生的超出校园时空之外的数据。这些"非结构化数据"能够更多反映学生的行为和思想特征，但收集难度非常大，需要专业技术人员才能采集和分析。在大数据背景下，虽然学生的很多行为在互联网上留下了痕迹，但是收集这样的信息资源并非易事，海量的学生数据信息不能为教育者所用，也就不能有效推动个性化思想政治教育的发展。

三、制度困境削弱了高校个性化思想政治教育的"着力点"

大数据时代,随着海量数据在高校思想政治教育中的应用,思想政治教育方法、模式都发生了深度变革。但是很多高校在大数据管理方面仍存在不足,包括缺乏顶层设计、制度体系建设滞后、高校合作共享机制较为缺乏等问题。这些都使教育数据资源的集中和高效协调变得困难,导致大数据在高校个性化思想政治教育中的融合运用难以达到预期的效果。

(一)大数据时代个性化思想政治教育的顶层设计比较缺乏

大数据与教育的融合已是未来发展的趋势,它可以打破传统的教育模式,让教育逐渐向个性化、定制化发展。尽管在大数据的背景下,网络思想政治教育得到了迅速的推广,但高校对大数据在个性化思想政治教育中的应用并没有给予足够的重视,导致这一领域的顶层规划和整体推进框架不尽完善,影响了高校个性化思想政治教育的实施。

第一,高校关于大数据的应用及管理制度不够完善。第一,大数据的广泛应用离不开大规模的数据存储设备、高性能的数据分析设备、移动数据访问设备。尽管我国众多高校都明确依托大数据、物联网、云计算等技术稳步推进智慧校园平台建设,但每个高校都是独立的系统,缺乏统一的标准,各个系统之间独立存在、互不关联,导致大数据信息采集、系统更新、系统维护等各个模块不交流、不共享、不对接。有的高校的院系官网众多,相关部门无法实现密切合作,各自为政,从而出现数据冗余、效率下滑等情况。例如,有些学校学生缴费本应通过财务部门解决,由于相关部门之间缺乏配合与交流,学生在多个部门来回奔波,由此导致服务器资源得不到高效利用,出现资源浪费等问题。第二,我国的高校普遍尚未建立起大数据应用的科学

第六章 大数据时代创新高校个性化思想政治教育的挑战

管理程序，使大数据时代的个性化思想政治教育发展面临程序脱节的挑战。大数据在思想政治教育中的应用覆盖了数据的使用和管理的各个环节，这些环节共同构成了大数据的完整运行和使用流程。因此，大数据应用于思想政治教育是一项系统工程，需要各方面力量共同参与和协调配合，并贯穿于整个过程中。只有确保每一个步骤都达到高精度和准确性时，我们才能准确且及时地获取真实的学生思想动态数据，并进行及时、有效的数据分析，从而进行精准的个性化思想政治教育。一旦缺乏集中统一的管理与协调，就会因为某一数据链条的脱节而功亏一篑。

第二，高校大数据的应用缺乏统一部署。虽然高校开始利用搭建的现代化教育管理平台，采用微课、慕课、翻转课堂等多种教学方式和辅助手段，但是居于主导地位的仍是传统教学模式，即陈列教学要点、重点和难点，并按教科书的章节设计课程内容进行教学，应用大数据辅助教学实践的次数相对较少，缺乏对学生学习与行为习惯的动态把握，进而影响了思想政治教育课堂教学效果和大学生参与的积极性和主动性。另外，由于高校人才培养体制机制不合理，导致缺乏拥有专业处理数据信息能力的思想政治教育工作者。随着网络思想政治教育的发展，部分高校尽管成立了思想政治教育大数据相关部门，但组成人员多以计算机专业的教师为主。虽然大数据的应用是基于教育者的信息化能力和数据素养，但是高校思想政治教育工作者应该是主体力量。所以，想要大数据在个性化思想政治教育中发挥实效，需要全校一盘棋，实现技术力量、教育力量、教辅力量的通力合作，特别是需要在统一部署下的综合推进。

第三，高校大数据运维管理缺乏资金保障。虽然目前高校在构建数据平台上的经费投入不断增加，但还是有大批院校存在经费缺乏的问题。信息化程度越高也就意味着运行与维护数据平台的成本越高，目前部分高校选择自维护的方式来缓解资金不足，但这种以网养网的方式不可持续。例如，一些高校由于缺乏资金，数据平台的运行与维护只能处于被动状态，哪里出现了问题，就去哪里处理问题；还有部分高校的教辅部门、二级学院网站和管理系统存在"私搭乱建"问题，数据平台的运行与维护难度大。高校也试图通过流量分区的方式进行改进，但现阶段我国高校大数据教育管理仍处于发展初期，在有效的融资机制形成之前还需国家加大宏观调控力度，提供更多的资金和技术支持。

第四，高校缺乏大数据安全管理的法规体系。大数据平台构建与应用必将成为高校未来发展的关键影响因素，信息的安全性是目前数据技术攻关的一个难点所在。大数据的复杂性使高校的大数据管理平台安全问题日益严重，应建立起安全管理法规体系确保其正常运行。我国虽然出台了一些数据安全管理相关条例，但要实现大数据与个性化思想政治教育的融合发展，目前的法律法规远远满足不了实际需求。因此，亟须对数据的采集、存储、开放和共享等作出法律层面的规范。

（二）大数据时代个性化思想政治教育的制度体系建设滞后

大数据时代，数据信息的"多元化、海量化"特征可以服务于高校思想政治教育目标的实现，满足高校思想政治教育与大数据融合发展的需要。目前，高校个性化的思想政治教育制度体系建设取得了一些成绩，但是在实践中数据分析和反馈具有滞后性，无法及时应对技术的变革，存在着制度不健全、执行力度不够、实效性不强等问题。

第一，高校的大数据技术控制、监督管理等机制体制建设不够完善。体系化的制度保障建设相对缓慢，没有形成技术支撑、数据应用、监管保障等一体化管理办法。例如，计算机网络硬软件配置使用管理制度、数据收集使用监督管理办法等跟不上大数据技术的发展。同时，数据管理和网络运营都是由人来

第六章　大数据时代创新高校个性化思想政治教育的挑战

进行管控和执行操作，不管是操作人员失误还是恶意的人为攻击都会给数据应用带来安全威胁，从而给思想政治教育工作造成潜在的隐患。

第二，高校关于大数据运用与管理的规章制度不够完善。由于大数据管理制度的构建、出台和体系化的形成落后于大数据技术的飞速变革发展，往往发现问题才亡羊补牢；同时，高校思想政治教育关于相关责任和自由的界定、相关权利的保护等方面制度措施的制定和实施不足，这些制度保障的缺失就为数据隐私问题的产生带来了"可乘之机"。所以，开展可行性的风控评估和管理体制优化迫在眉睫，其中以顶层设计和闭环式制度体系建设最为关键。只有建立完整的数据管理制度体系，明确数据利用的权责关系，才能让个性化思想政治教育的实施后顾无忧。因此，在融合大数据创新的过程中，高校思想政治教育相关的制度设计要从现实的人的角度、社会现实的情况出发思考问题，从制度层面加以规范和约束。

（三）大数据时代个性化思想政治教育中高校合作共享机制较为缺乏

大数据时代，高校思想政治教育面对的数据资源非常丰富，但高校合作共享机制较为缺乏，使高校个性化思想政治教育资源分布不均，从而产生了一系列问题。

第一，各地区、高校、部门和行业尚未树立共享意识，整合和统筹资源信息的理念也未形成。这些丰富的资源被掌握在不同机构和行业手中，由于各方缺乏大数据信息资源共建共享的责任意识，使得数据资源的交流合作和共享机制数量较少，数据信息封闭现象严重。受限于数据信息的条块分割和碎片化侵蚀，高校思想政治教育者获取被教育者的数据信息非常困难。

第二，在信息资源的共建共享方面，缺少统一的部署和规划方案。全面推动大数据资源的共建共享机制，要求在教育主管部门的主导下，由各个地区、高等教育机构、部门和行业共同协作，进行统一的规划和管理，并共同创建一个大数据资源交换平台。但由于缺乏相应的政策支持，使资源受限于相关规定、产权保护、隐私限制等因素而难以被获取。

第三，资源共建共享的协同机制需进一步完善。教育管理部门需要建立统一的思想政治教育数据库，这是实现资源整合与共享的必要条件。只有当各高等教育机构之间构建一个统一且协同的思想政治教育数据需求调查系统，优化相关的数据收集和处理流程，并共同研发数据应用技术、网站资源建设及教育的执行策略时，思想政治教育数据资源的合作与共享才能真正得以实现。

四、人才困境限制了高校个性化思想政治教育的"制高点"

大数据在高校思想政治教育中的应用需要强有力的人才队伍作为支撑，相关人才不仅要对数据有敏锐的直觉，还要对教育有深入的理解。当前，我国大数据行业起步时间不长，人才缺口较大，有思想政治教育一线工作经验又具备大数据分析素养的人才更是少之又少。人才的匮乏限制了高校个性化思想政治教育未来发展的"制高点"。

（一）大数据时代个性化思想政治教育中专业技术人才缺乏

大数据在高校个性化思想政治教育中的运用需要一支强有力的数据人才队伍作支撑。这一人才队伍不仅要具有丰富的大数据理论知识，还要精通思想政治教育理论与实践。根据前瞻产业研究院发布的《全球大数据产业市场现状及发展前景分析报告》，全球大数据行业不论是数据存储规模还是整个行业的市场规模都在迅速成长，行业发展潜力巨大。2019年全球大数据整体市场规模达到500亿美元，预计到2025年全球大数据市场规模或将突破900亿美元。❶ 根

---

❶ 前瞻产业研究院.全球大数据产业市场现状及发展前景分析报告[R].2021-06-15.

第六章 大数据时代创新高校个性化思想政治教育的挑战

据中研普华研究院撰写的《2024年版大数据产业规划专项研究报告》：我国大数据应用技术的发展将涉及机器学习、多学科融合、大规模应用开源技术等领域。❶

大数据行业作为一个刚产生不久的新兴行业，对人才的需求量巨大。结合国外高校大数据专业设置及我国高校具体情况，2016年2月19日，教育部发布《教育部关于公布2015年度普通高等学校本科专业备案和审批结果的通知》，公布"新增审批本科专业名单"有新专业"数据科学与大数据技术"，北京大学、对外经济贸易大学、中南大学成为首家获批高校。截至2024年，我国开设数据科学与大数据技术专业的高校已超过700多所。但是面对庞大的市场需求，大数据专业人才的缺乏，仍旧是整个行业面临的第一困境。

根据中华人民共和国人力资源和社会保障部发布的《新职业——大数据工程技术人员就业景气现状分析报告》的定义，大数据工程技术人员是指"从事大数据采集、清洗、分析、治理、挖掘等技术研究，并加以利用、管理、维护和服务的工程技术人员"❷。大数据不停留于对数据的收集和处理，其最终目的是为使用者的科学决策提供支持。因此，大数据人才不仅需要具备数据科学的理论知识，还要具备信息挖掘、信息处理、计算机编码等实际处理数据的能力。而且，随着大数据技术在各个领域的广泛应用，大数据人才不仅要具备一定的专业知识，还要熟悉业务逻辑，具备根据各领域的实际情况解决本领域具体问题的能力。《新职业——大数据工程技术人员就业景气现状分析报告》显示，2020年中国大数据行业的人才需求规模达到210万人，2025年前大数据人才需求仍将保持30%~40%的增速，需求总量在2000万人左右。一方面，由于薪资等因素的影响，我国目前本就供不应求的大数据人才主要集中在互联网

---

❶ 中研普华研究院. 2024年版大数据产业规划专项研究报告 [R/OL].（2024-01-04）[2024-02-20]. https://www.chinairn.com/report/20240104/095111619.html.

❷ 中国人力资源和社会保障部. 新职业——大数据工程技术人员就业景气现状分析报告 [R]. 2020-04-30.

领域、政府和通信行业，其他行业的人才缺口非常庞大，行业供需不平衡。另一方面，清华大学经管学院与领英中国的《中国经济的数字化转型：人才与就业》报告显示，我国拥有数字人才最多的 15 个城市中北方只有北京、西安、天津、大连和沈阳上榜，长三角和珠三角地区数字人才更为集中，这对于高校个性化思想政治教育整体的发展有巨大影响。

在各行各业都面临"数据海啸"的大数据时代，人才的供需具有巨大差距，高校思想政治教育领域也不例外。高校个性化思想政治教育的发展需要大量的大数据专业人才作为支撑，而当前大数据人才的缺乏制约了高校个性化思想政治教育进一步的实践探索。

（二）大数据时代个性化思想政治教育中综合应用人才缺乏

《促进大数据发展行动纲要》明确提出，探索发挥大数据对变革教育方式、促进教育公平、提升教育质量的支撑作用。

要想对数据进行有效的挖掘和分析，需要有较高综合素养的人才。一方面，专业的数据分析人员难以从思想政治教育者的角度处理数据。由于长期的专业思维定式，专业的数据分析人员更加注重结果，而思想政治教育者则更加注重"是什么—为什么—怎么办"这一因果分析，这就导致专业的数据分析人员难以适应思想政治教育的思维模式。另一方面，大部分思想政治教育工作者对于大数据的基础知识掌握不多或根本不了解，面对浩瀚的数据库无从下手。例如，Java 编程语言、Hadoop 大数据主流框架、Spark、NoSQL 和其他大数据工具等，对于高校思想政治教育工作者而言是非常陌生的，再加之在真正的实践应用中存在"数据噪声"、数据缺失等复杂情况，处理起来难上加难。因此，在实践中，既掌握大数据分析技术又熟悉思想政治教育业务的综合型人才是极度匮乏的。

造成大数据综合应用人才缺乏的主要原因有两个：一是由于大数据作为一

个新兴技术，对人才的要求较高，需要横跨多学科的复合型人才，在不同的领域需要将不同的知识结合运用；二是大数据人才的培养难度大，当前我国高校的大数据相关专业尚处于起步阶段，而社会中的大数据培训机构大都是之前的IT培训公司转换而来，对于大数据人才的培养主要集中在底层架构方面，偏向技术驱动，并不能很好地与相关专业有机结合。

第七章　大数据时代高校个性化思想政治教育路径创新

大数据把我们带入了一个万物互联、人机交互的全新世界，人的行为甚至思想都呈现数字化、可量化的特征。如何把握大数据时代给高校个性化思想政治教育带来的新机遇，突破传统教育的发展困境，在信息化教育中充分开发大学生的优势潜能，促进个体自由而全面发展，成为时代赋予我们的全新课题。推进高校个性化思想政治教育既是促进思想政治教育自身发展、实现高质量素质教育的重要途径，也是挖掘个体潜能、实现个体个性化发展的根本需要。在大数据时代，探索高校个性化思想政治教育的路径创新，要从客观条件与主观条件两方面入手，多方协同，形成教育合力。

第一节　转变高校个性化思想政治教育理念

随着大数据技术在人类社会生产生活中的应用进一步深入，人们生存环境逐步由现实空间转向虚拟与现实交织的空间，量化思维成为人们认识世界的全新方式。在思想政治教育领域，"大数据推动着思想政治教育向可量化、可视化、实证性和精准化的方向发展"❶,为个性化思想政治教育提供了全新的发展空间。创新高校个性化思想政治教育的前提是转变思想理念,对应大数据的体量大、结构杂、内容全、可视化等特征,思想政治教育主客体必须树立大数据思维来指导实践创新。具体而言,要从传统的定性分析向定量分析转变,树立量化思维理念;从追求因果性到相关性的转变,树立精准教育理念;从单一片面分析向多元协同分析转变,树立协同教育理念。

一、树立大数据思维

大数据思维是指以大数据为基础,运用数据分析、数据挖掘等技术和方法,从海量、多样化的数据中获取有价值的信息和知识,为决策和创新提供支持的一种思维方式。当前,为了更好地开展思想政治教育工作,必须引导所有教育工作者和受教育者转变思维,主动应变、改革求变,不断探索高校思想政治教育创新之策。大数据将以其全新的视角和格局,促进高校个性化思想教育理念的培育与发展。

(一)养成整体性思维模式,突破样本思维的局限

大数据时代的整体思维是将各部分组成的整体看作完整的有机体,强调部分与整体之间的内在联系,每个部分都是整体的构成要素,不容分割与丢弃,必须把握整体的思维模式。而样本思维是一种基于样本和观察的思考方式,通过收集一组有代表性的样本数据,然后利用这些数据来推断整体或者进行决策。整体思维追求的是"全体数据而非样本数据",样本思维追求的不是全体数据,而是个别数据。在数据处理技术已经发生翻天覆地变化的今天,依然采用以前的抽样分析方法就会出现滞后性。以前数据量小,可以用样本分析,目的

---

❶ 李怀杰,申小蓉.大数据时代个性化思想政治教育论析[J].思想理论教育,2019(3):105-110.

是以最小的数据、最少的投入获得最大的收益。而现在技术环境已经有了很大的变化，收集所有学生数据、分析学生思想行为特点在技术上成为可能，这就为开展个性化思想政治教育提供了必要的前提。此外，现在每个学生每分每秒都在产生量大而庞杂的数据，简单的信息处理方法已不适用，由此产生的结果误差是巨大的，也可能是相反的。

传统思想政治教育由于技术与手段的限制，没有办法对全部学生随时进行调查研究，因此不能全面、即时地分析学生特点，更不用说具体到对学生个人进行调查分析。在大数据时代，研究者可以利用"大数据"对学生进行即时追踪与整体性数据分析，进而全面把握学生的特点与规律。思想政治教育工作者必须转变思维，养成整体思维，突破样本思维，不漏掉每一个学生。通过对整体数据的挖掘，发现以前被淹没的大量有价值的信息，掌握的数据越多，获得的价值就越大，对学生的了解就更精准。在大数据时代，思想政治教育者要树立整体性思维理念，不局限于简单的抽样调查及问卷，多渠道、全方位地了解大学生的思想状况和生活状态，进一步提炼、总结大学生的认知规律和学习特点，明晰和界定不同行为主体的差异性，真正做到因人施教、因时施教，进而推动高校个性化思想政治教育工作更好地开展。

（二）允许模糊性思维模式，突破精准思维的束缚

所谓模糊性思维，是人们在认识事物的过程中以一种相对性的方式去分析和推理问题，对于某些概念、判断等不必追求精确性，更多的是一种对现象简单理解的思维方式。模糊性思维追求的是"混杂性而非精确性"，因为对"小数据"而言，最基本的要求就是减少错误，保证精准，而"大数据"并非如此。"大数据"由很多小数据组成，上千亿的数据不必做到精准，"混杂"就是它的代名词。在随机抽样过程中，由于收集的信息少，并且多以结构化信息为主，而采用的传统方法是解析与推理，如果数据错误，自然无法做到精准分

第七章 大数据时代高校个性化思想政治教育路径创新

析,也就意味着无法为受教育者制订正确方案。这要求思想政治教育工作者必须转变思维,开启模糊性思维的大门。大数据时代,学生信息无处不在、无时不在,思想政治教育工作者能够收集的数据很多。但随着数据的增加,就会加大混乱程度,学生校内外的数据蜂拥而来。这些种类繁多的数据是不是经过实证调查得来,是未知的。有些是不真实的数据,有些是无意义的数据。但尽管收集的数据中存在错误及垃圾数据,并未影响调查分析的整体方向。因为在数据量足够大的时候,就算存在错误数据,也不会影响最终的分析结果。对高校思想政治教育活动中产生的数据进行分析时,也是如此。大数据每天都会记录学生的行为轨迹,据此产生的数据量极大,即使某天的数据没记录全或记录错误,也不会影响对学生的思想行为动态分析的准确性。所以,只有接受不精确性,我们才能打开一片从未涉足的新天地。信息时代对开展思想政治教育活动提供了很好的平台,树立模糊性思维模式,将模糊性理念融入高校思想政治教育的各个领域、各个环节,才能更好地掌握学生的"知、情、信、意、行"等情况,为高校思想政治教育工作者的科学决策提供依据,进而推动个性化思想政治教育的发展。

(三)树立关联性思维模式,打破因果式思维的禁锢

所谓关联性思维,是人们在认识事物的过程中注重考虑"相关性"的一种思维方式,主张依据事物间的关联性探寻事物间的内在联系,由此形成对整个世界的新认识,其追求的是"相关关系而非因果关系"。维克托·迈尔-舍恩伯格在《大数据时代:生活、工作与思维的大变革》一书中指出,大数据时代最大的转变是放弃对因果关系的追寻,取而代之的是相关关系。这似乎听起来有点违背常理,毕竟人们自古以来是通过因果关系了解世界的,并且我们也相信只要仔细观察,就会发现万事万物皆有因果。在传统的思想政治教育过程中,思想政治教育工作者分析数据由"果"出发探寻"因",回答"为什么"

的问题。在大数据时代，必须树立关联性思维，重点把握"是什么"，不只探究"为什么"。

思想政治教育工作者不能把思维限制在狭小的空间，而要以关联性思维看待一切事物，这样将为思想政治教育工作者提供新的视角。大数据时代，受教育者的数据繁杂不一，且变化速度极快，难以实现对受教育者、教育者因果关系的精准把握。因此，只有突破传统的因果思维，树立关联性思维，才能使思想政治教育者更好地掌握教育对象。例如，利用大数据对学生一卡通的消费数据进行分析，并记录学生早餐、午餐及晚餐的时间，连续记录几周之后就可以了解学生的生活规律和习惯。学生的生活规律可以在一定程度上反映其学习、生活等情况。例如，我们可以将学生的生活和学习习惯与学习成绩数据进行关联。如果一个学生生活和学习习惯不好且学习成绩不高，就说明这种不良的生活习惯影响到了他的学习，那就可以及时针对此类学生发出学习预警。只有对海量的数据信息进行分析，探寻思想政治教育各要素之间的关联性，才能更加快速地把握受教育者的思想行为动态，进而制订针对学生需求的个性化教学方案和学习策略。

二、树立量化思维理念

当代大学生群体作为网络"数字土著"，他们的学习活动、生活社交以虚拟网络为场域，网络空间的数字化生存成为其重要的表现形式。思想政治教育者树立量化思维教育理念，是基于这种现实存在与客体的生存发展需求的选择，从主观意识层面创造条件来促进高校个性化思想政治教育目标的实现。同时，要以量化思维理念引导价值思维、研究思路的转变，善于运用大数据定量分析，促进思想政治教育分析过程从经验驱动向数据驱动转变。

第七章　大数据时代高校个性化思想政治教育路径创新

（一）强化认知，重视量化研究方法

"大数据不断对人的发展实现技术赋能和增能，改变着人类社会的关系形态和文化结构"❶，数据成为当代最具开发利用价值的核心战略性资源，变革着人类认知、价值和实践，也成为人们获得新认知、创造新价值的源泉。作为一种可利用的教育资源和技术支撑，高校思想政治教育者要强化对大数据的认知，充分认识大数据时代背景下"思想政治教育活动呈现出思想政治教育的数据化与数据的思想政治教育化的发展趋势"❷，肯定大数据在高校思想政治教育中应用的必要性和重要性，从根本上转变传统教育思维理念，重视量化研究方法，并将这一理念贯穿于科学研究、教育教学的全过程，培养应用大数据教育教学的思维习惯，善用大数据及其技术开展高校思想政治教育研究，促进思维分析方法由重经验的传统定性分析向重实证的大数据定量分析转变。

2013年7月，习近平总书记在视察中国科学院时强调："大数据是工业社会的'自由'资源，谁掌握了数据，谁就掌握了主动权。"❸"大数据+教育""大数据+思想政治教育"因而成为研究的新课题、实践的新方向。在大数据技术飞速发展的背景下，高校思想政治教育实现更加精准的量化分析成为可能。一方面，受教育者本身处在大数据环境下，其行为活动轨迹被捕捉、记录、存储，产生了海量的数据，这就为定量化分析提供了数据基础；另一方面，随着科技发展，获取数据、分析数据的方法手段也更加先进，这也为思想政治教育的定量化分析提供了技术支撑。数据是客体存在的客观反映，定量分析方法能够实现受教育者的行为数据与思想数据的相互转换，也就是

---

❶ 王欣玥，吴满意. 新时代推进大数据与思想政治教育融合的五维思考[J]. 教育探索，2019（6）：59-63.
❷ 景星维，唐登蘡. 数智并举：大数据时代的思想政治教育结构重塑[N]. 中国社会科学报，2020-09-02（010）.
❸ 国家大数据战略——习近平与"十三五"十四大战略[EB/OL].（2015-11-12）[2023-11-10]. http://www.xinhuanet.com//politics/2015-11/12/c_128422782.htm.

能够透过外在行为透视内在思想，实现对思想的量化研究。区别于高校思想政治教育所常用的基于经验的定性分析方法，基于大数据的定量分析方法不仅能够综合分析群体性对象，也能够聚焦于个体，因为每个个体都是大数据的产生者和应用者。因此，树立量化思维理念，以数据为依据，"让数据发声"，使数据辅助思想政治教育决策的制定，有助于及时发现和解决大学生个体所面临的问题，提高决策的针对性与科学性，从而更有效地实现高校个性化思想政治教育。

（二）让数据说话，形成"定性＋定量"的研究理念

在思想政治教育学科发展过程中，其科学研究习惯运用经验性分析基础上的定性分析，辅之以一定的定量分析。在这种思维模式中，思想政治教育者个人的情感意志、心理态度、思维习惯、学识能力等主观性因素不可避免地渗入分析研究过程，进而导致分析结果带有一定的主观局限性。大数据时代，智能化学习、数字化生活的实践催生了以个体为中心的"个人大数据"和以群体为中心的"群体大数据"，以及数字化校园中形成的宏观的"校园大数据"。在这样全面数据化的背景下，单纯运用定性分析，难以全面而准确地把握客体的思想与行为。同样，单纯地运用定量分析，容易过度依赖数据，导致"数据异化"，从而弱化思想政治教育学科的本质属性与育人功能。所以，树立"定性＋定量"交融的理念，指导当下高校思想政治教育实践，正是推进思想政治教育科学化、精准化、个性化的恰当选择与必然趋向。

一方面，要充分认识二者相互联系，促进定性分析与定量分析相结合。定性分析与定量分析都是思想政治教育的基本研究方法，二者相辅相成、相互促进。思想政治教育的定性分析为定量分析提供基本遵循。个性化培养是思想政治教育研究和具体教育教学的起点，定性分析能够从质性方面对客体的思想与行为进行性质判断，尤其在"数据风暴"的客观环境下，能够为定量分析提供

基本方向与遵循。而定量分析又能够从"量"的方面对思想与行为进行客观描述，能够厘清复杂的外在联系，有利于更加精准地寻找思想与行为之间的因果关系，弥补定性分析客观性不足这一缺陷。另一方面，要在定性分析与定量分析结合的基础上，促使思想政治教育学科研究由"经验驱动"向"数据驱动"转变。在高校思想政治教育传统思维中，主体的经验知识既充当分析研究的工具介体，又是分析问题的原始依据。大数据时代，思想政治教育者对大数据及其技术的广泛应用使数据成为思想政治教育的要素之一，基于大数据的定量分析成为重要的研究方法。在思想政治教育教学过程中，教育者会利用大数据技术对受教育者的信息进行收取、采集、分类、判断，量化的指标数据成为重要的衡量标准，具有极强的精准性、客观性，避免了以往经验判断的主观性。同时，思想政治教育工作的相关经验也可以以数据形式进行转换、留存，使思想政治教育研究范式及实践实现由"经验驱动"向"数据驱动"转变，使个性化思想政治教育成为可能。

三、树立精准教育理念

《国家中长期教育改革和发展规划纲要（2010—2020年）》指出要"关注学生不同特点和个性化差异，发展每一个学生的优势潜能"，在高校关注大学生个性化发展，树立精准教育理念，打造具有针对性的"精准思政"是落实立德树人根本任务的关键一招。精准教育理念实质上就是强调个性化、差异化教育服务，立足于学生现实需要，服务于学生，是将"以学生为中心"的基本理念贯彻在教育教学实践中的具体表现。而促进教育供需平衡则是实现精准教育的重要途径，立足于大数据工具理性与价值理性相统一的原则调节好供需矛盾，既要充分发挥技术工具作用，精准定位个性化需求；也要针对个性化需求，优化高校思想政治教育内容供给，突出价值引导。

（一）基于工具理性，精准定位个性化需求

青年代表一个国家的未来，青年有信仰、国家有力量、民族有希望。新时代，在国家与民族的厚望下，青年人勇担时代重任。争做"四有青年"，争当有理想、敢担当、能吃苦、肯奋斗的时代新人，成为青年大学生成长成才的方向与目标。而这也是思想政治教育的根本使命，因为"个人需要和社会要求是通过思想政治教育这个纽带辩证统一在一起的"❶。当前以"00后"为主的大学生，是与互联网、物联网相伴长大的，网络是他们的原生场域，他们熟悉互联网，能熟练利用各种网络与新媒体工具进行自主学习和自我教育，这是他们固有的优势。同时，这种开放共享的数据网络环境，也使他们的发展需求表现出多元性和自我性、变动性与稳定性并存的特征。在教育培养过程中，大学生的个性化需求可能表现在方方面面，学业上的困难、家庭经济困难、个人情感挫折、未来就业规划、人际关系处理、个人成长困惑等都需要给予帮助或引导。高校思想政治教育以学生发展为中心、以完善个性为目标，对这些个性化需求要及时回应与解答，这就需要思想政治教育工作者精准掌握受教育者的个体信息，而大数据具有的动态性、时效性、精准化等鲜明特点，恰好能够为准确把握个体的行为轨迹与思想动态提供工具与方法。大数据作为一种技术工具，"表面上的混杂性似乎破坏了数据的准确性，但其实是在更大的规模和范围内实现数据的精准性"❷，通过大数据的精准捕捉、全程监控、即时分析，可以实现对受教育者个性化需求的精准把握与即时回应。

高校传统思想政治教育研究实施过程以小数据、主体经验分析为主要依据，研究思想与行为、行为与行为、思想与思想之间的因果关系，对大学生群

---

❶ 张福记，李记岩.高校思想政治教育研究[M].成都：四川教育出版社，2009：154.
❷ 张林茂.在大数据时代创新高校个性化思想政治教育[J].中国高等教育，2018（Z3）：47-49.

体的整体发展需求能够进行有效定位。而大数据时代，大数据不仅是数据，也是信息和价值，着眼于大数据支撑下的模糊的相关性分析，能够囊括所有可能影响因素，实质上是"模糊相关性—精准因果性"分析方法的变革，能够更加精准地综合性分析思想行为之间的因果关系。

图 7-1、图 7-2 是笔者对所在大学对 2014—2017 级本科学生 100 多万条成绩数据与 2400 多万条校园一卡通消费数据的聚类分析。从聚类分析的可视化结果可以发现，学生成绩和校园一卡通消费数据之间没有明显的内在关系，却可以了解到大多数在校本科生的活动趋势和消费特性，进而关联分析出学生成绩与消费频次的关系。表面上看学习成绩似乎与消费频次毫无关联，但分析结果显示，一个月内食堂刷卡消费次数越多的学生其学习成绩越高。这说明生活越规律的同学自律性越强，因而更容易取得较高的成绩。由此可见，模糊关联实现了精准分析，这恰恰体现了大数据作为一种实用的技术工具所具有的大价值。

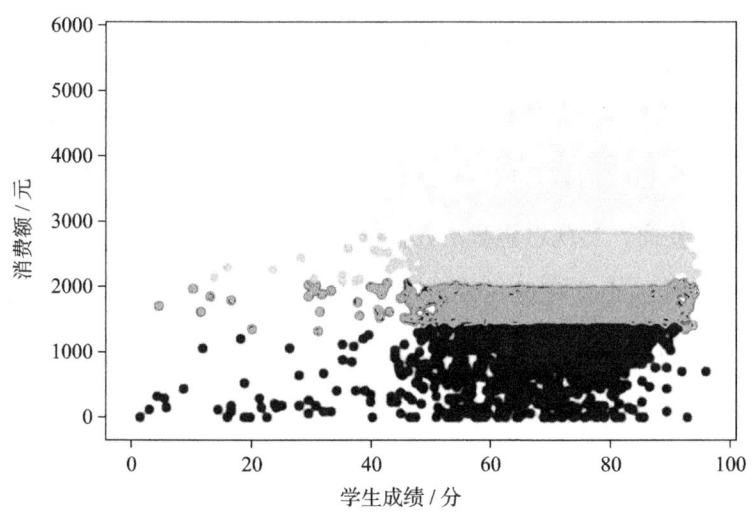

图 7-1　消费金额与学生成绩的聚类结果

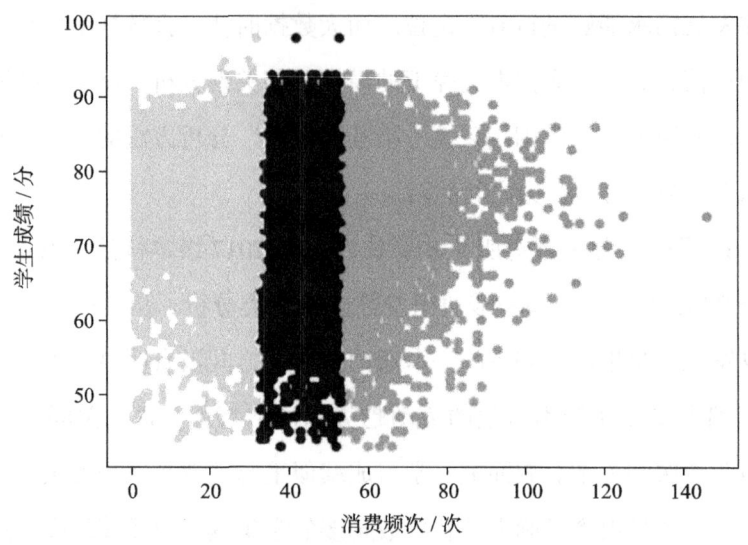

图 7-2　学生成绩与消费频次关系分析

（二）回归价值理性，精准供给个性化内容

与其他类型教育的内容不同，思想政治教育内容是带有价值引导性的，"从产出供给链的视角来看，思想政治教育者传递给受教育者的思想政治教育内容不仅是内容本身，而且是经由教育者选择、转化、加工后的内容产品"[1]。大数据促进了思想政治教育内容传递的精准性与个性化，可以更有效地达成立德树人的根本使命，实现思想政治教育价值理性的回归。

大数据时代的个性化思想政治教育内容供给要做到以下两点：一是丰富"供给侧"。其立足于个体的个性化需求，制订个性化方案，量身定制高质量、精细化的思想政治教育内容，即所谓"订单式"，甚至"菜单式"选择，充分回应受教育者的思想需求。同时，思想政治教育还要充分体现人文关怀，根据

---

[1] 吴倩，万美容. 提升新时代思想政治教育内容供给质量的三重路向 [J]. 学校党建与思想教育，2020（21）：63-35.

第七章 大数据时代高校个性化思想政治教育路径创新

数据分析结果精准定位受教育者的合理诉求，提供学校经济帮扶、个人情感调节、心理疏导、就业指导、社交技巧、学业辅导、思想引导及其他方面的内容。当然，个性化内容并不意味着可以随心所欲，甚至脱离思想政治教育总体目标，而是要遵循思想政治教育整体性、方向性、系统性原则，教育内容要有逻辑性、层次性、可行性和价值导向性，要与客体的实际需求、认知理解水平相一致，与社会与国家发展需求相协调，体现思想政治教育的政治性特征。二是满足"需求侧"。大数据时代的个性化思想政治教育内容供给方式应该与时俱进，充分发挥大数据的动态评估与即时反馈优势，结合传统的面对面交流方式，利用短信、QQ、微信等多种方式进行网络空间的便捷沟通与隐秘交流，通过微博、微信公众号、论坛、学习平台等载体向不同个体精准推送个性化的教育内容。例如，面对未就业的毕业生，通过二级学院公众号向其推送职业预估系统、就业招聘信息、求职经验分享等内容；根据大数据的聚类分析寻找"学困生"，并通过学习软件向其推送学习方法、知识体系，以及来自辅导员或者代课教师鼓励性的个人信件等。

笔者对所在大学 2014—2017 级本科学生在图书馆学习时长的 1048 万条数据与 100 万条学生成绩数据关联的聚类分析，如图 7-3 所示。图中有三种不同的属性簇，其中浅灰部分代表一学期内在馆学习时长在 0~100 小时的学生学习成绩为 35~91 分；黑色部分代表一学期内在馆学习时长在 100~500 小时的学生学习成绩为 50~85 分；深灰部分代表一学期内在馆学习时长在 500~1750 小时的学生学习成绩为 60~90 分。从聚类分析的可视化结果中可知，学生的在馆学习时长小时数越多，其学习成绩更容易达到及格。思想政治教育者能够运用这一分析机理和分析路径，筛选出校园"学霸"与"学困生"，有针对性地制定教育策略与教育内容。对于入馆不积极、学业成绩不理想的学生，由其所在学院辅导员或班主任给予善意的提醒与个性化教育帮扶。

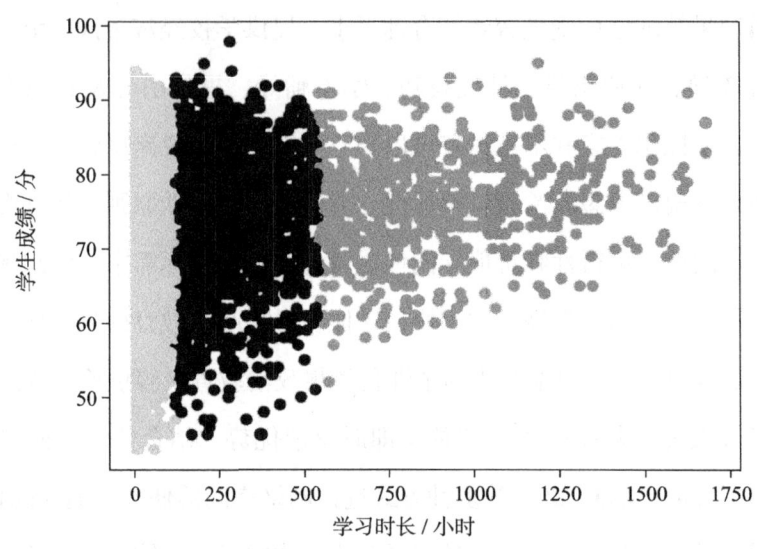

图 7-3　学生学习时长与学生成绩聚类结果

值得注意的是,树立基于大数据的精准教育理念,不是摒弃小数据,而是把大数据应用与小数据应用结合起来,从宏观上把握思想行为动向,从微观上揭示个体特征,进而达到揭示思想行为规律的目的,以辅助思想政治教育的精准决策、精准施策。

四、树立协同教育理念

"思想政治教育是一个由诸多要素相互联系、相互作用构成的系统"[1],系统内部各要素之间、各子系统之间、系统内外部之间的组合序列与关系都影响着思想政治教育的效力。大数据时代,高校思想政治教育系统各要素组合方式发生很大变化:通过网络客户端,受教育者能够自由选择不同的教育主体、多样的学习方式,教育主体也可以通过多种渠道面向更多客体;思想政治教育环

---

[1] 文大稷,秦在东.思想政治教育要素的再思考[J].学校党建与思想教育,2009(25):8-11.

第七章　大数据时代高校个性化思想政治教育路径创新

境的育人功能越来越强大，大数据成为思想政治教育过程新的环境要素；通过数据交流平台，家、校、社会的联系越来越紧密。实现高校个性化思想政治教育，要树立协同教育理念，构建高校思想政治教育的协同育人机制，促进高校思想政治教育系统内、外各种力量相结合，调动一切能够积极因素，服务于个性化思想政治教育，激发高校思想政治教育的内生动力和外在动力，形成思想政治教育的强大合力。

（一）优化要素组合，实现思想政治教育系统内部协同

高校思想政治教育的协同化，"既包括内部协同又包括外部协同，既表现为横向协同又表现为纵向协同"❶。

首先，要着眼于思想政治教育系统内部，利用大数据技术优化各要素组合序列与方式，调动系统内部的力量。打破高校内部的信息孤岛，实现各部门、各系统数据的开放与共享，做到横向协同。大数据时代，高校个性化思想政治教育的协同理念包括诸多方面，思想政治教育者不是单个教师或者领导，也不是哪一个学院，而是学校的所有教育工作者；思想政治教育过程不是阶段性的或者一蹴而就的，而是持续不断的、细水长流式的、持续上升的动态过程；思想政治教育内容不是单一或者几个方面的简单说教，而是全方位、全覆盖式的立体教育；思想政治教育类型不是单一的思政课程，而是"课程思政"与"思政课程"同向同行；思想政治教育载体不仅是思想政治理论课课堂，还包括校园文化建设、社团活动、学术沙龙、文明宿舍、文明班级、各类竞赛等多种形式，给学生提供多维立体的展示自我的平台与机会，充分挖掘个体潜能，以潜移默化的方式促进个性化思想政治教育。

---

❶ 张文强.新时代构建高校思想政治教育协同机制研究[J].国家教育行政学院学报，2019（12）：75-80，89.

其次，要实现数据的融会联通，加强纵向协同，继续推行"大中小一体化"思想政治教育体系建设，构建"大思政"格局，实现个性化思想政治教育信息数据链的纵向衔接。改变高校思想政治教育"自我沉浸式"模式，打破学校、学院、教师、班级等多层级"数据壁垒"，填补各纵向教育管理部门、大中小学思想政治教育之间的"数字鸿沟"，突破时空限制，形成个体的时间维度与空间维度的数据链，组成完整的思想政治教育信息资料，为个性化思想政治教育提供翔实系统的信息支撑。

（二）调动多方资源，实现思想政治教育系统外部协同

高校思想政治教育是一个系统工程，需要方方面面的协同努力，必须进行统一的数据规划，只有学校、社会、家庭之间打通壁垒、形成合力，才能为高校个性化思想政治教育的开展提供完整的、有价值的数据。

高校思想政治教育系统是一个开放的体系，调动联合思想政治教育系统外部的优势力量也是贯彻协同化教育理念的重要举措。一方面，建立学校、家庭、社会、政府、企业等多方联动机制，联合家庭与社会等主体力量协同育人。家庭是每个个体生命中第一个社会化场所，家庭教育是社会化教育的第一步，让家庭成为数据链的一个供给端，才能全面了解个体的隐蔽性特征与爱好。协同家庭教育，才能提供更加温情、最切合实际的个性化方案。社会的力量是强大的，作为社会的组成部分，每个个体都要在社会实践中开辟自己的人生道路。应协同社会、政府等相关部门与机构的优势力量，通过加强校企合作等举措，建设一大批规范化的青年大学生教育实践基地、教育实习基地，如红色文化教育基地、创业孵化教育基地等，记录大学生实践活动中的数据并进行分析，得出的结论将成为未来就业的一个重要的衡量维度。另一方面，建立多方合作联动的数据保障机制及健全相关规章制度，明确责任主体，制订具有可操作性的实施方案。学校层面开放专门的平台端口，供包括家庭在内的第三方登录使用，

学校负责组织沟通与对接,家庭积极配合提供相应的生活信息,社会鼎力相助提高大数据技术水平并提供更多开源的数据,从而形成数据协同育人合力,共同促进受教育者的全面发展。

五、树立全域育人理念

全域育人是在教育领域中,不仅要注重培养学生的学术知识与专业能力,还要注重学生的综合素质、综合能力的培养。全域育人强调对学生进行整体教育,旨在培养学生成为具备扎实知识基础、良好道德素养、创新能力及团队协调等多方面素质的综合型人才。大数据时代,全域育人理念可以得到顺利实践,利用大数据技术可以对学生的全面发展进行跟踪和评估,包括学术成绩、社交能力、心理健康等多方面的发展,为进行全域育人提供数据支持和指导。因此,树立全域育人理念,必须实现"三全育人",以遵循协同育人规律。

(一)实现网络空间与现实空间思政教育的有机结合

在科学技术高度发达的时代,网络技术层出不穷,大数据、互联网、人工智能等不断被各领域、各行业运用开发。人类工作、生活的场域不仅局限于现实空间,还包括虚拟的网络空间。而当现实空间和虚拟空间共同成为人们工作、生活学习的阵地时,人们的社会意识活动自然也扩展至虚拟空间,思想政治教育教学也不例外,教师的教授地点和学生的学习场所开始向虚拟空间转变。❶大数据使思想政治教育的一个重要理念成为可能,即全域育人理念,即现实空间和虚拟空间相结合实现共同育人。这就是说,在思想政治教育工作中,网络与现实空间不是非此即彼的关系,而是紧密关联的,应将两者相结

---

❶ 张馨月,姜文波.大数据时代高校思想政治教育工作创新研究[J].中国教育技术装备,2015(18):18-19.

合，共同促进思想政治教育创新发展。首先，网络空间可以成为教师进行思想政治教育的重要资源库，教师可以通过网络搜集教学资源、案例分析、视频讲解等教育内容，在课堂中提供形式多样的学习材料，积极发挥两个空间的长处和优势，构建一个网络与现实空间相结合的思想政治教育大环境。其次，创新思想政治教育的教学模式，采用混合式教学，将线上教学资源和线下教学实践相结合，提供更加丰富、灵活的学习体验。例如，通过设计线上线下结合的项目实践、社区服务等活动，让学生将思想政治教育的内容与实际问题相结合，提升他们的综合素养和实践能力。最后，网络空间的特点是无边界和全球互联，利用网络技术可以促进学校、教师之间以及学生之间的跨地域交流与合作。通过国际交流项目、在线合作任务等形式，拓宽学生的视野，增强其国际意识和跨文化交流能力。因此，高校思想政治教育必须顺应社会发展规律，在现实和虚拟双空间中践行思想政治教育全域育人的理念。这不仅是对现实社会需求的良好回应，也能满足学生的多样化需求。高校思想政治教育工作者必须不断践行全域育人的理念，重视现实和虚拟的相关性，将两者结合，共同推动高校的思想政治教育育人工作。

（二）树立"三全育人"理念以遵循协同育人规律

在大数据时代践行"三全育人"理念，目的在于遵循思想政治教育工作的协同育人规律，借助大数据技术改变传统高校存在的教师与学生之间的单维教育链条，形成由国家、高校、家庭等多个主体共同建构的形式上各自独立但在机制上又相互关联的育人场域，借助多个主体、多种资源、多种空间共同协同运转、相互配合，形成思想政治工作合力。第一，坚持全员育人理念。无论是校内教职工、辅导员还是校外相关人员都负有大学生成长成才引路人的重任，是"全员育人"系统的子要素。"全员育人"理念必须以系统思维和整体视角看待思想政治教育工作，将国家、高校、企业等一个个独立的集群看作子系统，而这些子系统依托的是大网络、数据流、人工智能等新兴技术，连同周围的时间、空间共同构成开放、联动、包容的思想政治教育工作有机体，进而营造一个校国、校家、校企等互联互通"大政工"的实践格局。第二，坚持全程育人理念。"全程育人"理念是思想政治教育工作在时间上基于大学生成长成才这一主要线索保持一个长期的、不间断过程，教育主体可以利用大数据技术根据学生不同阶段的个性化需求，提供量身定制的学习方案，满足学生需求的同时也将思想政治教育贯穿于学生成长成才的每个阶段和过程。最重要的是，利用大数据全天候、全时段跟踪学生思想行为变化，了解学生的个性化需求，并采取线上与线下、隐性与显性相结合的实践育人方案，满足学生多样化需求，进而强化学生在政治、品德、思想素质的全方面培育。第三，坚持全方位育人理念。"全方位育人"是高校必须采取一切工具、方法、手段为中间载体，加强各个中间载体的关联性，将思想政治教育融入校园的方方面面。借助网络新媒体、"三微一端"、微课慕课等平台，全方位为学生提供学习及思想上的帮助，包括提供个性化网络学习资源、心理咨询与引导等，同时协同大学课堂、家风文化等资源，形成润物细无声的"全方位"育人格局。

第二节　完善高校个性化思想政治教育内容

高校思想政治教育工作能否满足大学生的个性化成长需要，能否在潜移默化中达成教育目标，与高校思想政治工作的内容结构紧密相关。大数据时代，思想政治教育内容要努力实现适配于每一位学生的认知和接受能力，不断丰富和改变呈现高校思想政治教育内容的方式。因此，为了加强高校个性化的思想政治教育内容建设，必须在开发数字化内容资源、打造多样化内容形式、精准内容供给上下功夫，以此更好地推动高校个性化思想政治教育的发展。

一、开发数字化内容资源

一直以来,思想政治教育内容呈现的方式几乎没有发生显著变化,但随着互联网、云计算等技术的不断发展,教材里平面的内容变得立体而生动,数字化内容成为平面内容有力的补充。然而,一方面,由于数据资源呈碎片化状态存在,且在不同地方被不同部门、不同人所掌握,需要整合数字资源,注重量的丰富性,同时开发跨界协同的数字化内容;另一方面,各种各样的数据参差不齐,需要注重品质化,打造实用优质的数字化内容。

(一)注重量的丰富性,开发跨界协同的数字化资源

马克思曾经说过:"人的本质不是单个人所固有的抽象物,在其现实性上,它是一切社会关系的总和。"❶ 这就是说,人并非独自生存于这个世界,而是与他人有着紧密的联系。对于思想政治教育工作来说,随着人与人之间协作的加强,可以聚集更多的知识,形成丰富的思想政治教育资源。大数据时代,在思想政治教育活动中,现实生活、虚拟空间、不同高校、不同部门之间产生的数据资源的交流与共享成为现实,为满足学生的个性化需求提供了更多选择,这就超越了传统的思想政治教育。在传统的思想政治教育过程中,各高校、各部门之间缺乏紧密联系,数据资源分布不均、种类分散,呈一种碎片化形式存在,提供给学生的数据资源较为繁杂。此外,由于数据资源之间缺乏逻辑联系,教育者和被教育者对这些资源进行有效利用存在较大难度。当前,基于大数据技术,思想政治教育内容从封闭转向开放,从孤立变为紧密关联,各种类型的内容均可转化为数字资源,这样就突破了高校、部门之间的限制,克服了数据资源分散化的弊端,对满足学生多样化的教育内容需求具有重大意义。

---

❶ 中共中央马克思恩格斯列宁斯大林著作编译总局. 马克思恩格斯选集:第1卷[M]. 北京:人民出版社,1995:56.

为了实现量的丰富性,必须打通个体层、课程层与学校层等之间的协作渠道,从而实现多样性、全面性的思想政治教育资源整合。高校思想政治教育既要在纵向上保持学校、院系、部门之间的协调一致与资源共享,还要在横向上保持高校、公司、机构之间的互联互通。首先,加强外部资源整合。将不同高校、不同部门掌握的纷繁复杂的思想政治教育资源碎片进行分析与整合,这将减少各自为政的现象。通过整合资源,提供给教育者、被教育者的数据资源的参考量将会变得丰富多样,这不仅可以为所需资源之人提供最适合的学习资源,也可以有效消除重复挖掘、重复分析等浪费人力物力财力的问题。其次,加强内部资源整合。校园内部数据的收集与获取,可以追踪学生的校园一卡通获取数据,通过联合教务处、信息办等不同部门,将获取的数据资源进行整合,然后经过数据分析、图像展示等可视化技术,为学生提供与学生自身相匹配的数据资源,进而满足学生对思政知识的多样化需求。最后,积极与一些收集数据能力强的互联网公司、机构合作,互相分享各自收集的数据资源,不断扩大数据资源圈。通过这些途径,促进各色各类信息的开放共享、互联互通,对丰富思想政治教育资源有重大意义,从而有助于促进思想政治教育内容的完善。

(二)注重品质化,创造实用优质的数字化内容

思想政治教育历来重视内容质量,以为学生提供优质的思想政治教育内容为教育前提。传统的思想政治教育由于大数据技术不成熟,只能采集小数据,而且大多数的数据资源都是本土的,类型较为单一,缺乏多样化的数据资源。随着大数据时代的到来,一方面,网络上的数据资源开始井喷式发展,数据内容多样,垃圾数据也混入其中;另一方面,大学生需求呈现出个性化、自主化与多样化等特征。因此,首先要加强对思想政治教育团队创造优质资源教育内容的扶持力度。政府和高校必须给予思想政治教育团队足够的资金、平台与政策等方面的支持，为创造优质的数据资源营造良好的环境。其次，建立思想政治教育优质资源数据库。对数据库的优质资源划分等级，以满足教师及学生对优质思想政治教育资源的个性化需求。数据库的管理与操作不仅需要既懂大数据技术又熟知思想政治教育知识的复合型人才，还需要培养思想政治教育本学科优秀且有潜力的教师，如此才能创造更多的优质资源。再次，以优质资源精准满足学生需求。依据学生校园一卡通的消费记录，掌握学生图书馆进出时间、图书馆书籍借用记录等数据，运用数据分析技术将收集的信息进行分析、整理，搭建"学生画像"系统。接着，以即时性、多维性、客观性为基础的可视化描述为思想政治教育团队提供学生的"精准画像"。通过此方式，精准把握学生的思想动态与个性化需求，进而为学生提供优质、精准满足需求的资源。最后，提高鉴别和筛选垃圾信息的能力。教育者要强化自身的信息检索能力，合理规避错误信息且快速找到正确优质的资源。同时，必须带着批判精神对数据进行分析，因为网络中存在着大量的垃圾信息和错误信息。这就是说，教育者要充分运用大数据的分析辨别技术，提高自身的数据素养和理论素养，对信息取其精华，去其糟粕，进而找到优质的思想政治教育资源。

二、打造多样化的内容呈现形式

大数据时代的思想政治教育内容，只有依托富有生活化、多样化与时代化的呈现形式，才能更容易被教育者践行，被受教育者认同。传统思想政治教育内容的输出形式单一，呈现方式枯燥乏味，而当代大学生有着独特的个性，需要新颖和有趣的知识加深他们的感官认知，促使他们对思想政治教育内容产生兴趣，进而激发理性思考与对知识的准确掌握。新时代要打造多样化的思想政治教育内容形式，一方面，要建设"显性＋隐性"一体化的智慧校园，给学生提供表现形式丰富的思想政治教育内容，使学生受到潜在的影响；另一方面，建设"线上＋线下"一体化的智慧课堂，为学生提供多样化的教学方案，满足学生个性化学习需求。

（一）建设"显性＋隐性"一体化的智慧校园

教育工作作为教育者和受教育者之间进行联系的桥梁，内容本身不仅要符合学生的个性化需求，而且传播内容的形式也要多样，如此才能更好地满足学生的个性化需求。因此，必须建设以大数据、互联网与移动端等技术为基础的智慧校园。智慧校园最大的特点是满足个性化学生需求，实现新时代的"因材施教"，其是以整个校园大环境为依托的教育场域。将互联网、移动端等融入学习环境，学生可以随时随地获取自己需要的信息，从而形成小范围的教育生态圈。此外，大数据时代，要善于结合大学生喜闻乐见的传播形式，借助学生常用的各类载体进行知识传播，不断增强智慧校园对学生的引导力与渗透力，促进学生的全面发展。

显性教育在传统的思想政治教育活动中占主流地位，但是随着大数据时代的到来，单纯的显性教育已无法满足思想政治教育的要求，而必须以"显性＋隐性"的形式来满足学生的多样化需求。"显性＋隐性"教育的双形式以智慧校园为基础，对促进高校个性化思想政治教育的发展具有重要意义。第一，以最受学生喜欢的短视频、短图文、短音频的形式为外壳，以思想政治教育内容为内核传播思想政治教育知识。同时，借助多样且生动活泼的载体进行呈现，如校园的大屏、广播、景观等，使学生在声像结合、图文并茂的环境中接受思想政治教育的熏陶。这些多样化的传播形式，为学生提供了较为宽松的选择空间，满足了学生对多样形式的需求，提升了思想政治教育内容对学生的吸引力，实现了润物细无声的"软"教育。第二，在校园内传播思想政治教育知识相关内容时，可以增加科学探索类、历史故事类、心灵滋养类的知识，与思想政治教育知识融合，这样可以达到以理育人、以情感人，使受教育者沉浸在极具感染力的校园情境中，在潜移默化中接受思想政治教育。如在校园大屏幕播放中国科技进步成果、脱贫攻坚成就等相关视频，唤起学生的爱国情感，增加学生的爱国之心，进而提升学生对此方面思想政治教育知识的兴趣和接受度，使思想政治教育目标于潜移默化中有效达成。

（二）建设"线上+线下"一体化的智慧课堂

大数据时代，为了满足学生的个性化需求，教育者有必要开展"线上+线下"双形式的智慧课堂。线上课堂内容相对比较丰富，呈现形式生动多样，为线下课堂注入了新元素和新内涵，为满足学生需求提供了现实基础。在智慧课堂模式下，学生可以自主选择线上或线下的学习方式，找到最适合自己的学习方式进行学习，满足了学生的个性化需求。在线上线下双课堂中，应树立双主体的师生关系理念，共同商定学习计划、学习方案等，兼顾群体和个体的不同需求与差异。这就是说，教育者基于大数据技术可以与学生进行实时交流，了解学生的现实需要，这样就可以突破传统课堂限制，打造能够实现交互共享学习过程、内容资源丰富的智慧课堂，进而满足学生对多样内容形式的需求。

首先，运用智能教学平台、虚拟现实（VR）与增强现实（AR）技术丰富线下课堂，提升线下课堂对学生的吸引力，进而调动学生参与的积极性。同时，收集学生课前预习、上课回答问题、分组讨论等情况的数据进行分析，并建立"学生画像"，及时掌握学生情况，为教师随时调整教学方案提供条件。其次，在线上课堂利用一些 App 平台教学。例如，学习通、腾讯会议、微信课堂、精品资源共享课等，都是教育者可以开展教学的载体。这些 App 对学生进出课堂的时间、某道题的停留时间、某道题的完成情况等都有记录，经过系统自动分析，为教育者提供一个完整的数据记录，并后附改进方案，这将为教育者把握学生的个性特征提供有益参考。此外，教育者可以开通自己的微博、微信公众号、抖音账号等个人空间，结合学生喜欢的话题，推送给学生一些形式上符合学生喜好、内容上具有思想政治教育内核的评论、视频、歌曲等。因此，建设多样化的智慧课堂，能够满足学生的个性化需求，促进高校个性化思想政治教育的开展。

三、提升供给内容的精确性与创新性

马克思认为，"需要"是人类个体和整个人类发展的原动力，"需要"应该被了解。对教育者来说，了解受教育者的需要同样重要。在大数据时代，教育者面对海量信息，必须提高对信息的鉴别和筛选能力，以提供符合不同学生需求的优质内容。首先，只有真正符合学生实际需求的资源才是有用的资源，才能实现"以学生为中心"的精准供给；其次，将社会热点内容和思想政治教育内容结合，才能满足学生多样化需求。

（一）贴近学生实际，实现思想政治教育内容的"按需供给"

随着大数据时代的到来，高校思想政治教育内容供给相比以前更为充足。但是从高校思想政治教育工作的实效性来看，似乎不太理想。这是因为受教育者的需求也日益多样化，导致思想政治教育内容的供给和学生需求之间的不匹配。只有高校思想政治教育内容的"供"满足每一个学生的"需"，才能达到供需匹配。此外，"按需供给"是"以学生为中心"教育理念的坚守和延伸，它强调在思想政治教育过程中必须以受教育者的需求为主，实现思想政治教育内容的精准供给。

首先，根据数据分析找到影响受教育者选择思想政治教育内容的关键性要素，进而为学生提供与其思想行为特征相匹配的、符合学生需求的思想政治教育资源，从而提升思想政治教育内容传播的精准度和贴近度。其次，在大数据技术的支持下，打造全国高校思想政治教育大数据平台，为学生精准推送思想政治教育内容。例如，学生在网页输入主题，进行搜索，平台将会知道学生输入的具体内容、浏览时长等情况，这样可以充分掌握学生偏好。当该学生再次登录时，在该平台的点击不超过三次就可以轻松获得自己需要的内容。而且还可以进行知识的拓展，推送与思想政治教育相关联的内容，提升知识内容传播的便捷性，满足学生多样化需求。最后，尊重和促进学生的个性化发展，通过线上平台加深师生之间的沟通交流，多听取学生的意见和建议，针对不同学生实施不同的教育方案，做到"精确滴灌"。同时，积极开发新的满足学生需求的思想政治教育内容，做好思想政治教育内容的"按需供给"。

（二）结合网络热点，实现思想政治教育内容的"按新推送"

"按新推送"是"按需供给"的延续，"按需供给"之后仍有"按新推送"的诉求。"按新推送"即结合网络热点，不断更新高校思想政治教育内容，实现思想政治教育内容的与时俱进。大数据时代，信息的即时性很强，必须及时更新信息，为学生提供最新的信息，并进行分析解读，以回应学生的思想困惑。高校思想政治教育内容必须以受教育者的实际需要为基本立足点，以多样性、即时性、接受性为基本特征。同时，推送的内容必须结合当前的热点内容，如民生热点、时政热点等，随时保持推送信息的新鲜度。首先，实现"按新推送"必须做好顶层设计，使思想政治教育工作者在思想上向国家的最新政策靠拢。思想政治理论课是精准推送内容的主阵地，只有紧跟国家的大政方针，及时更新课程教材与内容，才能为教育者提供最新资料，为受教育者提供热点内容。其次，大学生处在信息前沿，对社会的热点问题关注度极高。所以，依托大数据技术挖掘新兴媒体平台中点击量最高的信息，教育者就能知道学生近期关注度和兴趣度最高的热点话题，及时为学生精准推送与之相关的思想政治教育内容。此外，可以将各大平台发布的热点视频和图片与高校思想政治教育内容相结合，或者提前讲授与热点话题相关的思想政治教育内容，这样教师可以在第一时间快速、准确地为学生推送热点内容，分析讲解热点内容，避免学生被错误的信息扰乱思想。例如，教师可以在抖音、快手等较受大学生欢迎的平台分析学生点赞及评论最高的视频，然后将思想政治教育内容与相关视频糅合在一起，推送给学生，满足学生需求。最后，为学生提供新产品才是满足学生追"新"的需要。如基于地域热点，开发本地的思政资源，整合所在省市的历史、红色故事、模范先进事迹等资源，通过具体实践生动诠释具有理论高度和思想深度的知识体系，拓宽高校思想政治教育的广度和深度。同时，开发大量热点内容与受大学生喜爱的思想政治教育新产品和新资源，为学生及时推送思想政治教育资源，满足学生更高的学习需求。

第三节　拓展高校个性化思想政治教育载体

载体是思想政治教育信息输出、传播的途径，也是沟通思想政治教育主客体的介质，相当于思想政治教育的桥梁、通道。进入大数据时代，高校思想政治教育的主客观因素都发生了巨变，这就要求思想政治教育载体也要与时俱进，更新内容与形式，充分运用大数据、多媒体技术，优化共享平台，突破技术瓶颈，打通媒介壁垒，使思想政治教育传统载体优势与大数据、新媒体等现代信息技术优势相融合，实现迭代升级，更好地推动高校个性化思想政治教育建设。

一、建设高校思想政治教育大数据新平台

2016年，习近平总书记在全国高校思想政治工作会议上强调，"做好高校思想政治工作，要因事而化、因时而进、因势而新"❶。要运用新媒体新技术使工作活起来，推动思想政治工作传统优势同信息技术高度融合。在大数据时代，构建教育、管理与服务于一体的思想政治教育工作平台成为思想政治教育新任务。

（一）搭建教育、管理、服务一体化平台，实现智慧化思想政治教育

首先，构建智能化教学、学生管理与服务一体化平台，实现智慧思政课、智慧就业、学业指导、心理健康与危机干预、智慧安全管理等各应用场景数据的整合，并进行统一调配。此外，充分调动大数据背景下的思想政治教育工作积极性，打造一个全面服务学生学习、生活的网络平台，促进教学数据与管理数据的汇聚，推进学生素质教育和智慧思政的全方面进步，实现智慧化高校思想政治教育。其次，建设面向教师、辅导员、学生的基础数据平台与数据统计分析平台，将教师教学、辅导员工作、学生上课等各项数据纳入智能化、系统化与动态化的管理模式中，创建丰富的"数据池"，实现分层分级的科学管理，提升对思想政治教育的智慧管理运行效率，进而帮助师生快速且便捷地获取自己想要的数据信息。同时，聚焦学生成长的数据分析运用，实现多维度、动态化、智慧化的科学评价体系，充分借助教育大数据对思政工作情况不断反馈，做到精准评估思想政治教育的成效。最后，注重学生个性需求，让新平台深入人心。实现新平台服务学生，为学生办事。最为重要的是，平台设计必须符合学生个性化需求，增添平台的趣味性和吸引力。平

---

❶ 习近平在全国高校思想政治工作会议上强调：把思想政治工作贯穿教育教学全过程开创我国高等教育事业发展新局面 [J].教育文化论坛，2016，8（6）：144.

台里的教育资源必须多样，以此提高平台关注度，使新平台真正被学生喜欢和融入学生生活。

（二）搭建数据共享中心平台，建设思想政治教育专用数据库

随着数据技术的持续发展，各个高校都建立了自己的大数据中心，负责本校各类数据的收集、存储、挖掘与分析。但是数据平台可能是分散的，并未实现互通与共享，更不用说专门的思想政治教育大数据平台了。各种结构类型不同、纷繁复杂的数据分布在各个平台之中，收集起来十分困难。在现有条件下，有两件事情可为：一是搭建不同级别的数据共享中心平台，如图7-4所示；二是根据思想政治教育需要，形成专用数据库，以便更有效地开展思想政治教育，对思想政治教育的各项工作进行检验。

大数据共享中心平台系统的工作原理是打通了所有校内平台，形成了基于全部数据的存储（形成了数据仓库）—数据交换—大数据分析—大数据应用的系统化体系，分析结果以简单明了的数据仪表盘方式显现，为决策者提供统一的院校数据分析视图，用于教育、教学、管理决策，指导教育教学实践。

有了数据共享中心平台的数据积累基础，就可以考虑建立专门的思想政治教育数据库，甚至建立思想政治教育大数据平台。一方面，要以学校的大数据技术服务职能部门为主导，打通不同横向部门之间、纵向部门之间的数据壁垒，形成完备的高校思想政治教育大数据体系，形成高校个性化思想政治教育数据的原始积累。以各行政职能部门—各二级学院、图书馆、档案馆、后勤保障等部门—各年级—各班级为划分，按管理级别构建子数据系统。其中，每个个体是子系统中的最小单位，构建个人"大数据信息库"，以"电子档案""数据画像"等形式存储个人的信息数据。另一方面，遴选思想政治教育数据采集类别，形成关联。对校园一卡通各项数据进行全面分类采集，包括图书馆进出、在馆时长、图书借阅数据，食堂及校园消费数据，校园网使用数据，宿

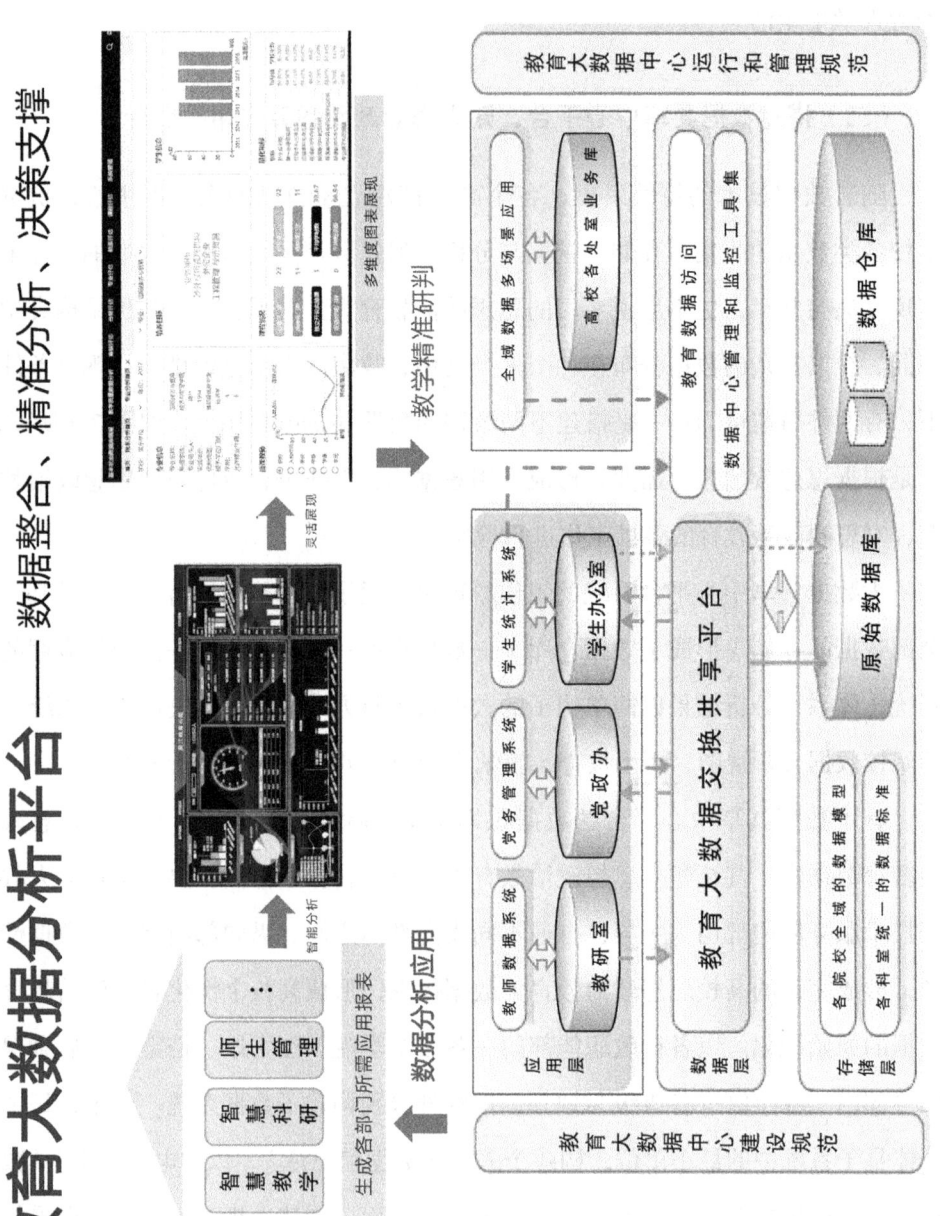

图7-4 数据共享中心平台

舍门禁系统数据等。此外，还需采集校园一卡通以外的数据，包括学生入学、就业数据，第二课堂、社团活动数据，学生成绩数据等不同层面的数据信息，从而形成比较全面的思想政治教育数据库。有些数据表面上看并无关联，但是分析之后会产生意想不到的结果。

笔者对所在学校2014—2017级本科学生食堂消费记录与学生成绩数据进行对比分析，如图7-5所示。图中有三种不同的属性簇，其中浅灰部分代表一个月内消费频次在0~30次的学生学习成绩为50~90分；黑色部分代表一个月内消费频次在30~50次的学生学习成绩为40~95分；深灰部分代表一个月内消费频次在50~120次的学生学习成绩为60~85分。综合分析聚类结果，一个月内食堂刷卡消费次数越多的学生其学习成绩越容易达到及格，学生一个月内消费频次在100次左右，则该学生学习成绩相对较高。

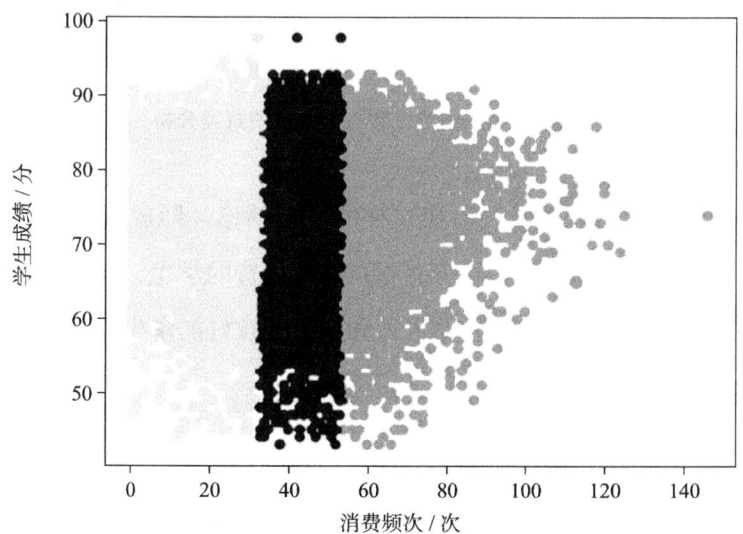

图7-5 学生食堂消费记录与学生成绩的聚类分析

我们再加入一个数据维度，比如消费金额数据，则能说明更多的问题。如图7-6所示，算法聚类结果的数据簇个数是6个，其中有一部分是噪声数据簇，用空白圈表示，在分析过程中直接将其忽略。图中深色圈的数据簇是密度最大的数据簇，这些数据对象表示成绩优异学生在校月消费额度较为稳定，大部分学生的月消费额度为 250~600 元，其中，月消费额度在 400 元左右的学生分布较为密集。

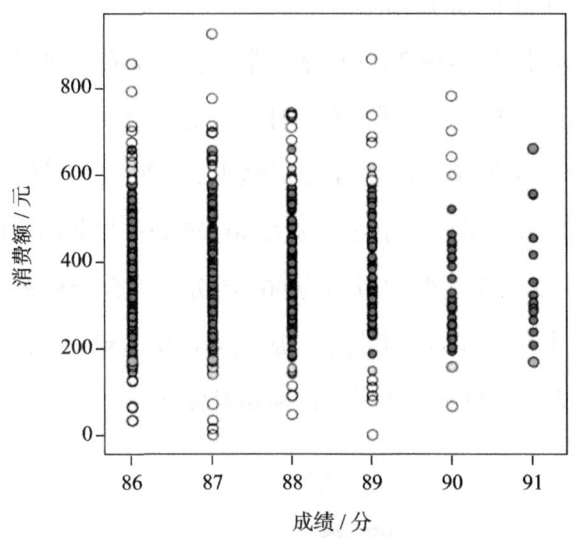

图 7-6　学生消费金额与学生成绩聚类分析

由此我们可以追根溯源，得出这样的分析结论，即成绩优异的学生每个月在校期间的消费较为稳定，很少有不在学校消费的学生，且在校期间就餐比较规律。利用该聚类分析可视化结果可知，成绩较好的学生在消费方面较为理性，生活比较规律，自律性强。

（三）提升高校思想政治教育大数据分析能力

面对体量庞大的高校思想政治教育大数据，如何挖掘其中潜在价值是亟须解决的重要问题，这就需要决策与管理部门高度重视大数据思政的重要性，增强思想政治教育数据的挖掘与分析能力。一方面，加强思想政治教育大数据平台建设，提升专业平台运维水平。大数据平台建设具有很强的专业性和技术

第七章 大数据时代高校个性化思想政治教育路径创新

难度,它的运行离不开专业技术人员的操作与检测。因此,要提升大数据技术服务人员的业务素质和技能水平,学校层面要加大资金投入,对技术人员进行专业化的技能培训与能力提升,也可以指派思想政治教育者到大数据技术应用成果突出的高校或单位交流学习,提高他们的数据素养。另一方面,完善大数据平台计算系统,形成良好的运行机制,充分利用大数据技术与算法,如k-mediods 聚类算法、关联规则算法、高维回归分析和变量选择、贝叶斯与因果学习、深度学习的卷积神经网络技术、注意力机制等大数据方法等,提升大数据平台自动化分析的正确性与客观性。

二、突破高校思想政治教育大数据技术瓶颈

"大数据时代已经撼动了世界的方方面面,从商业科技到医疗、政府、教育、经济、人文以及社会的其他各个领域。"❶ 顺应大数据时代潮流,运用大数据技术赋能高校思想政治教育,是推进高校个性化思想政治教育的必然选择。设立大数据技术服务职能部门,进行"自上而下"式的创新探索,能够突破大数据技术瓶颈对高校个性化思想政治教育的制约。

(一)加强对大数据软硬件配置的财政支持

大数据时代,国家对思想政治教育软硬件设施层面的财政支持是较为重要的。这不仅关系到高校开展思想政治教育的质量和效果,也是提升国家治理现代化水平的关键一环。但是,当前一些高校在大数据软硬件配置上投入的经费较少,这就使许多高校不能为思想政治教育工作的开展提供完备的设施设备。国家对高校的财政投入是高等教育财政政策的核心内容之一,对于高校来说,更

---

❶ 迈尔-舍恩伯格,库克耶.大数据时代:生活、工作与思维的大变革[M].盛杨艳,周涛,译.杭州:浙江人民出版社,2013:15.

新升级设施设备是提高思想政治教育人才培养质量和更好开展思想政治教育的途径之一。只有解决高校受限于经费等问题，才能引进高水平的设施设备，为高校思想政治教育工作的开展提供有力的支撑和保障。一是增加财政投入。国家应当增加对高校思想政治教育软硬件设施的财政投入，这包括但不限于投资建设更多的教育设施、开发和采购教育资源、购买和升级教学设备等。通过增加财政预算，确保高校思想政治教育在资金上得到充足保障，为教育工作提供坚实的物质基础。二是优化财政支出结构。在确保增加财政投入的同时，优化财政支出结构也较为关键。国家应当根据高校思想政治教育的实际需求，合理分配资源，确保资金使用的效率和效果。例如，根据不同地区、不同高校的具体情况，进行差异化的投资，确保财政支持更加精准有效。三是鼓励社会资本参与。除了政府财政投入外，积极鼓励和引导社会资本参与各高校思想政治教育的软硬件建设投资也是一个重要方向。通过政策引导和激励措施，吸引企业、社会组织等社会力量对高校思想政治教育进行投资和支持，不仅可以缓解政府财政压力，还可以借助社会力量的创新活力，推动思想政治教育的发展。四是国家层面有一个重要的工作是打通数据共享平台，避免不同高校或部门为获取相同数据而重复投资建设，这样不仅能够节约资源和资金，还可以实现信息互通，提高工作效率，加强政府整体治理能力。这些措施可以有效提升高校开展思想政治教育的质量和效果，为培养担当民族复兴大任的时代新人提供坚实的保障。

（二）增设大数据技术服务职能部门

为了更好地运用大数据技术，学校层面要加强顶层设计，整体谋划，统筹指导大数据在学校教育中的应用。成立专门的大数据技术开发与服务中心，聘用大数据相关专业的技术人员，组成学校大数据技术教育教学团队，充分利用大数据的可视化技术、精准预测技术、模拟成像技术等，从数据收集到数据分

第七章　大数据时代高校个性化思想政治教育路径创新

析，构建高标准的大数据技术应用体系。一方面，大数据技术服务职能部门服务于全校范围内的大数据技术相关工作，包括智慧教室的架构、建设与后期服务，以及数字化校园、智慧化校园的建设，负责学校各部门、校园各方面、个体多方面的数据收集、存储，制定科学合理的数据应用管理规章制度，使校园的大数据技术应用常态化、规范化。这构成了学校层面思想政治教育大数据硬件设施保证。另一方面，打造一支大数据技术教育教学团队，参与教育教学科研工作，建立大数据技术实验室，应用大数据技术开发各类校园应用程序，包括开发能够应用于个性化思想政治教育的数据化模型，并将其应用推广至学校专业化教育与日常思想政治教育中，协助各二级学院开展大数据技术支撑下的"思政课程"与"课程思政"，促进高校思想政治教育与时俱进，更加精准地服务于个体的全面发展，从实质上推进高校个性化思想政治教育的智慧化、自动化，推动思想政治教育高质量发展。

（三）指派专门技术人员服务个性化思想政治教育

2021年7月，中共中央、国务院印发《关于新时代加强和改进思想政治工作的意见》，指出思想政治工作是党的优良传统、鲜明特色和突出政治优势，是一切工作的生命线。加强和改进思想政治工作，事关党的前途命运，事关国家长治久安，事关民族凝聚力和向心力。❶思想政治教育关乎高校立德树人根本任务的实现，所以各个高校都非常重视思想政治教育工作的开展。思想政治教育在大数据技术赋能的时代也在力求推进自身的科学化与实证化，以数据分析推动更加精准的个性化思想政治教育的实现。由于长期受困于技术应用瓶颈，要从这种技术困境中突围，一方面，成立思想政治教育大数据服务小组。有条件的高校可以按照一定教师比例指派专门的大数据技术服务人员辅助思想

---

❶ 中共中央、国务院印发《关于新时代加强和改进思想政治工作的意见》[EB/OL].（2021-07-12）[2023-12-20]. http：//www.gov.cn/zhengce/2021/07/12/content_5624392.htm.

政治教育，如对马克思主义学院进行大力支持，形成大数据技术帮扶小组，为马克思主义学院开展大数据思政课题研究、线上"跨校选课"、多校集体备课等多种形式的思想政治教育研究与教学提供技术指导与保障。成立校园思想政治教育大数据技术教育教学责任小组，深入马克思主义学院，辅助建设思想政治教育智慧课堂，及时进行数据的挖掘与分析，迅速把反馈结果应用于思想政治教育工作的提升当中。另一方面，打造思想政治教育教师大数据帮扶团队。大数据技术人员与思想政治教育者形成一对一帮扶关系，帮助其掌握基本的大数据应用技术及运行原理，解决教育教学中出现的技术性问题。此外，也要采取由点到面的方式，促进思想政治教育队伍大数据意识与能力的整体提升，如选派思想政治教育骨干教师参加大数据技术专题培训，再由个体辐射到整体，对整个思想政治教育队伍进行数据知识普及，从而实现高校思想政治教育内涵式发展，切实提高思想政治教育者对大数据及其技术的认知与实操能力，创新开展思想政治教育教学工作。

三、实现高校思想政治教育大数据技术与新媒体的链接

随着现代信息技术进步，新媒体迅速发展，数字杂志、数字报纸、数字广播、手机短信、移动电视、网络、桌面视窗、数字电视、数字电影、触摸媒体等新的媒体状态层出不穷，其特征为技术上的数字化与网络化、传播上的虚拟性与即时性、人文上的交互性与人本性。形式多样的新媒体对于大数据时代的高校思想政治教育而言具有双重效应，一方面可以成为传播高校思想政治教育内容的载体，助力主流意识形态的构建，另一方面可能因蕴含其中的负面因素弱化甚至抵消思想政治教育的效力。因此，高校思想政治教育要双管齐下，既要规避可能出现的风险，又要利用大数据技术深度挖掘新媒体所蕴含的思想政治教育资源，推进大数据技术与新媒体的融合应用。

（一）利用大数据技术挖掘新媒体中蕴含的思想政治教育资源

新媒体作为广受欢迎的传播载体，"其显著特征是所有人都可作为信息传播源，区别于报刊、广播、电视等传统媒体的传播状态，即一点对多点变为多点对多点的传播"❶。新媒体便捷迅速、内容丰富、体验感良好的特征使它成为高校大学生表达自我、人际社交的重要平台，新时代的大学生，个性飞扬、思想新潮，他们善于也乐于利用QQ、微信、微博、抖音、快手等新媒体平台表现个性、表达自我。思想政治教育者要深入了解自己的工作对象，就要学习以他们的视角看世界，思其所思，想其所想。在思想政治教育中结合大数据与多媒体这两种全新的事物，运用数据技术深度挖掘多媒体中蕴含的思想政治教育信息资源。一方面，在校园网络环境下，利用大数据技术甄别新媒体中复杂的数据信息，加强新媒体信息传播的监督与筛选，屏蔽其中具有错误价值导向和行为失范等负面消息。利用对大学生个人偏好的数据化分析，以多媒体手段精准推送符合大学生审美与偏好的传播正能量、符合社会主义核心价值观的主流信息。另一方面，创造内容丰富的、大学生喜闻乐见的短视频、图片、音频等多种形式高校思想政治教育素材，包括专家学者、教学名师、"最受学生喜爱的老师"等精心录制的微视频课程、精品课程音视频，推送至形式多样的新媒体客户端，给个体在学习内容和教育主体上提供多样而自由的选择。这样既能实现分众化传播，也能够创新个性化思想政治教育的表现形式。

（二）开发高校思想政治教育"大数据+新媒体"的新模式

大数据与新媒体是现代网络资源体系的重要组成，大数据技术能够开发整合高校思想政治教育新媒体资源，新媒体也能够拓展高校思想政治教育的大数据应用和数据积累。因此，一方面，要打造高校思想政治教育"大数据+新媒

---

❶ 王庚.新媒体视域下高校思想政治教育工作的创新研究[J].思想教育研究，2014（8）：84-87.

体"的新模式,建设专门的思想政治教育新媒体平台,开发适合于本校学生学情特征的新媒体形式,进行时间自由而精细化思想政治教育,加强显性教育效果;另一方面,在学校已有的新媒体中融入思想政治教育元素,运用大数据技术,挖掘"学习强国""学习通""完美校园"等 App 中的数据信息,并根据个人实际学习情况,实时推送为个体量身定制的个性化思想政治教育内容,强化隐性教育功能。同时,增强高校思想政治教育的针对性、实效性。如兰州大学在抖音中创设"'坡'有道'莉'"印象思政课,以风趣幽默、轻松活泼的短视频讲授思政课,拓展了高校思想政治教育的新媒体平台,体现了高校思想政治教育的时代性与实效性。在新媒体应用中嵌入大数据技术,可以使新媒体载体更加智能化,从技术上打破新媒体载体应用的时空限制,实现新媒体思想政治教育"随时随地在线",推进全过程的思想政治教育,为个性化思想政治教育提供载体与技术的双重保障。

(三)加强大数据与媒体融合,提升思想政治教育的效果

新媒体是指利用互联网、移动通信网络和数字技术等现代信息技术手段传播信息的媒体形式。它是传统媒体(如报纸、电视、广播)的延伸和补充。新媒体和大数据是提升思想政治教育效果的重要载体,通过将大数据技术和新媒体进行衔接,可以实现高校个性化思想政治教育创新发展。当前,新媒体不断发展,表现为互联网、人工智能、ChatGPT 等多种形式,而与大数据技术的链接为实现高校个性化思想政治教育带来诸多优势,例如,智能辅导系统、个性化推荐、数据可视化等,使数据收集分析变得更为轻松,帮助教育者掌握学生思想行为规律并为其推送量身定制的个性化思想政治教育资源,从而为提高学生的学习兴趣和参与度提供了技术支撑。新媒体涵盖多项能力,是为学生传递正确世界观、人生观、价值观的重要载体,有助于培养德智体美劳全面发展的时代新人。

首先,思想政治教育工作者可以最大化地利用人工智能、ChatGPT等新兴技术与新媒体进行链接。一是构建数字化思想政治教育平台服务体系是大数据与新媒体融合的基本需求,通过建立此平台,将大数据与新媒体的独立发展转变为整体发展。为了实现二者的深度融合,需要创造性应用科技手段将其融合,借助人工智能科技,创建一个庞大的数据库,将大数据和新媒体的数据信息收录其中。利用人工智能的分析能力,对这些资料进行分类、标记及整理,以便为教师和学生提供服务。二是在大数据与新媒体的整合进步中,二者应该利用自身优势,提升其传播吸引力,帮助学生或教师解决问题。例如,利用大数据的数据处理与分析能力、个性化推荐能力、实时监测和反馈能力对收集的数据进行精准计算,进而通过新媒体的信息传播功能、互动交流功能、社交影响功能,帮助学生或教师更轻松地获取自己需要的信息,提升思想政治教育的效果与质量。此外,二者在融合过程中,必须增加和学生、教师的沟通互动,及时掌握他们对输出内容的看法和期望,并进行调整。其次,思想政治教育工作者需要将大数据与各类App结合。例如,在授课过程中,通过微课、慕课、微信群等形式不一的多媒体载体为学生授课,然后利用大数据技术挖掘授课过程中产生的数据,进而精准把握受教育者学习交流的心理特征和接受习惯,实现内容的精准推送。可以说,大数据技术与新媒体之间的连接越充分、快速,凸显的价值就越明确,思想政治教育工作的效果就越好。

第四节　创新高校个性化思想政治教育体系

高校思想政治教育工作是一项极其繁杂、极其庞大、极其缜密的系统的工程,内容涉及面广。其宗旨是更好地实现立德树人的根本任务,满足学生的个性化需求，提供多元化的教育方式和丰富的教育内容，培养学生的思想道德素养、社会责任感和开拓创新精神。大数据时代，完善思想政治教育工作必须建立高校个性化思想政治教育大数据管理体系，把握高校个性化思想政治教育大数据标准体系，拓宽高校个性化思想政治教育话语体系，从根本上强化和规范思想政治教育工作。同时，借助大数据技术提供更精准、个性化的思想政治教育服务，能够促进高校个性化思想政治教育更好地发展。

一、建立高校个性化思想政治教育大数据管理体系

大数据时代，高校思想政治教育管理是推动教学活动有效开展的关键一环，其过程是通过一定的方式对系统内各个要素之间的关系进行协调，目的是推动高校思想政治教育的有效运转。❶

（一）建立思想政治教育大数据管理体系

大数据的价值已被人们普遍认同，收集遍地的数据资源，就如同挖掘"地下宝库"。在利用数据资源开展思想政治教育的过程中，为了避免数据滥用，建设规范的思想政治教育管理体系就成了重中之重。从学生层面来说，包括个人学籍信息、历年学业成绩等数据都在实时更新，无论对学生个人的学习还是教师有针对性地备课都具有重要作用；从学校层面来说，包括招生就业情况、教学开展情况、教学质量评估等多方面内容，对学校的教学方向和教学策略的调整至关重要。在开展高校思想政治教育工作时，收集的信息多而繁杂，包括教育者、受教育者、介体等，通过大数据管理体系对其进行一一整合，将促进高校思想政治教育整体的协调发展。基于高校整体发展需求而建立的大系统，

---

❶ 刘宏达，张琪.大学生思想政治教育内容供给的精准化及其实现策略[J].思想教育研究，2023（12）：126-131.

由各个子系统组成且子系统之间互联互通,方便调用数据。基于此,制定一套符合思想政治教育学科发展需求的管理体系,能够为高校推进思想政治教育工作提供支持。

(二)提升思想政治教育的决策质量

高校有效开展思想政治教育活动离不开教育决策的制定,正确且科学的教育决策对学校培养德智体美劳全面发展的人才具有重要作用。但在小数据时代,教育者的决策行为往往掺杂着过多主观因素,使制定和执行决策的效果受到影响。大数据给高校思想政治教育活动带来的改变不只在思维模式层面,还在技术层面及实践层面,这对于人们客观地认识世界有巨大帮助。高校决策是由行政管理部门进行制定的,目标是实现教学资源、设施资源、人力资源等多方面的优化配置,促进高校人力、物力及财力的综合利用。教育教学决策的质量对高校整体的规划和发展有着长远影响,是衡量一个学校竞争力的标准之一。借助大数据制定科学有效的决策,促进数据资源的优化配置,从而提升高校立德树人教育的效率和效果,成为高校向前发展的一个新思考点。肯塔基大学通过数据高效治理实验,提升决策质量,进而推动了自身发展。2012年,肯塔基大学引进了SPA公司开发的SAP HANA平台,使一些管理问题得到有效缓解。借助SAP HANA,学校能够掌握和分析全部数据源、获得有效信息,从而进行思想政治教育管理。实践证明,建立在数据基础之上的大数据分析和运用,可以帮助学校减少学校支出、增加收入,最为重要的是提升了高校的教学质量和工作效率。而对于高校的个性化思想政治教育而言,思维层面是较难理解和把握的,因此,可以转化角度,从教师的教学活动、学生的学习行为以及学校的发展规划等较容易的方面入手,在制定教学决策前进行多方面考量,从而提升高校开展思想政治教育工作的决策质量,培养高端人才,提升高校的核心竞争力。

二、完善高校个性化思想政治教育大数据标准体系

大数据时代，对海量信息在获取、分析与挖掘的过程中，存在大数据运用标准体系不健全从而导致数据运用行为失范等问题。因此，健全大数据质量标准体系、大数据评价标准体系，将是完善思想政治教育工作标准体系的基本之策。

（一）建立思想政治教育大数据质量标准体系

大数据时代，数据的采集、使用必须经过正常渠道。因此，必须建立一套健全的大数据质量标准体系，避免负面信息的传播。第一，树立新时代数据质量标准，匡正教育方向。高校建立思想政治教育质量标准的最终目标是促进思想政治教育质量全面提升，培养能够担当复兴大任的时代新人。新时代新征程，以大数据促进思想政治教育质量标准改革，必须坚持价值理性与工具理性的统一。此外，建立质量标准体系，也要将育人为本的质量观嵌入思想政治教育质量标准的收集数据、分析数据、推送数据等全过程中，真正实现以质促管、以质促教、以质促学。第二，推进建立思想政治教育质量标准顶层设计，制定建立思想政治教育质量标准相关规划、实施方案、行动指南，为明确质量标准目标、确定质量标准职责、健全质量监管等提供重要依据。第三，充分发挥地方教育部门和各级各类学校的积极性和自主性，持续细化国家建立的质量标准规章制度，形成具体、可操作的落地举措。按照国家层面出台的质量标准，做到按规章办事，对于还未出台的相关质量标准，可按相关政策文件与基本精神先行先试，建立本地区、本校的思想政治教育质量标准，最终实现自上而下与自下而上共同推进思想政治教育质量标准提升和质量标准创新的融合发展。以上方法将为教师和学生提供有价值的"优质信息"，为高校开展高质量的个性化思想政治教育活动提供支撑。

（二）建立思想政治教育大数据评价标准体系

大数据时代的到来，使人们的生产生活发生了深刻变革，对高校思想政治教育评价体系的转型提出了新要求。首先，充分发挥大数据技术对建立思想政治教育评价标准的赋能优势，通过评价主体多元化唤醒评价过程中人的多元性，强化评价标准的多点支撑。着力提升多元评价的数据素养，政府部门、学校、家庭、社会组织等多元评价主体共同参与思想政治教育评价，既可以为实现"三全育人"的目标创造良好的评价生态，也可以满足高校思想政治教育多样化的发展需求。评价之前，必须以收集海量数据为前提，然后由多元主体分析和思考，最后作出整体性评价，即通过大数据技术精准展现多元主体对学生的评价结果。基于评价结果，帮助教育者为学生提供个性化和智能化的学习方案。例如，教师单凭学生的期末成绩来判断学生整体是否优异，显然不够客观、全面，必须由教师、辅导员、家庭等对学生校内外多方面表现进行综合评价，才能最大化地发挥评价效能，实现对学生情况的精准把握。其次，建立思想政治教育大数据评价的规范标准。建立思想政治教育智能评价的数据规范体系，基于已经出台的《中华人民共和国个人信息保护法》《中华人民共和国数据安全法》等法律法规，建立并完善思想政治教育智能评价数据收集、分析、评价标准，为建立思想政治教育多模态数据安全保障体系、隐私数据保障机制提供重要依据。最后，建立思想政治教育数据评价的技术标准。在参照国家出台的大数据技术标准，同时借鉴国际数据技术标准构建思想政治教育评价数据获取、计算处理等环节所需要的数据技术标准体系，保证大数据技术赋能思想政治教育评价合理合法、科学有序。总的来说，必须使高校大数据教育管理的每个环节都有具体的评价标准，做到"无事不评价、无事不反馈"。依据学生多元主体评价、数据评价的规范标准及技术标准，可以根据评价对象的个性特征和实际需要量身定制"最佳方案"，提高思想政治教育评价的精准性，进而使高校思想政治教育工作体系更加完善。

三、拓宽高校个性化思想政治教育话语体系

巴赫金曾经说道:"对话是人类生存的本质。"这就是说,话语在我们的生活中一直处于不可替代的地位,在人与人沟通交流的过程中起着重要作用。大数据的出现丰富和创新了思想政治教育话语体系。以往高校开展个性化思想政治教育的主渠道是思想政治理论课,其中承担传输话语内容的仅仅是教材、口述等传统形式,比较单一。现在大数据技术被灵活运用在思想政治教育工作中,使话语形式不断创新,话语内容不断丰富,这将有助于实现个性化思想政治教育话语体系的构建。

(一)力求思想政治教育话语形式多样化

由于大数据技术的蓬勃发展,思想政治教育在话语形式的变革方面成绩斐然。高校不仅可以借助互联网平台传播思想政治教育内容,还可以依托线下课堂,进行面对面交流,或将线下与线上融合,为学生提供多样化思想政治教育话语。在大数据时代,因为有了多样化的话语形式,使得满足个性化学生需求不再举步维艰。运用大数据技术,精心选择能够满足师生需求的、喜闻乐见的话语形式,可以实现对学生定向式的信息推送和价值引导,满足互联网时代的学生需求。首先,利用大数据技术掌握学生的个人特征与兴趣爱好,提供符合每一位学生的日常话语表达习惯与风格的思想政治教育话语形式。同时,将学生点击频率较高的思想政治教育音频、视频与图文发布到学校平台上,或者利用学校的网络优势将思想政治教育的信息内容发布到深得学生喜爱的平台上,如抖音、快手等,以此实现话语形式的多样性,进而满足学生个性化需求。其次,基于互联网等技术,运用多学科融合的方式,将思政话语形式同法学、心理学、新闻学等不同学科的话语形式相结合,实现以跨学科的方式促进各类信息资源的融合。此外,通过多样话语形式的展现,学生在不同的学科话语表达

过程中可以受到思想政治教育潜在的影响，进而对思想政治教育产生兴趣。因此，只有推进高校思想政治教育话语形式的多样性和广泛性，才能有效传播思想政治知识，进而满足学生对思想政治教育内容形式的多样需求。

（二）实现思想政治教育话语表达生动化

要想提升思想政治教育工作的实效性，就必须利用大数据技术对话语内容进行创新，让受教育者听得进、理得清、道得明。同样，要想实现思想政治教育话语内容生动化，就必须在进行思想政治教育的过程中向学生传输新颖的内容，改变原来的陈旧表达，打造内容的新面貌和新魅力，让学生将内容内化于心、外化于行，以此激励学生积极地学习思想政治内容。一是了解互联网话语风潮走向，借鉴网络正能量的话语信息，大胆将当下阶段流行的、正能量的话语与思想政治话语内容相结合，创造出与大学生日常话语相似的、符合当下热点的新话语内容，使学生感受到思想政治教育的话语也可以很流行，以此增强思想政治教育内容对学生的吸引力；二是将抽象的、深刻的理论根据学生喜好进行话语转化，而不是生搬硬套，以此改变学生对思想政治教育话语的刻板印象。再加上教师富有感情色彩的真实表达，如将静态的中国特色社会主义理想信念转化为新时代的优秀人物和榜样故事，不仅可以引起学生共鸣，还可以拉近教育者和被教育者之间的距离，让严肃的理论真正进入学生的头脑；三是增强思想政治教育话语的感染力，引起学生的情感共鸣，激发学生积极思考和行动，更好地引导学生树立正确的世界观、人生观和价值观，培养学生的社会责任感和使命感，促进其全面发展，进而提升思想政治教育的实效性和影响力。同时，话语文本要有惠风和畅之感，所谓"感人心者，莫先乎情"，教师"走心"，学生自然也"走心"，如此才能让学生感受到思政话语的温度，保证高校思想政治教育效果的达成。

第五节 优化高校个性化思想政治教育方法

思想政治教育方法是使高校思想政治教育理论知识产生影响的手段之一，所有的思想政治教育理论知识必须通过恰当的教育方法，才能对受教育者产生影响，否则再好的知识都无法发挥作用。大数据时代，数据类型和信息量的变化，加大了教育者开展思想政治教育活动的难度。因此，要运用大数据技术对思想政治教育方法进行创新，使教育者对开展思想政治教育有一个更加准确、全新的认识。

一、运用大数据丰富高校思想政治教育认识方法

（一）优化思想政治教育知识的裂变连通方法

理论教育法是高校传授马克思主义理论知识最常用、最基本的方法。在实际的思想政治教育过程中，思想政治教育知识与知识生产的主动权大多掌握在思想政治教育决策机关和教育者手中，采取的教育方式长期以来都是以单向灌输式为主，较少有受教育者主动学习知识，并且受教育者被动接受的知识往往是早已规定好的。尽管高校思想政治教育内容是依照我国的教育目的和教育任务以及受教育者的思想实际来规划的，但教育者不能固守陈旧的知识，要有与时俱进探索新知识的能力。大数据时代，单向度的知识传导模式发生了巨大改变，多元化的知识传递渠道，如微博、微信、抖音等为所有人在网络上分享自己的知识、智慧、经验，满足自身的个性化需求提供了重要途径。这时，受教育者的主体意识开始觉醒。每个受教育者都可以作为思想政治教育知识的生产者和传导者，此时传导者与受众的界限变得模糊，进而使每一个人都可以在一

个平等开放的环境中拥有参与决策的话语权。知识遍布整个开放环境的各个节点，这些节点是一台计算机、一个数据、一个人等。当前由于技术还不成熟，我们不可能拥有所有知识，但可以根据这些节点知道在哪儿能够找到针对性的思想政治教育知识，满足受教育者的个性化需求。同时，这种知识要想自由生产与传导，就必须采取连通方法对信息进行把控。通过联通，可以与思想政治教育的最新知识建立链接并保持与时俱进。

（二）构建思想政治教育人机协同教学法

思想政治教育人机协同教学法是将人工智能技术嵌入教学过程，形成人工智能与教师协同教学的实践形态，可以弥补教师能力不足的缺点，促进思想政治教育更好开展与个性化教学的实现。在人工智能时代，思想政治教育者与人工智能进行协同教学，两者必须都发挥自身优势。一方面，人工智能可以弥补教育者在数据知识储存、外部信息识别、交互性学习反馈等方面的不足。另一方面，我们也要认识到人工智能只是冰冷的数字机器，只有发挥教师的专业知识和实践经验，用辩证性的思维冷静审视和评判技术的不足，对未来可能要发生的意识形态错误进行抵制，才能矫正人工智能的弊端。第一，人工智能帮助思想政治教育教师高效地处理机械式的工作，如布置作业、批改作业等，将教师从繁杂的工作中解放，以便将更多时间用来增强自身教学能力、提升教学方法，进而促进教师在思想政治教育领域创造性发展。第二，人工智能助力更好地开展思想政治教育活动，通过大数据的采集、分析，感知、识别每个学生的需求，呈现学生的整体情况，促进思想政治教育教师积极发挥自身的专业优势与学生进行情感交流，与学生产生情绪共鸣，使彼此间的情感纽带联结更加紧密，推动思想政治教育活动有效开展。第三，在运用人工智能技术优势，大规模掌握学生的思想行为情况、个人认知水平、心理发展需求，助力高校思想政治教育教师确定学生学习方式的基础上，通过人工智能强大的知识库和高效的处理问题能力协助教师选择最适宜的教学方法，助力教师更好地开展思想政治教育教学，促进学生个性化学习和发展目标的实现。第四，人工智能可以帮助学生实现智能伴学，为学生制订有针对性的学习方案，促进思想政治教育教师与学生的交流互动和资源共享，观察学生学习的行为轨迹，加强对学生学习的检测和预防，促使学生完成学习目标，进一步完善教师教学策略，提高思想政治教育实效。

（三）优化思想政治教育预防教育法

"所谓预防教育法，就是预测人们可能或将要发生的思想问题，事先进行思想政治教育，防止和避免错误思想与行为产生的方法。"❶预防教育法可以对学生未来要发生的事情进行及时干预，做到"防微杜渐""防患于未然"。大数据的核心是预测，即通过大数据技术收集学生数据、分析学生数据，得出对学生的思想行为的精准掌握，然后对未来学生可能发生的行为进行预测。大数据既能分析当前学生状况，又能够对学生未来的发展走向进行预测，通过预测功能为教育者作出决策和进行风险预判提供可能。一是大数据具有判断预测法。以往的方法主要依靠主体的经验、知识和分析判断能力进行预测，但此方法容易产生主观和片面的预测倾向。利用大数据技术使思想政治教育方法更客观和精准，保证其客观性和科学性。在思想政治教育过程中，通过对学生数据信息进行挖掘分析，对学生的思想行为动态进行预测，就可以对不同学生可能存在的思想问题及时提供有针对性的教育方案。二是大数据优化症候分析法。通过发现学生思想苗头，预测学生未来的思想变化。传统的方法对学生前期的思想行为状况难以做到准确把握，借助大数据技术，及时掌握学生前期思想动态，能够为实现个性化思想政治教育提供技术支撑。如通过大数据技术分析学生的

---

❶ 郑永廷. 思想政治教育方法论（修订版）[M]. 北京：高等教育出版社，2010：209.

第七章 大数据时代高校个性化思想政治教育路径创新

课堂考勤情况、回答问题正确率情况及随机测验数据等，可以预测可能出现的征兆，从而判断学生某个阶段的学习情况。

二、依托大数据创新高校思想政治教育实施方法

（一）识别兴趣点，提升思想政治教育方法针对性

传统的思想政治教育以班集体为单位，教学活动统一开展，由于受教育者存在一定的差异性，因此，无法做到精准为每一个受教育者开展适合自身的个性化思想政治教育，自然也无法提升思想政治教育的针对性。在大数据时代，可利用大数据技术收集社会热点，提升理论教育的针对性。高校思想政治教育在传授书本知识的同时，更需要紧跟社会热点事件，尤其关注高校思想政治教育的热点问题。如借助大数据技术对网络平台中的图表等信息进行排序、比较，可准确快速地捕捉网络燃爆点，并对此热点信息进行分析，融入高校思想政治教育理论课堂，提升思想政治教育的吸引力和针对性。利用大数据技术精准分析学生数据的过程中，教育者必须注意创新教学的方式方法，提升教学的针对性，"促进受教育者主体意识充分发挥作用"❶。同时，还要利用大数据技术提升志愿服务、社会考察等实践活动的针对性。因为学生在思想、生活、学习上都存在差异性，所以对同一志愿服务活动发挥的作用是不同的。为了使思想政治教育的实践活动发挥最大效能，教育者可以收集学生对志愿服务活动的诉求数据，借助大数据技术筛选、分类并基于此有针对性地开展相关实践活动。社会考察活动是一种有计划地观察和研究社会现象的方法，能够提升自身的认识能力和解决问题能力。社会考察方法同样适用于对校园环境的观察，利用大数据技术收集分析学生数据，掌握学生特

---

❶ 王学俭.思想政治教育理论与实践问题的研究视角[M].北京：中国人民大学出版社，2017：360.

点，就可以有针对性地进行校园考察活动。同时，学生自身也可基于多样性、互动性的社会资源，选择符合自身实际情况的实践活动方式。大数据赋予高校思想政治教育开展个性化分析的方法，实现了"量身定制""个性教育"。利用大数据技术掌握学生的思想行为特点，可以提升实践教育的针对性。大数据技术不仅应用于挖掘社会热点事件，还能挖掘学生的兴趣点并开展个性化的思想政治教育，使高校思想政治教育与社会发展同步，提升思想政治教育的吸引力和趣味性。

（二）把握诉求点，加强思想政治教育方法实效性

大数据时代，可以利用大数据技术掌握不同学生诉求，完善疏导教育法。对学生存在的问题及时疏导，首先要对问题进行分析，抓住学生的思想行为发展趋势。作为教育者必须对被教育者的诉求进行精准把握，才能进行有效疏导，针对性地解决问题。同时，针对学生存在的问题，必须做好规划和预警工作。利用大数据精准分析学生数据，采用可视化呈现方式，完善比较教育法。此方法有助于思想政治教育者全面分析学生数据，也有利于学生通过比较提升辨别是非的思维能力，进而形成正确的思想政治教育观念。利用大数据技术对学生数据进行可视化呈现，通过数据画像更加清晰明了对比结果，使结果更加直观。

大数据也改变了思想政治教育的调查方法。传统的思想政治教育方法采取抽样调查方法，调查的是个别学生，因此，得出的结果有效性不足，未能提升思想政治教育的实效性。大数据时代可以用全样本分析代替抽样调查，为教育者开展调查提供更为全面、客观、准确的数据支持，有助于提高思想政治教育的实效性。在开展思想政治教育的过程中，利用抽样调查可能存在一定的偏差，导致结果不够全面或代表性不足，对于一些复杂的思想政治问题，抽样调查的数据分析和解读可能较为困难。而利用全样本分析可以对整个受教育者群

体进行全面了解和分析,避免了抽样误差带来的不确定性,并且结果更具权威性和可信度,有助于推动和实施思想政治教育工作。

思想政治教育是一项长期而复杂的工作,只有基于全面准确的数据支持,才能帮助教育者更好地了解和分析学生的思想行为状况,满足学生个性化需求,从而有针对性地开展思想政治教育工作。这有助于提升思想政治教育工作的效率和质量,实现更好的个性化思想政治教育效果。例如,利用大数据技术进行全样本分析,通过收集和分析学生的思想行为数据,如在线学习行为、课堂参与度等,更准确地了解、掌握学生的诉求点,从而进行更有针对性的教学。

(三)整合网络教育资源,创新网络思想政治教育方法

目前,高校思想政治教育以线下为主、线上为辅。随着互联网大数据时代的到来,网络空间给学生提供了丰富的资源,并且学生可不受时间和地点的限制开展学习,参与度高,这为高校开展网络思想政治教育提供了新空间。网络思想政治教育是指利用互联网和数字技术手段开展思想政治教育活动。随着信息技术的迅猛发展,网络思想政治教育在当今社会具有重要意义,可以更广泛、高效地传播思想政治理念、价值观念,引导人们树立正确的世界观、人生观和价值观。随着大数据时代的到来,网络思想政治教育方法也得到了优化和创新。互联网是开展思想政治教育的新领地,在大数据技术的支持下,网络教育平台不仅开创了教育的新平台和新方式,还整合了网络上的资源,为教育者开展思想政治教育提供了海量数据资源,提升了网络平台的吸引力。❶

当前由于数据繁多、种类不一且资源分散,缺少整体性平台整合资源。思想政治教师队伍必须"利用互联网和大数据的高速度和海量性特点"❷,将

---

❶ 李德福.高校开展网络思想政治教育的困难及对策研究 [J]. 思想教育研究, 2014 (1): 61-63.
❷ 邹绍清.论意识形态的党性和人民性统一及其实践路径——兼论思想政治教育创新的实践导向 [J]. 马克思主义研究, 2014 (7): 81-88, 160.

各大网络平台上的思想政治教育素材上传到共享网络平台,不断提升资源的共享性。同时,借助大数据技术建立学校网格动态管理系统,对思想政治教育资源加大整合和管理的力度;借助大数据技术创新高校虚拟实践教育方法,即有计划、有目的地在网络空间组织引导学生参加各种各样的虚拟实践活动;❶推动大数据和网络载体相结合,采取多样的虚拟实践体验方式,满足学生对多样方式的个性化需求。例如,通过收集学生数据,分析挖掘学生思想行为特征,掌握学生关注的相关思想政治动态,进而利用大数据技术打造为学生量身定制的个性化主题栏目,组织学生参与其中,不断创新虚拟实践教育方式。在大数据时代,网络平台成为开展思想政治教育的新阵地,也是前所未有的新方式,满足了学生的个性化需求,同时创新了网络思想政治教育方法。

三、借助大数据拓宽高校思想政治教育方式

(一)开发自适应学习方式以满足学生需求

将大数据技术融入思想政治教育的过程中,教育者可以借助大数据技术对学生的思想行为特点及其心理诉求进行分析、挖掘,从而构建一个以学生自我实际成长诉求为核心的分析模型,为自适应学习方式形成有效支撑,也有利于开发更多适合学生的思想政治教育的学习资源。所谓自适应学习是一种更符合学生自身需求的个性化学习方式:利用大数据技术收集学生在生活上、学习上的数据并进行分析,挖掘其潜在的独特价值,进而对学生的思想行为进行一种反向模拟,再将模拟及诊断的结果反向融入思想政治教育,从而针对不同学生的个性化需求进行针对性的思想政治教育,提供个性化方案,推动高校思想政

---

❶ 郑永廷,等.思想政治教育方法论[M].北京:高等教育出版社,2010:197.

治教育更好发展。不同成长环境、不同家庭背景的学生在接受思想政治教育相关知识学习的过程中展现出的天赋存在较大差异。成长环境压抑且自身性格敏感的学生在接受思想政治教育的过程中会比其他人更为细腻,但遇到环境变化时,也更容易"钻牛角尖",可能出现伤害自己或者他人的行为等。相反,成长环境有爱、性格活泼开朗的学生在接受思想政治教育的过程中会更容易看到相关教学内容中阳光的一面。

因此,借助大数据技术开发的自适应学习方式,依据学生本身的需求及内心想法开展个性化的思想政治教育,可以制定个性化的教学策略,并对不同学生进行差异化帮助和引导,使学生积极主动地参与思想政治教育,从而促进高校思想政治教育质量的进一步提升。再者,对学生而言,在实际开展思想政治学习的过程中可以利用的不仅是书本中的知识或课堂讲义中的内容,生活环境中的一点一滴及网络空间也成为获取知识的主阵地。借助自适应学习方式,教师开展思想政治教育可以应用的资源不再局限于校内,而是利用大数据技术为学生开发更多符合学生喜好、帮助学生进步的网络资源,使学生在畅游网络空间时能够提升个人德行与品质。此外,教师还可利用大数据技术诊断、预测学生的自我发展,就其价值倾向及目前个人的成长成才过程中存在的不足进行研判,对此针对不同学生开发出更适合其健康成长的个性化规划体系,制定差异化的思想政治理论课学习路径,做到帮助学生实现德智体美劳全面发展,促进思想政治教育立德树人目标的实现。

(二)采取多元化教育方式以提高学生学习效果

大数据时代,学生学习更加注重自主性和多样性,渴望通过多样的方式获取知识和资源,因此,高校开展思想政治教育必须注重多元化的教育方式。所谓多元化的教育方式是指在教育过程中采用多种不同的策略、方法和资源,以满足学生多样化的学习需求和兴趣,促进学生全面发展。此方式不同于传统的教育方式。传统的教育方式因技术滞后、思维固化，无视学生个性，旨在进行整体教学，批量培养学生，而多元化教育方式强调个体差异和多样性，尊重每一个学生的独特性。大数据时代，思政课教师可以采用多种教学方法，如小组讨论、合作学习、案例分析等，以适应不同学生的学习风格和能力水平；利用多种学习资源，包括电子书、网络资源、在线学习平台等，满足学生的不同学习需求和兴趣。多元化的教育方式旨在提供更广泛、更灵活的学习环境，充分尊重和发展学生的个性和潜能。

首先，在传统的课堂教学之外，可以开设跨学科的课程，将其他学科与思想政治教育相融合，让学生在多样学科的环境下学习和思考，将不同学科进行有机结合，帮助学生理解知识之间的联系和综合运用能力，从而拓宽学生思维和视野，更好地满足学生的多样化学习需求。其次，教师可以运用线上学习和网络平台等方式，使学生在不同的环境下接触思想政治教育，不断提升学生学习的积极性和学习效果。如开设线上免费课程，让学生可以在家中或外出旅行时都可以进行学习；将思想政治教育与娱乐媒体平台结合起来，使学生处在轻松愉快的氛围中学习和交流；利用多种媒体形式，如视频、音频、图像等，针对学生个性化需求，采取符合学生需求的教育方式，提高学生学习的效果。最后，高校可以开发智能辅导系统分析学生在学习过程中的疑惑和困难，并提供有针对性的学习建议和方案。通过自动化的辅导系统，学生可以获得即时反馈和个性化指导，提高学习效果。

（三）强化实践教育方式以促进学生的实践体验

"所谓实践教育法，就是组织、引导人们积极参加多种实践活动，不断提高思想觉悟和认识能力的方法。"[1]实践教育是指通过让学生参与真实的社会实

---

[1] 郑永廷.思想政治教育方法论（修订版）[M].北京：高等教育出版社，2010：134.

践活动，提供给学生与实际生活相关的学习体验和机会，培养学生的实际操作能力、社会责任感和创新思维，并进一步促进学生在实践中深入体会思想政治教育的实际应用和意义。正确的思想行为不仅能在现实的实践活动养成，也可以在虚拟的实践活动中养成。虚拟实践是以数字化符号为中介的计算机网络空间。人们运用虚拟技术，在网络空间有目的、有计划、能动地改造和探索虚拟客体的活动。以往在进行虚拟的思想政治教育实践时，不仅弥补了很多现实实践的不足，也延伸了现实实践的空间。但是当时虚拟空间可利用、可选择的思想政治教育知识相对较少，缺乏一个虚拟实践的思想政治教育平台。大数据时代，利用大数据的可视化和虚拟化技术处理现实的实践活动，可构建一个虚拟实践的思想政治教育平台。虚拟实践思想政治教育平台具有丰富的教育资源，学生可以在平台上充分地开展虚拟实践活动，学习思想政治教育知识，提高思想道德水平。同时，教育者可以掌握学生的思想行为状况，更有针对性地对学生进行思想政治教育、管理、服务。虚拟实践教育平台丰富了传统的虚拟实践活动，但需要注意的是，虚拟实践教育不能脱离现实实践教育，前者必须以后者为基础，两者相互结合，实践教育法才能彰显出最佳效果。

四、利用大数据完善高校思想政治教育评估方法

（一）统筹分析数据以健全信息反馈机制

高校思想政治教育的信息反馈过程是一种对教育的效果进行检查和管理调控的过程，如发现教育过程中出现问题，就必须采取措施。从分类来看，信息反馈主要包括纵向民意测验反馈、横向大众反馈等。传统的反馈方式在时效性、便捷性、直观性、隐私保护和可追溯性等方面存在缺点，未能让普通受教育者的思想直接反映到思想政治教育的决策者层面。大数据时代，大众传媒的受众

面变得广泛，传播速度也逐渐提升，大众反馈的渠道更为畅通。就思想政治教育而言，"两微一端"等网络平台的兴起大大拓宽了受教育者反馈思想政治教育信息的渠道。但是问题同样存在，随着反馈渠道逐渐拓宽，收集到的反馈信息也越来越多、越来越杂，此时如何处理反馈信息成为棘手的问题。大数据时代，利用大数据的识别和筛选功能能够完整地处理好反馈信息；利用关键词搜索等功能，辨别相同种类的信息并进行分组；利用大数据技术对错误信息删除，留下真实可用的反馈信息，为思想政治教育改进提供参考。总之，借助大数据的统筹分析，可以健全信息反馈机制，为全过程的评估收集信息。

在学校教育的过程中，采取的民意测验反馈主要包括学生反馈、教师反馈等。大数据时代，运用网络反馈，不仅为反馈对象提供了很大便利，还为信息处理奠定了一定基础。通过大数据技术对反馈表进行编码，如对不同级别学生的反馈表进行编码，进而分别统计反馈信息，保证反馈信息的精准度。但此方式存在较强的主观性，因此收集到反馈信息后，需要借助大数据技术结合相同类型的反馈信息进行分析处理。可以说，在大数据时代，利用大数据技术能够提高分析反馈信息的准确性，了解思想政治教育过程中存在的问题，并针对问题给出改进策略和方案，以促使高校思想政治教育更好地发展。

（二）实时记录数据以形成动态评估方式

动态评估是依据思想政治教育过程的变化性逐步形成的评估方法。随着时间的不断变化会产生不同种类的数据信息，必须及时获取并分析、挖掘，在整个变化过程中掌握变化状态，为下一步思想政治教育工作的开展作准备。大数据动态记录每个人的思想政治教育数据信息，因为学生的思想在每个阶段都是千变万化的，所以思想政治教育数据信息种类很多，包括个人的思政课学习数据、交友数据、社会实践数据、出行数据、消费数据等。由于学生群体庞大，技术条件有限，传统的思想政治教育无法做到对每个学生进行持久数据记

第七章 大数据时代高校个性化思想政治教育路径创新

录，但大数据提供了解决方法。首先，将学生自身思想政治教育过程进行分段。如在一学期中，主要包括前、中、后三个阶段，对每个阶段的数据进行动态记录。其次，借助大数据技术记录每个阶段的思想政治教育数据。如各阶段的思想政治学习数据，必须即发生即记录，避免信息的滞后性。最后，形成每个学生独有的思想政治教育数据库，用大数据的可视化图像呈现其思想动态变化状况。在此基础上，我们可以从以下三个方面入手来完善动态评估过程。一是建立大数据动态评估系统。动态搜集和整理数据，针对不同的思想政治教育阶段，由专家、评估组织者对记录的数据信息进行分类、整理。二是制定评估指标体系、权重系数。从思想政治教育理论课、队伍建设等方面对思想政治教育工作进行评估。❶利用大数据技术全面分析各评价要素，从评估对象、专家学者的角度整体分析，研究各评价因素的权重。三是依据数据信息作出评估结论。利用大数据技术综合处理评估数据，依照评估方案，采取大数据录入数据并设置比重，最终由大数据算法进行运算处理，得出综合评估数据。这就是说，在评估的过程中，必须借助科学动态评估体系，利用大数据技术完善动态记录过程，保证数据正确性和动态性。

（三）监测更新数据以完善评估体系

高校思想政治教育评估体系是不断发展与进步的科学体系，在建立体系的同时还需要进一步对评估体系进行动态性、整体性分析，以实现全面、立体、科学的评价体系。首先，大数据技术能优化效能指标评估。效能指标是高校开展思想政治教育达到的效果和效率。其直接效果存在模糊性，难以精确计量。依托大数据技术，可以将学生的思想行为、认识水平等的变化进行处理，用较为具体的指标衡量学生的变化发展，便于将效能指标具体化。同时，借助大数

---

❶ 吴雷. 大数据助力高校网络思想政治教育创新的长效机制构建[J]. 淮海工学院学报（人文社会科学版），2015（13）：122-125.

据技术对较为明确的指标进行综合分析，可以监测该指标能否真正评估学生学习的效果、能否符合思想政治教育的时代性要求。其次，大数据优化素质指标评估。所谓素质指标是从教育的评估对象所承担的职责或者完成任务应当具备的条件的角度提出的标准。其非一成不变，在不同时代有不同内容，因此，它也需要不断完善和更新。此外，还可以利用大数据算法对现有的评估体系进行检测，检测其是否能正确评价高校学生的理论素质和思想行为素质等。新时代新征程，对高校学生的思想政治教育素质水平有更高的要求。因此，必须借助大数据技术对思想政治教育效能指标和素质指标进行及时检测更新、优化升级，使其符合高校思想政治教育的发展，符合时代发展，最终得出思想政治教育评估的客观数据，做到与时俱进。

第八章 大数据时代高校个性化思想政治教育机制创新

"思想政治教育机制是思想政治教育各要素的构成方式、作用方式以及由此产生的思想政治教育活动的整体的运行方式和人们对思想政治教育活动运行的有效调节方式的总称。"[1] 大数据时代,要以机制创新带动高校个性化思想政治教育的发展,利用大数据建立起大学生思想健康的预警机制;运用网络舆情监控数据建立起大学生行为的预测引导机制;利用大数据的差异辨别功能强化思想政治教育管理机制;根据数据模型建立思想政治教育动态评估反馈机制;遵循数据能力需求完善思想政治教育人才培养机制;重视数据伦理构建思想政治教育数据安全保障机制;依托信息技术建立高校思想政治教育激励机制,为实现高校个性化思想政治教育建立起完备的机制保障。

第一节 根据"数字身份"建立大学生思想健康预警机制

大数据时代背景下,云计算、5G、人工智能等相互交织影响,形成与现实环境相平行的数字化环境,推进了现代化数字文明进程,为高校个性化思想政

---

[1] 马奇柯.思想政治教育机制要素及其特性分析[J].学校党建与思想教育(上半月),2008(4):19-22.

治教育打造了新的场域与阵地。在数字化环境下，人们的大量行为被自动记录存储在网络空间，而行为是思想的外在表现，人的思想因而也呈现出可量化、数字化特征。实质上，在人们利用网络空间的时候，网络世界也正在进行数字化、虚拟化的平行建构。

一、"行为数据—数字身份"的平行建构

思想始终具有意识形态性，无法直接进行量化衡量，而通过对人的行为大数据分析促进对人的思想动态的定量分析，无疑是大数据时代个性化高校思想政治教育的创新点与突破口。高校思想政治教育要充分利用这一特征，根据受教育者在网络上留下的社交数据、行为活动数据等，建立起"行为数据—数字身份"模型，形成个体多元化、多角度的数字身份。行为是思想的外在表现，思想是行为的内在依据。根据行为数据可勾画出个人数字化形象，应用大数据算法及技术对个体的喜好、性格特长、社交范围、学习状态等方面进行自动分析，最后以可视化或者多维数据呈现个体的"数字身份"，并显示出多维度的数值权重。

表 8-1 至表 8-4 是根据笔者所在学校 2019—2023 级本科学生图书馆门禁记录、一卡通消费记录与学生成绩数据进行运算及相关性分析得出的结果，其能够反映学生学习行为的一些规律，用于个性化画像的构建。

表 8-1 部分数据集

学号	消费频次/次	消费金额/元	借阅册数/册	学习时长/小时	入馆次数/次	学生成绩/分
001	35	2045	0	26.4	146	83
002	43	2187	5	23.8	32	71
003	58	3225	145	104.3	467	85
⋮	⋮	⋮	⋮	⋮	⋮	⋮
866	152	4344	45	345.5	234	88

第八章 大数据时代高校个性化思想政治教育机制创新

表 8-2 数据聚类离散化结果

学号	消费频次/次	消费金额/元	借阅册数/册	学习时长/小时	入馆次数/次	学生成绩/分
001	A1	B1	C1	D1	E1	F4
002	A1	B1	C1	D1	E1	F3
003	A2	B2	C2	D2	E2	F4
⋮	⋮	⋮	⋮	⋮	⋮	⋮
866	A3	B3	C3	D3	E2	F4

表 8-3 部分频繁项集

频繁项集	支持度（置信度 0.5）
{A2, B2, C1, D1, F2}	0.463
{C1, D2, C1, E1, F2}	0.376
{A2, B1, D1, E2, F2}	0.368
{B2, C2, E2, F3}	0.595
{A2, C1, D1, E1, F3}	0.372

表 8-4 部分关联规则

编号	关联规则	支持度（置信度 0.5）
1	{A2, C2, D2, E2}⇒{F3}	0.556
2	{B2, F1}⇒{E1}	0.856
3	{A1, C1}⇒{D1}	0.847
4	{A1, D1, E1}⇒{F1}	0.535
5	{A2, C2, E2}⇒{F4}	0.356
6	{A3, B3}⇒{F4}	0.352
7	{A2, C1, D2}⇒{F2}	0.652
8	{A2, B2, D1, E1}⇒{F3}	0.548
9	{A2, C1, F2}⇒{D1}	0.345
10	{A2, B1, C2}⇒{F3}	0.544

由表 8-4 中编号 5、6 的关联规则可以得到，学习成绩好的学生，食堂消费频率、图书借阅册数、入馆次数和在馆学习时长趋向于高或者中等。由编号 1、8、10 的关联规则可以得到，学习成绩良好的学生其食堂消费刷卡次数、图书借阅册数、入馆学习次数趋向于中等。由编号 4 的关联规则可知，学生成绩差的学生其食堂消费频率、入馆学习情况则趋于相对较少。由编号 3 的关联规则可知，食堂刷卡频率低和借阅册数较少的同学去图书馆学习的频率也相对较低。

关联规则分析表明学生各种行为数据与成绩具有很强的相关关系，对挖掘结果的分析得到如下结论：

（1）学生消费金额的高低与学生学习成绩具有一定关系，消费频率高这类学生学习成绩一般不低；

（2）入馆次数多且学习时长中等的学生学习成绩更趋向于良或者优；

（3）消费频次中等、借阅册数少且学习成绩中的学生，在馆学习时长趋向于低或者中等；

（4）消费频率低、借阅册数少或者几乎没有、图书馆门禁刷卡次数较低及在馆学习时长短的学生其学习成绩相对较差。

最后得出分析结论：学生学习成绩差主要有四个特点，即食堂消费刷卡频率相对较低、图书借阅册数较少、图书馆门禁刷卡次数较少及在馆学习时长相对较短。而学生学习成绩优也有四个特点，即食堂消费频率中等，图书馆内活动相对频繁即图书借阅次数中等，图书馆门禁次数中等及在馆学习时长中等。这样就可以清晰勾勒出学生学习行为的数据画像，从而构建他的数字学习身份。

二、建立"数值上限—思想危机"预警机制

影响受教育者思想健康的因素有很多，如学业、个人情感、外界因素等，

因此建立起多维度、多层面的大学生心理危机、思想健康的预警机制十分必要。如建立学生学业预警，"不良网站浏览"预警，社交平台不当言论发表、评论、转发预警机制，进而根据网站浏览、话题参与、与同学的社交数据建立心理危机预警机制。基于注意力机制的 CNN-LSTM 学生成绩预测模型可根据一个学生成绩排名观测他的学习状态，并得出未来排名的预测。该模型由 CNN 层、LSTM 层、注意力机制层和全连接层组成。其中，CNN 层包含卷积层和池化层，卷积层用于提取各种学生行为的局部特征，如一周内消费频次、消费金、学习时长、借阅册数、入馆次数等；池化层则对卷积层输出的特征图进行采样，降低特征维度，减少计算量和过拟合的风险。LSTM 层通过接收 CNN 层的输出获取学生行为的时间序列特征。注意力机制层通过计算 LSTM 获取的时间序列特征的权重，为不同时刻的行为特征赋予合适的权重，进而能更准确地预测学生成绩。全连接层通过对 LSTM 单元输出的学生行为特征进行压缩，以此作为模型最终的特征表达，通过 Softmax 分类器实现对学生成绩的分类预测。

如果一个学生排名始终在最后并经常不及格，那么排名预测就可以变成挂科预警。如图 8-1 所示，可以设立特定方面的预警阈值，特定数据一旦接近上限或者达到异常值，即刻发出不同程度的警示。

根据校园一卡通的消费数据，我们可通过以下方法甄别"校园孤独"人群，如图 8-2 所示。以食堂就餐、图书馆上自习或者校园消费为例，关系好的同学会有多次相连刷卡记录，我们可以判断为好友结伴前行；而甄别出来的孤独人群却从未有过与别人相连刷卡的记录，即不管任何场合都是独来独往。对这样的人群再辅以其他数据，如宿舍门禁出入记录、上网时长记录等，发现他们属于社交活跃度低的群体。对孤独人群的思想动态应给予特别关注，以便及时回应他们存在的困难与问题，并进行心理咨询与思想引导。

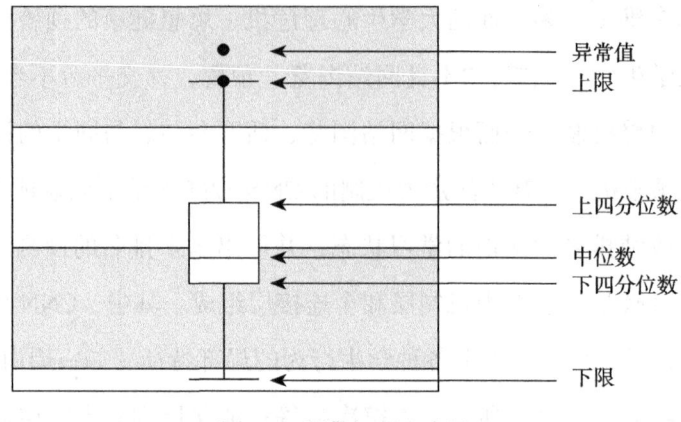

图 8-1　预警机制示意图

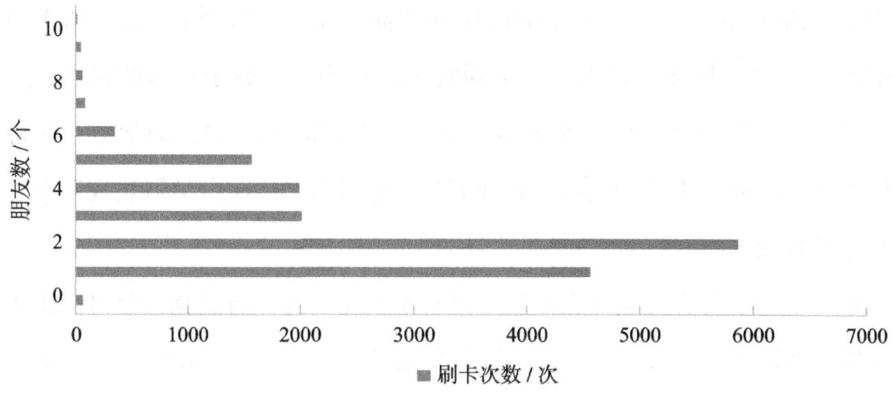

图 8-2　学生拥有朋友数

第二节　运用网络舆情监控数据建立
大学生行为预测引导机制

网络世界触手可及，为人们创造了更加自由地发表观点、意见的机会和出口，网络舆论已然成为一种重要的社会舆情形式。党的十八大以来，以习近平同志为核心的党中央高度重视舆情工作，强调要做好网上舆情工作，把

第八章 大数据时代高校个性化思想政治教育机制创新

好舆论导向。而高校是意识形态的前沿阵地,大学生群体是网络舆情的主导力量,因此做好舆情监控,把好高校舆论风向是高校思想政治教育的重要任务之一。

一、运用大数据优化校园舆论环境

舆论的力量是强大的,既可以是正能量的传播,也可能是负能量的输出。"舆论引导的前提是对舆论信息的充分挖掘与综合研判。"❶大数据能够全天候、全方位实时获取校园网络舆论发展状况,并进行科学的大数据分析与判断,提升舆论引导的主动性。首先,要积极主动抓住重大国家节日等时间节点,自觉营造良好的舆论环境,通过大数据发现舆论热点,引导大学生自觉讨论、思考。如利用中国共产党成立100周年这一重大契机,积极弘扬伟大建党精神,挖掘身边的红色文化与本地的红色资源,强化受教育者情感认同,发挥高校舆论的正向育人功能。其次,要关注校园网站、朋友圈、微博、贴吧、抖音等网络数据,掌握校园舆情的主导力量。要对正在传播的校园热点问题进行快速鉴别,不失时机地传播正能量、消除负能量,抵制不良思想观念在校园的传播。也要加强对个体的监督,利用大数据积极主动地感知个体舆论倾向,精准定位校园舆论源头,早发现、早干预,营造良好的校园舆论环境。

二、建立"舆论数据—行为预测"的舆情分析引导模式

大数据技术能够实时收集校园各类舆论信息,而舆论数据蕴含着受教育

---

❶ 操菊华,康存辉.媒体融合环境下发挥思政课舆论引导作用的路径分析[J].思想政治教育研究,2018,34(5):101-105.

者对某一现象或者某一社会事件的情感态度、心理期待和价值判断。利用大数据分析网上舆情传播人群状况、传播速度、传播范围、传播效力，可以精准掌握舆论发展方向。大数据最为核心的特征是其基于海量数据分析基础上的预测功能，即利用大数据挖掘舆论数据背后的价值取向与思想倾向。学校的网络安全员与思想政治教育者、心理疏导教师应该协同工作，根据校园舆论数据反映的学生思想状况，预判舆论引导下的大学生行为发展趋向，从而针对个体行为和群体行为，分别制定相应的舆情应对策略，积极鼓励正确的舆情发展，及时干预错误、失范的舆论导向。

第三节　利用大数据的差异辨别功能强化思想政治教育管理机制

管理是高校思想政治教育过程中必不可少的一个要素，强化管理与教育相融合，是坚持"十大育人体系"及"三全育人"的必然要求，也是协同高校思想政治教育系统内外各要素形成强大思想政治教育聚合力的题中应有之义。大数据时代是一个具有整体性变革特征的社会形态，人们的认识、实践、价值、方法领域都呈现出新特征，客体对主体的知识性依赖关系弱化，价值性依赖关系增强。利用大数据技术对个体思想行为进行纵向对比分析，辨别受教育者的个体差异性特征与发展需求，更能够实现因材施教的个性化思想政治教育目标，更有利于对大学生进行有针对性的管理教育。

一、建立个性化思想政治教育的数字管理系统

大数据时代，数字化拉近了人与人的现实距离，教学内容能够通过网络平台完整再现，这为构建大数据分析基础上的个性化教育管理提供了有利条件。

依托大数据平台,建立数字化、个性化的思想政治教育管理大数据系统,建立以年级、群体为主干的大数据信息树,以班级、团队为枝干,以个体信息为延伸。运用差异性描述、信息对比分析等大数据分析方法,对每个个体的性格、能力、学业状况、社交情况及生活等方面的情况进行差异化分析,辨别每个个体的不同特征,形成关于个体的大数据信息图谱,并将其纳入思想政治教育数字化管理系统。其中,基本的教育教学数据信息向相应的思想政治教育工作者开放,涉及个人隐私的数据信息,需要进行脱敏处理再行开放,或者经过数据管理部门、本人同意后开放共享。个性化管理系统的建立不仅为大学生的个性化思想政治教育教学提供了便利,也使教育者更加了解自己的教育对象,使大学生个性化培养目标的实现成为可能。

二、确立个性化思想政治教育管理目标

基于大数据差异性分析结果,高校思想政治教育工作者可以根据不同个体的差异特征,设计个性化学习方法、实施个性化的思想引导、进行个性化的帮扶,从而实现个性化教育教学管理目标。在此基础上,建立动态开放式的思想政治教育服务系统,承载定制式的、多样性的、多元选择的教育内容,实行权变式的教育管理。个体可随时调整自己的学习目标,按需学习、泛在学习,教育者则随时调整教育内容与输出方式,实现面向个体的"精准思政"与精准管理。同时,利用大数据评估反馈技术,对个性化管理目标进行实时跟进和检验,监督、评价教育效果,及时反馈思想政治教育难点与困境,进而继续完善个性化思想政治教育管理,形成基于大数据分析方法的个性化教育管理机制。

第四节　根据数据模型建立思想政治教育
动态评估反馈机制

评价反馈是反映思想政治教育实效性的重要途径，传统高校思想政治教育运用相对单一的标准与方法对客体进行静态的结果性评价，相对而言更侧重于对群体的整体评价，教育教学上更注重主体的单方面输出，忽视了学生的个体差异，这样就可能制约学生的个性发展。大数据时代，自由平等成为教育的重要主题，个性化思想政治教育成为教育需求与目标之一，客体自身的地位和作用更加凸显，主客体之间呈现双向输出、平等对话的特征。在教育教学中，"教"与"学"始终是双向作用的统一体，要从"教"与"学"两个方面着手，双管齐下，双向发力。

一、构建"学生—教师"的教学反馈数据模型

大数据的可视化技术为高校个性化思想政治教育提供了支持，当数据不再停留于 Excel 等工具，而是通过多维叠加的空间、时间坐标图等以可视化的方式呈现时，不仅更加直观、清晰，而且更能增强学生及管理者的交互式体验。对于高校思想政治教育理论课而言，可视化技术应用于课前、课中、课后三个环节。在课前，教师利用可视化技术对教学内容进行预处理并对教学内容以及教学重难点的思维过程进行可视化呈现；在课中，利用 PI（Peer Instruction）教学法即同伴教学法，用电子表决器、超星学习通等工具实时反馈教学数据，并进行可视化呈现；在课后，利用可视化技术的教学反馈对教学效果进行总结和反思。

数据分析以图像、图形、列表等数字化形式分别呈现每个学生本节课程的

第八章　大数据时代高校个性化思想政治教育机制创新

学习完成率、正确率，为教师端与学生端提示其未掌握的知识点，教师可以根据提示给予学生个性化指导，学生可以根据提示补足自己的知识盲点，这样的"全样本"数据能够全面反馈教学的成效及不足。根据每节课的反馈意见，教师可以从微观层面了解自己本节课的教学效果，根据学生反应及时改进教学设计与教学进程，继而形成动态的、良性的教学反馈机制。

笔者在超星学习通课程班的授课情况反馈如图8-3所示，包括课堂报告、学情统计、成绩统计分析，据此，教师可以精准掌握学生的学习状况、知识盲点与困惑点，及时对学习困难学生进行指导，对学生关注的热点问题进行回应。

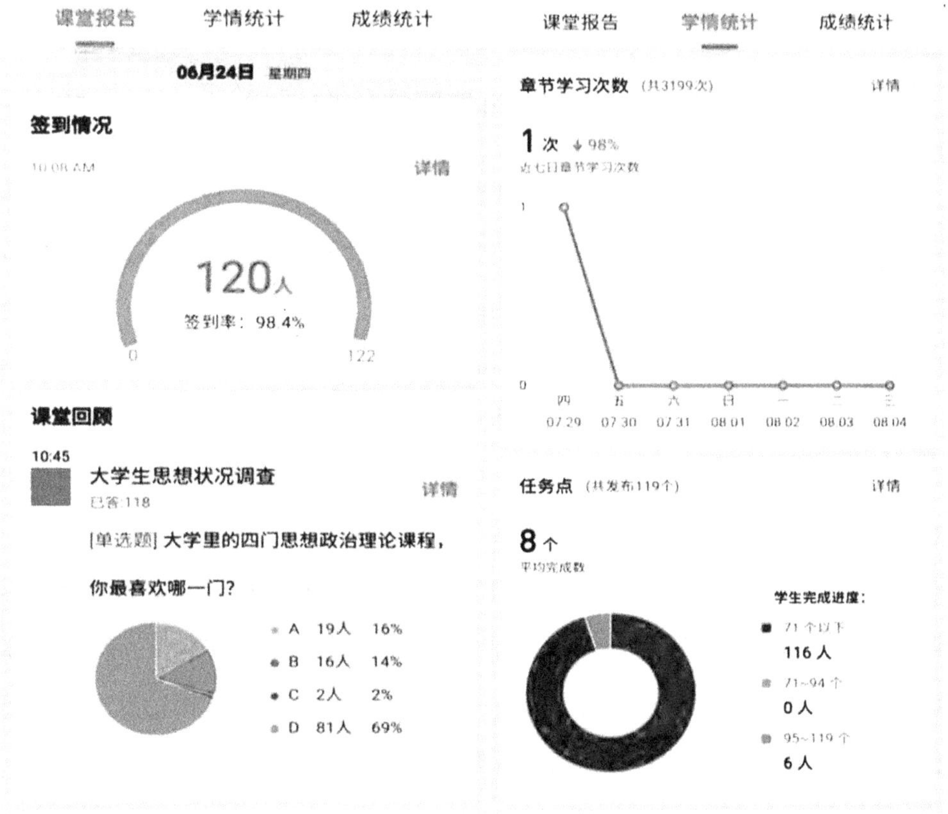

图 8-3　超星学习通课程班学习数据

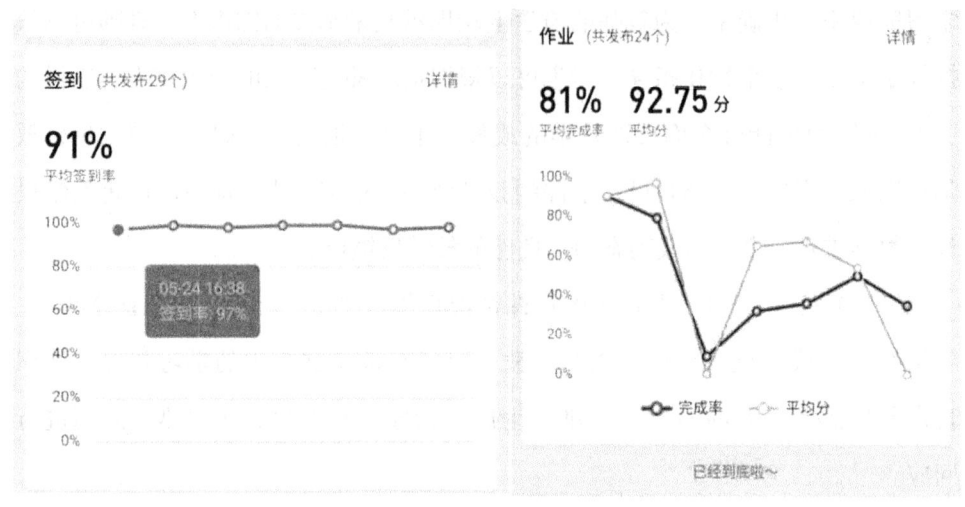

图 8-3　超星学习通课程班学习数据（续）

二、构建"教师—学生"的教育评价数据模型

在大数据时代，要"重塑教学评价和教学管理方式，利用新一代信息技术，跟踪监测教学全过程，开展学情分析和学习诊断，精准评估教学和学习效果，变结果导向的'单一'评价为综合性、过程型的'多维度'评价，由仅注重知识传授向更加注重能力素质培养转变"❶。通过大数据技术可以实现学生评价体系变革，驱动多元化评价体系构建，形成定量评价与定性评价相结合、过程性评价与终结性评价相结合的个性化思想政治教育评价体系，从宏观方面评价学生教育成效。各思想政治教育主体之间要加强协作，积极推进全员育人，分别建立课堂教师"课程学习—个体评价"的专业知识素养学习评价机制、"社团活动—个体评价"的校园参与评价机制、"社交生活—个体评价"的日常教育评价机制等。建立多主体参与、反映多方面信息的数据模型，全方位评价个体的教育表现，反映学校教育的成效。这一分析模型，以

---

❶ 杜占元. 以教育信息化全面推动教育现代化——访十九大代表、教育部副部长杜占元 [N]. 中国教育报，2017-10-23.

教师与学生为共同主导,多方面反馈学生的行为表现。教师可以根据各方面的过程性评价结果,因材施教,制订实施个体化的思想政治教育方案。

例如,根据笔者对所在学校2014—2017级本科学生四年的图书借阅信息与学习成绩的聚类分析,成绩在0~65分的学生在一个学期内借阅书籍数量为0~5本,且大多数学生的借阅数据数量是0本;成绩在65~75分的学生在一个学期内的借阅书籍数量为0~13本;成绩在75~80分的学生在一个学期内的借阅书籍数量为0~16本;成绩在80~100分的学生在一个学期内的借阅书籍数量为0~22本。成绩优异的学生借阅书籍的数量比成绩不合格的学生多2倍左右,因此,从借阅书籍数量也可以看出一个学生成绩的好坏。

第五节 遵循数据能力需求完善思想政治教育人才培养机制

大数据时代对高校思想政治教育工作队伍提出了全新的要求,既要具备扎实的专业知识,还要拥有应用信息技术开展教育、教学、科研的能力。强化教师队伍全面素养建设是落实新时代立德树人根本任务和实现个性化思想政治教育的重要途径,既要优化教师资源配置,又要提升大数据应用能力,从本质上解决高校思想政治教育者的"大数据本领恐慌"。

一、培养高校思想政治教育"数据+思政"双栖人才

在大数据的驱动下,传统的教育生态正在被颠覆和革新,包括教学理念、教学方法、教学资源、教学评价等在内的教学的全过程都在被大数据改变着。大数据时代的教师正在由知识传授者变为学习引导者;由任务发布者变为资源整合者;由课程执行者变为课程开发者。因此,"建设一支高素质的高校大数

据人才队伍是大数据时代下提高思想政治教育工作的有力保障，大数据时代需要更多的专业性人才"[1]。强大的技术和人力支撑是大数据时代思想政治工作的关键。

　　大数据信息处理的技术要求和思想政治教育的个性化内涵要求，促使高校建设一支具有大数据信息技术专业素质、掌握思想政治教育规律和方法、具备较强思想政治素质的专门队伍，从事大数据平台建设开发、信息数据采集保存、数据分析和教育模型建构、教学管理服务、个性化信息数据"画像"和反馈推送等工作。高校可以根据需要"选调、引进具有计算机、互联网专业背景的人员，组建大数据收集分析专业团队，构建基于云计算的学生教育管理系统"[2]，优化高校思想政治教育教师队伍结构，从而为高校各机构、各环节开展个性化思想政治教育提供技术和数据的人才支撑。

　　当然，大数据专业人才的培养更多地依赖国家层面的顶层设计。为加快推进大数据人才培养工作，2016年5月，教育部学校规划建设发展中心与曙光信息产业股份有限公司联合启动实施了数据中国"百校工程"项目，明确提出要培养"大数据+"复合型人才，即培养既有大数据技术应用能力又具备具体行业数据应用、开发和实施能力的应用型大数据工程师[3]。从长远看，这也是包括思想政治教育在内的所有专业数据人才培养的一个大方向。

二、提升高校思想政治教育队伍数据素养

　　在当前大数据人才极其匮乏的背景下，技术外包也是解决问题的一种方式，但是未必每个学校或者学院都有这样的财力与政策的支持，所以从思想

---

[1] 夏梦醒，幸小英. 大数据时代背景下高校思想政治教育发展问题探析[J]. 湖北经济学院学报（人文社会科学版），2015（7）.

[2] 王功敏. 大数据时代大学生思想政治工作导向力研究[J]. 思想理论教育导刊，2018（2）：140.

[3] 李薇薇. 大数据时代"中国故事"何处书写[N]. 中国教育报，2017-01-23（03）.

第八章 大数据时代高校个性化思想政治教育机制创新

政治教育队伍内部解决人才问题就成为现实可行的路径。高校各级各类教师是高校思想政治教育的关键主体,主体队伍开展大数据思想政治实践工作的能力与素养,对达到个性化思想政治教育成效具有重要作用。大数据时代要求思想政治教育者不仅要有广博的知识,还要求具备很强的数据学习能力;不仅要拥有先进的数据理念,还要学习掌握大数据分析处理能力,提高大数据素养。

"在大数据时代,高校教师(包括科研人员)在数据素养方面,应该具备数据意识、数据定位与采集、数据分析与解读、数据反思与决策、数据伦理道德等能力。"❶高校思想政治教育工作者首先应该树立数据化理念、个性化教育理念和信息数据协同育人理念,不断研究大数据时代高校个性化思想政治教育的规律。其次,应该提升自身的学习能力。大数据数量庞大且内容繁多,思想政治教育工作者需要从中挖掘、提取信息并将其转化为开展不同类型思想政治工作有价值的个性化数据。思想政治教育者的数据收集甄选和分析应用能力决定着思想政治教育工作的实际效果,因此他们必须具备一定的大数据操作、甄别、采集、处理和综合分析等能力,从而有效把握大学生的思想状况,有的放矢地开展个性化思想政治教育,不断提高高校思想政治教育的质量与实效性。每个高校思想政治教育者都应该具备大数据理念和信息技术素养,使大数据成为个性化思想政治教育的助推器,将大数据与高校思想政治教育工作融合,深化工作内涵与实效,夯实高校立德树人根基。

高校个性化思想政治教育综合性人才匮乏问题的解决不可能一蹴而就,但是当前的人才短缺问题也不能坐视不管。大数据支撑的智慧思政是现代教育技术发展的大势所趋,也是提高思想政治教育效果的现实要求。高校思想政治教育工作者要因时而进、转变思维,提升数据敏感性,积极主动学习相关知识,

---

❶ 周兵.大数据时代高校教师数据素养的内涵及评价体系探析[J].图书馆研究与工作,2018(1):52.

努力提升自身运用大数据的水平和能力，否则会制约高校个性化思想政治教育的深入发展。

第六节　依据数据伦理构建思想政治教育数据安全保障机制

个体是数据产生者，也是使用者，个体拥有自身产生的数据"所有权"和"使用权"。但由于现代信息技术尚未发展到十分完备的程度，系统化的思想政治教育大数据应用体制与数据保障机制尚未完全构建，个人信息泄露、数据侵权、数据交易、数字鸿沟等数据安全问题仍层出不穷。归根结底，大数据应用引发的伦理问题，正在破坏社会公平正义，危害个人隐私安全。对数据伦理规范的治理，要分析"数据应归谁所有""数据被谁所有""数据为谁收益"及其原因，进而研究完善相应的数据保护对策。

一、以立法为根本保障，建立健全数据应用法律规范体系

2017年6月1日起施行的《中华人民共和国网络安全法》及2021年6月10日颁布的《中华人民共和国数据安全法》为推进我国数据安全与发展提供了法律保障。尤其是《中华人民共和国数据安全法》的通过，可以说开启了针对数据保护的法律元年。该法对数据安全有关事宜作了一系列的规定，明确规定任何组织、个人收集数据，应当采取合法、正当的方式，不得窃取或者以其他非法方式获取数据。这也是对高校思想政治教育客体"数据权利"的法律保障，使思想政治教育的大数据应用"有法可依"。相关部门要严格监督数据法律法规的应用实施，建立权责统一机制，实行"数据责任制"，明确数据应用责任，实施"谁用谁负责"的责任机制，强化高校思想政治教育主体的责任意

第八章 大数据时代高校个性化思想政治教育机制创新

识。同时，还要加强对个人信息泄露、数据交易等行为的惩戒力度，切实提升教育主体对数据伦理的重视与敬畏。

二、继续推进大数据技术发展进步，从技术上解决问题

大数据背景下，个人的信息几乎全部存储于网络空间。而虚拟网络本身就存在黑客攻击、系统崩溃、网络漏洞等各种风险，归根到底，依然是技术的问题。所以要从根本上解决问题，就要提升技术的先进性，建立数据安全"防火墙"。例如，进行数据脱敏处理，开发更加安全有效的加密防护技术；实施 Web 防护升级技术、区块链技术等，及时有效地修复网络漏洞；鼓励开发更为严密的个人信息安全保护程序与技术；建设数据库安全保护体系、敏感数据识别系统、机密性保护系统以及数据安全预警系统，加强双向安全认证，采用磁盘列阵、数据备份等储存手段提升数据安全。

三、坚持思想政治教育大数据应用的导向性原则

大数据时代，人们容易迷失在数据热潮中，"唯数据""数据至上"的说法曾甚嚣尘上。对此，我们既要坚持将大数据应用到高校思想政治教育全过程，又要坚持价值导向性原则，明确是人主导大数据应用，而不是大数据主导人，要避免大数据对人的异化。大数据提供的不是最终答案，只是参考答案。对于高校个性化思想政治教育而言，大数据技术是工具不是目的，大数据带来的异化不能单纯归结于技术，因为人的情感、思想、价值观等深层次的自我意识很难用数据呈现。高校思想政治教育对大数据的应用要坚持工具理性与价值理性的统一，坚持科学精神和人文精神的统一，尊重数据应有的价值，但又不被数据所限制和束缚，坚持以高校思想政治教育引领大数据的合理应用，以大数据应用促进高校思想政治教育育人目标的达成。

四、提高行业自律，发挥道德制约作用

高校思想政治教育以落实立德树人为根本任务，要在坚持"以学生为中心"的基本原则下教书育人。新时代高校教师，不仅要恪守基本的职业道德要求，落实教学任务，还要以身作则，提升自身道德修养与大数据素养。首先，在大数据技术应用过程中，坚守社会道德伦理底线，绝不触碰道德红线。尊重客体的基本人权和隐私权利，对数据的开发与应用始终遵循法律法规基本规定，把握好数据采集的底线，让数据真正服务于学生发展，而不是成为学生成长中的"伤痕"。其次，尊重与保护学生的数据隐私。在数据采集和使用的过程中遵守告知原则、透明原则和权利与服务对等原则，让数据采集对象有知情权与同意权，明白数据使用的去向与范围，在隐私被侵犯时可以第一时间找到相关责任人，从而有效保护自己的权利。

只有建立完善的数据安全保障机制，才能保证大数据时代思想政治教育工作的顺利进行，要做到能用大数据、善用大数据，使数据成为育人的武器，而非伤人的利器，这才是大数据时代的基本法则。

第七节　依托信息技术建立高校思想政治教育激励机制

激励机制的构建是高校在开展思想政治教育的过程中调动学生积极性的关键一环，因为这将促使高校管理者和教育者将思想政治教育的有效开展作为思想政治教育工作的重心。对他们来说，重视并专注思想政治教育是实现自身理想和价值的必然选择，这不仅使他们体会到成就感、满足感和荣誉感，而且能推动高校思想政治教育任务的实现。在大数据时代，要根据学生兴趣构建激励机制，调动学生的积极性；通过先进人物、先进事迹，增强思

想政治教育对学生的感染力和吸引力。如此一来，将会激励学生由被动变主动，去获取符合自身需要的内容，进而更好地推动思想政治教育激励机制的完成。

一、基于兴趣激励，调动学生对思想政治教育的积极性

为了调动学生对思想政治教育的积极性，必须依托大数据技术，收集学生的数据信息，掌握不同学生的行为习惯和兴趣爱好，做好思想政治教育内容的精准推送，这是激励学生对思政内容产生浓厚兴趣的重要策略之一。第一，按照思想政治教育内容进行兴趣激励。一是创设丰富多彩的教育内容。设计学生喜闻乐见的、具有吸引力和感染力的案例分析、视频资料、互动游戏等，让思想政治教育内容更生动有趣。通过多种多样的形式呈现思想政治教育知识，促使学生在一定框架内选择自己感兴趣的思想政治教育内容进行学习；提供多样化的学习资源和途径，让学生有更多自主探究的机会，增强他们的学习动机和学习效果。二是强调思想政治教育的实际应用和现实意义。将日常教授的思想政治教育内容与学生的现实生活、社会实践和热点问题联系起来，使学生认识到思想政治教育对个人成长和社会责任的重要性。第二，按照思想政治教育方法进行兴趣激励。一是故事教学法。运用富有教育意义的故事、传记和历史事件，将抽象的思想政治理论转化为生动具体的故事情节，让学生通过情节展开、人物塑造等方式深入理解和感受思想政治的内涵。通过生动的故事情节，可以引起学生情感共鸣，从而提高他们的参与度。二是讨论式教学法。组织学生进行小组或全班讨论，让他们就思想政治话题展开辩论和交流。通过互动性强的讨论环节，可以促进学生彼此之间的交流和碰撞，激发他们对思想政治教育主题的深入思考和探讨。三是游戏化教学法。设计具有挑战性和趣味性的思想政治教育游戏，让学生在游戏化的环境中学习和思考。通过

竞赛、角色扮演等方式，激发学生的竞争欲望和学习兴趣，提高其对思想政治教育的投入度。

二、基于先进性激励，增强思想政治教育对学生的吸引力

在互联网时代，任何事情的发生都可能在第一时间被发布到网络上。积极向上的事，网民都热情称赞；低俗落后的事，网民都严厉谴责。如果某件事情被一些先进人物或主流媒体转发，并针对此事发表言论与见解，那么此事的热度将会直线上升。在思想政治教育方面，要充分利用一些知名人物在互联网上的影响力，提升个性化思想政治教育水平。一是关注各大主流媒体，如《人民日报》《环球时报》等以及与一些政治、经济、文化界知名人士相关的思想政治教育类文章，及时转发和解读，拓宽学生的知识视野，并根据马克思主义理论对当前时事作出正确的解读。二是打造一批"有思想、有影响、具特色"的思政名师，对思政名师进行风格塑造，向全校学生展示思政名师的风采，扩大其影响力；加强与各高校学生群体的交流互动，激发学生对思想政治教育知识的兴趣。三是鼓励、引导一些知名度较高的具备较高政治素养的博主转载有关思想政治教育类的文章，增强此类文章的吸引力，使学生对思政知识产生浓厚的兴趣。同时，发布一些传达正能量、正确价值观的视频，增强思想政治教育的吸引力和趣味性。

第九章 大数据时代创新高校个性化思想政治教育的启示

大数据深刻地改变了人们的工作、生活、学习和思维方式。大数据、物联网、区块链、人工智能、元宇宙等新兴元素的嵌入,给高校思想政治教育带来了前所未有的变革和发展,为高校个性化思想政治教育的发展注入了强劲动力,大数据技术应用因此成为高校思想政治教育的重要引擎。然而,任何新生事物的发展都有两面性。大数据背景下高校思想政治教育的发展机遇与挑战并存,契机与困境同在。所以,高校思想政治工作者要及时总结这些经验与启示,既要迎头赶上时代的大潮,抓住发展的机遇,也要关注到大数据时代高校思想政治教育存在的问题,要时刻保持清醒的头脑、秉持科学的态度,更新旧观念、拿出新措施、推动新发展。

第一节 大数据时代高校思想政治教育存在的隐忧

马克思主义强调矛盾是唯物辩证法的实质与核心,"事物的矛盾法则,即对立统一的法则,是唯物辩证法的最根本的法则"❶。立足当下才能展望未来,

---

❶ 毛泽东.毛泽东选集:第1卷[M].北京:人民出版社,1991:299.

任何事物都具有两面性，大数据也是一柄"双刃剑"，在推动高校思想政治教育迅猛发展的同时，也存在一定隐忧。大数据时代，高校思想政治教育存在的隐忧主要表现为数据信息庞杂，容易引起大学生思想"迷路"、思想政治教育的个性化与个人主义容易混淆、过度重视个性化教育忽视思想政治教育的整体性、数据入侵挑战高校主流意识形态安全，以及大数据应用偏差影响思想政治教育成果五个基本方面。因此，要推动高校个性化思想政治教育的进一步创新发展，必须清晰地认识到这些问题并加以防范。

一、数据信息庞杂易使大学生"迷路"

大数据深刻地改变了传统高校思想政治教育的发展模式，大数据技术和平台的应用推动高校思想政治教育进入了全数据模式，致力于实现"样本"和"总体"的统一。然而，数据信息的过度庞杂导致了信息"爆炸"和"碎片化"呈现，使涉世未深的大学生容易在迷乱的数据世界中陷入精神困惑。

（一）数据信息"爆炸"影响大学生的正确判断

全数据模式"样本＝总体"是大数据的显著优势，但数据信息因此也呈现出"井喷式"的爆炸生长模式，正是这些野蛮生长的庞杂信息容易引起大学生思维的混乱。

一方面，数据资源纷繁复杂且良莠不齐，容易使大学生思想迷惑、无所适从。大数据时代，大学生可以从互联网上获取到海量的信息资源，然而，在多如牛毛的数据资源中一些信息真伪难辨、优劣掺杂，大学生往往又不具备十分准确地识别和分辨各种复杂数据信息的能力，难以区分哪些数据是真实、准确、可用的，哪些是错误、不准确、无用的，这时大学生的思想就可能会在信息的丛林中"迷路"，面对海量数据不知该何去何从。另一方面，信息呈现形

第九章 大数据时代创新高校个性化思想政治教育的启示

式的多样化加剧了数据资源辨识的难度。大数据时代网络信息不仅丰富多彩，而且形态各异，信息资源往往通过图像、文字、声音、影像等多种形式融合呈现，通过不同渠道和各种平台传播，给人们提供了更多的表现形式和扩展内容，这样使数据资源的庞杂性"更上一层楼"。甚至一些错误信息经过包装处理可以达到以次充好、混淆视听的效果。大学生置身于琳琅满目、光怪陆离的多样化信息世界，可能会茫然失措。综上所述，在这样一个信息爆炸的年代，大学生可以实时通过微博、微信、论坛、QQ、抖音等移动终端获取各种信息，这些信息不仅体量巨大，而且时效性极强，大学生可能比高校思想政治教育者掌握的信息更多、更快，若教育者不能给予积极、主动、及时的反馈和引导，大学生也不能对其作出正确判断和分析，一些似是而非的表述就会使部分大学生思想迷惘、困顿，甚至误入歧途。

（二）数据信息"碎片化"影响大学生认知能力提升

碎片化特指现代社会中信息、时间和知识等被分割成许多零碎的片段而难以形成系统化的整合。数据信息碎片化意味着完整信息被各式各样的分类分解为信息片段，数据信息的碎片化与其庞杂性看似矛盾，实际上，信息碎片化才是信息爆炸的真正成因和具体显现。

第一，数据信息碎片化与时间碎片化、知识碎片化相互交织影响。大数据时代，大学生每天通过互联网搜索引擎、新闻网站和移动终端等多种方式获取信息。为了吸引眼球，一些信息会被各种媒体便捷化处理，以第二手材料呈现在大众眼前，把庞杂的信息和知识变得碎片化。同时，大学生经常在学习生活的间隙获取信息，如在吃饭时浏览手机信息，在睡觉前关注一下社会热点新闻，时间上的碎片化也带来了知识的碎片化，而知识的碎片化又导致快餐文化的流行。大学生一旦沉溺其中，就会丧失思维的专注力与思想的深刻性，从而影响他们的认知能力。

第二，数据信息碎片化容易使大学生陷入思想浮躁、精神焦虑之中。在马克思看来，"人创造环境，同样，环境也创造人"❶。人类创造了大数据，同时大数据也深刻地变革了人们的生活、工作和思维方式，极大地改变了高校思想政治教育的环境。在信息匮乏的年代，大学生获取的信息数量相对有限且渠道方式比较单一，在这样的环境中学习、生活，大学生思想比较单纯。当然，数据信息单一、闭塞也会带来思维局限、眼光狭隘等缺点。然而，大数据时代的到来带来了信息的爆炸式增长，海量信息的涌入使部分大学生处于浮躁、焦虑的状态。根据弗洛伊德精神分析理论，人在焦虑、浮躁的状态下，难以将不符合社会道德和主体精神的潜意识排除出去。而且大数据根据其特定的算法，会筛选和跟踪大学生的喜好，数据的推送也会投其所好，长此以往，大学生的思想就会被困于信息茧房之中，思维变得趋同和单一，很难集中注意力客观理性地分析某个问题或某一事件，从而降低大学生的认知水平。

二、思想政治教育的个性化与个人主义容易混淆

"个人主义"这个名词是西学东渐的产物，在中国两千多年的封建社会里，以宗法血缘关系维系的家庭、家族、社会乃至国家始终强调集体主义至上，古代先贤智者也将治国平天下作为自己安身立命之所在，秉持着只有得到集体的认同才是自我价值实现的观念。梁漱溟先生说："在中国没有个人观念；一个中国人似不为其自己而存在。然在西洋，则正好相反……在中国几乎看不见有自己，在西洋恰是自己本位，或自我中心。"❷ 而个性化是尊重人的差异性、特殊性和促进个体自我意识觉醒的标志，对于社会创新意识的培育具有重大作用。

---

❶ 中共中央马克思恩格斯列宁斯大林著作编译总局. 马克思恩格斯选集：第 1 卷 [M]. 北京：人民出版社，1995：92.

❷ 梁漱溟. 中国文化要义 [M]. 上海：上海人民出版社，2011：89.

第九章 大数据时代创新高校个性化思想政治教育的启示

因此,我们要坚持用马克思主义的立场观点和方法厘清两者的基本概念内涵,准确鉴别个性化与个人主义之异同,尊重个性差异,警惕个人主义的危害,推动高校个性化思想政治教育健康发展。

(一)厘清概念内涵与发展脉络,科学鉴别个性化与个人主义之异同

个性化和个人主义之所以容易混淆,归根结底还是源自对两者概念的认识模糊不清。两者都是以构成社会基本单位的原子式个体为出发点,在个体发展层面具有一些特定的相同点,如关注个人发展、自我成长等,这也是造成两者界限模糊的重要原因。因此,厘清两者的概念变得格外重要。通过明确定义、追根溯源,对比两者最为根本之不同,从而更好地鉴别个性化和个人主义。

个性化是个体从群体中区分出来的鲜明标识,是个体区别于其他个体进而形成个性特征和个性心理趋势的过程。"个性有广义和狭义之分,从一定意义上说,广义个性指事物的独特性,狭义个性指人的独特性。教育学意义上的个性既包括广义个性也包括狭义个性,前者主要指教育的目标、要求、内容、形式、方法、手段、途径、类型、模式、策略、评价标准以及教育的观念、思想、理念等方面的独特性,后者主要指教育者和受教育者的独特性。"❶ 因此,个性化教育是一种尊重和发展个体和个性的教育模式。中国古人十分重视个性化教育的实施,从孔子的"因材施教"教育理念开始,中国的个性化教育理念经历了长期的发展,"三百六十行,行行出状元"就是个性化教育理念产生的结果。到了20世纪80年代,我国素质教育开始兴起,国家和教育者更加关注和重视对学生潜能的挖掘,经过几十年的培育,我国个性化教育已经取得了长足的进步。

---

❶ 吴慧芳.个性及思想政治教育个性化[J].理论与改革,2005(4):143-144.

西方个人主义理念的萌芽始于苏格拉底、柏拉图等古希腊哲学家，是他们独立寻求真理、追求个人自由的精神表现。但近代以来，经过文艺复兴、宗教改革、工业革命等历史事件，个人主义却发展为英美政治哲学和德国历史哲学的原子式或单子式的个人，西方学者对个人主义主要从反对国家对个人政治自由和经济自由的干涉角度来研究。个人主义作为西方资本主义政治经济制度的产物，扎根在私有财产的基础之上，在一定程度上存在着自身无法弥补的缺陷，如个人主义边界界定不清晰以及构成个人主义观念的各个组成部分之间没有明确的结构性关系。理论上，个人主义应是权利与责任相统一、物质与精神相统一、个人与集体相统一，"个人主义的题中应有之义是自尊、自重、自主、自立、自足、自信、自力、自强，是个人尊严、个人自由、个人权利、个人价值，是自我负责、自我控制、自我实现、自我发展"❶。但实际上，西方资本主义建立在剥削、压迫基础之上的个人主义就是相对主义，质言之，把个人的自由和发展建立在对广大劳动者尊严、自由和劳动的践踏之上，这与资本主义宣扬的自由、平等、博爱等思想互相矛盾、彼此相悖。西方资本主义向来奉行自由竞争和"丛林法则"，因此，在财富和金钱的利益驱使下，西方社会重物质轻精神的导向衍生出极端个人主义、精致利己主义等不良价值观念，人们的精神空虚、道德滑坡等引发了严重的社会价值危机，阻碍了社会的持续健康发展。

（二）警惕极端个人主义危害，有效引导高校思想政治教育个性化发展

极端个人主义实际上以"抽象的人"作为其主体性，否认了人的现实性与社会性，以自我为中心，追求自我利益的最大化，将他人、群体和社会作

---

❶ 武高寿.在个人主义本来意义上扬弃个人主义——确立社会主义契约道德观真实的集体主义[J].社会科学评论，2006（2）：5-17.

为满足自身需求的手段和工具，自我主体性的发挥脱离了本真的状态，实质上将人"物化"和工具化，这显然抹杀了人与人之间的共同性和社会性。极端个人主义将个性无限张扬、利益唯我至上奉为金科玉律，这样便会导致拜金主义、享乐主义、道德虚无主义疯狂地蔓延滋长，进而损害社会道德法律、公序良俗，引发社会价值观崩塌、道德沦丧。因此，要防止极端个人主义与普世价值论、价值虚无主义、新自由主义、恐怖主义和泛娱乐化等腐朽落后思想合流，避免造成更为严重的价值危机。为了防止个人主义朝着极端化、不可控的方向发展，应当大力弘扬和践行马克思主义和中华优秀传统文化均提倡的集体主义道德原则，克服个人主义缺陷，引导其向着可控化、合理化方向发展。

"思想政治教育个性化培育绝不等同于个人本位或个人主义的教育主张。"❶个性化思想政治教育的立足点是"现实的人"，是在尊重人自身主体性、差异性的基础上，兼顾权利与义务相统一、个人利益与集体利益同时在场，是对"个人主义"的系统性批判和超越。每个学生的先天禀赋、生活经验、情感经历等千差万别，决定了思想政治教育的个性化要以培育和激发个体的积极性、主动性和创造性为目标，把社会主义核心价值观作为个性化发展的价值引领，并积极参加社会实践活动；不仅要培养独立、自主、创新、合作等优秀个性品质，而且要克服自私、懒惰、孤僻等不良品质，综合完善个性，实现个体自由全面发展，进而推动个性化思想政治教育的发展。

三、过度重视个性化教育，忽视思想政治教育的整体性

整体性和个性化都是思想政治教育的重要特征。大数据促进思想政治教育

---

❶ 李兰.马克思主义人学视野下思想政治教育个性化培育研究[J].理论学刊,2014（2）：97-101.

个性化的极大变革与发展，使个性化教育在形态、模式、内容等方面获得了前所未有的进步。但同时应该注意的是，个性化和整体性并不是对立的，不能由于强调个性化就忽视思想政治教育的整体性，个性化和整体性应辩证统一于思想政治教育过程之中。"思想政治教育是运用马克思主义理论与方法，专门研究人们思想品德形成、发展和思想政治教育规律，培养人们正确世界观、人生观、价值观的学科。"❶思想政治教育的整体性不仅包含对个体世界观、人生观、价值观及道德观等整体性综合素质的培养，也包含了培养德智体美劳全面发展的立体性过程。过度重视个性化教育，忽视思想政治教育的整体性，会带来弱化思想政治教育目的性和淡化思想政治教育整体性的不利境遇，从而影响思想政治教育整体功能效果的发挥。

（一）片面强调个性化发展，弱化思想政治教育的目的性

大数据促进了高校个性化思想政治教育的飞速发展，但是强调个性化，并非要淡化思想政治教育的目的性。中国从 20 世纪 80 年代初开始正式提出"思想政治教育"这一术语，在接下来 40 多年的发展历程中，思想政治教育始终以培养德智体美劳全面发展的社会主义事业建设者和接班人为社会目标，以培养"三观"正、自由全面发展的"四有青年"为个体目标。我们谈个性化思想政治教育，是要强化这些目标，推动这些目标能够更好地实现。所以，在大数据时代发展高校个性化思想政治教育的同时，一定要注意以下两个方面的问题。

一方面，过度重视个性化教育的功利性，会弱化思想政治教育培养全面发展人才的社会目标。大数据时代，通过对受教育者行为的数据分析，更容易发

---

❶ 教育部社会科学司.普通高校思想政治理论课文献选编（1949—2008）[M].北京：中国人民大学出版社，2008.

掘和捕捉个体的长处和优点,并反馈到教育者面前。如果教育者只重视对受教育者某一方面如智力的关注与培育,就不利于思想政治教育根本目标的达成。习近平总书记在党的二十大报告中强调,要"落实立德树人根本任务,培养德智体美劳全面发展的社会主义建设者和接班人"❶。因此,在发展个性化教育的同时要注重各方面教育的平衡,不可偏重某一方。

另一方面,要杜绝个性化教育的自由发展,否则可能导致思想政治教育的个体目标无法实现。思想政治教育的个体目标是要"以一种全面的方式,也就是说,作为一个完整的人,占有自己的全面的本质"❷。这意味着,要通过思想政治理论学习和实践活动来实现个体本质力量的全面占有,进而促进个体树立正确的世界观、人生观和价值观,实现每个人自由而全面的发展。思想政治教育当然鼓励受教育者的个性化发展,但不可放任其发展为极端个人主义,否则就违背了思想政治教育的根本目的,也无法培养出具有正确"三观"的社会主义建设者和接班人。因此,个性化教育一定要在社会目标的合理范围之内,有明确的价值观引导,不可放任自流。

(二)陷入"自我中心"泥淖,淡化思想政治教育的整体性

如前所述,思想政治教育个人与社会的双重目标决定了思想政治教育的整体性。片面强调个性化教育会割裂个性与共性的依存关系,导致个人主义泛滥,从而淡化思想政治教育的整体性。

一方面,过度强调个性而忽略共性,容易陷入"自我中心"的陷阱无法自拔。个性化教育立足于尊重个体差异性、发挥个性潜能的基础之上,若在

---

❶ 习近平.高举中国特色社会主义伟大旗帜 为全面建设社会主义现代化国家而团结奋斗:在中国共产党第二十次全国代表大会上的报告[M].北京:人民出版社,2022:34.

❷ 中共中央马克思恩格斯列宁斯大林著作编译总局.马克思恩格斯全集:第42卷[M].北京:人民出版社,1979:123.

教育过程中过度重视个性化教育而忽视共性教育，个性化教育变成了投其所好的信息推送，忽略了诸如法制观和道德观等社会性内容，就会使学生掉入"万物为我所用"的陷阱，导致个人主义泛滥，造成无法挽回的损失。个性的培养若脱离共性教育就不再能称为个性化教育，思想政治教育的整体性也就无从谈起。

另一方面，过度强调个性化教育有可能弱化思想政治教育的整体性原则。思想政治教育体系是由不同层次的原则构成的协调融合的系统，对个性化教育的过度重视势必会引起内部各个子系统之间的无序和混乱，以自我为中心、各自为营必然割裂各层次原则之间的内在联系，打乱思想政治教育的有序结构，从而弱化其整体性。习近平总书记在学校思想政治理论课教师座谈会的讲话中强调，思想政治教育的整体性是"政治性和学理性相统一、价值性和知识性相统一、建设性和批判性相统一、理论性和实践性相统一、统一性和多样性相统一、主导性和主体性相统一、灌输性和启发性相统一、显性教育和隐性教育相统一"❶。如果片面强调某一个单一方向，如只重学理性排斥政治性或只重知识性忽略价值性，就会导致个性化思想政治教育迷失方向，无法健康有序发展。

四、数据入侵挑战高校主流意识形态安全

当前，世界正经历百年未有之大变局，国际形势风云变幻，文化全球化和文化多元化逐渐深入发展，各种社会思潮暗流涌动，各种文化价值观碰撞交流。随着大数据时代的到来，大量信息鱼龙混杂、泥沙俱下，各种思潮不断涌入，高校意识形态安全方面的新问题和新情况也不断产生，对大学生的思想观念、价值取向和行为习惯都产生了深刻的影响。

---

❶ 习近平.思政课是落实立德树人根本任务的关键课程[M].北京：人民出版社，2020：17.

第九章　大数据时代创新高校个性化思想政治教育的启示

（一）数据信息"失真"，影响大学生主流意识形态判断

大数据时代，各种网络平台可能成为西方敌对势力对我国进行价值观渗透甚至文化殖民的便捷载体，许多不良社会思潮渗透进入，使世界观、人生观、价值观正处于形成时期的大学生更易受到不良的影响。虽然大数据技术人员可以通过数据分析技术预测出整体思潮传播与流行趋势，但在数据分析结果的真实性方面还存在一定差异，难免出现监管的漏洞。

一些信息的"真实面目"被传播者有意遮蔽和掩盖，导致数据信息在一定程度上处于"失真"状态。大学生正处于世界观、人生观和价值观形成的关键"拔节育穗期"，信息内容如若良莠不齐、瑕瑜错陈，势必影响大学生的主流意识形态判断，歪曲大学生对中国特色社会主义文化的认知，稀释对社会主义核心价值观的认同，甚至会动摇大学生的理想信念，影响作为社会主义建设者和接班人的身份认同。在当前复杂多变的世界格局中，"以美国为首的西方资本主义国家所崇尚的'和平演变'战略，国内反马克思主义、非马克思主义思潮的传播和高校复杂的教育环境等都给高校意识形态安全造成了巨大的障碍"❶。因而，在大数据所承载的海量信息内容中，夹杂着大量西方式谎言和别有用心的挑拨，有些直截了当地污蔑中国、诋毁中国共产党、抹黑历史和英雄人物，有些则打着民主自由和人道主义的幌子制造分裂、挑起争端，这些无疑对大学生的思想造成影响，严重威胁着高校意识形态安全。

（二）数据技术垄断，加大高校意识形态安全教育管控难度

互联网技术兴起于美国，运用大数据预测和处理医疗、交通、比赛等事务较早出现在以美英为首的西方国家，毫无疑问，西方国家凭借其先行优势在互联网和大数据技术方面占据上风，并凭借互联网"话语强势"和技术优势实行

---

❶ 吴镇聪.大数据时代大学生思想政治教育个性化研究[D].福州：福建师范大学，2017.

技术垄断和技术封锁。

第一，西方国家通过对云端的占领，通过制定规则或将规则阐释为有利于自己的话语，以此攻陷其他国家的舆论场所和意识形态阵地。例如，以信息技术为媒介和手段，以文化交流传播和学术交流为幌子，宣扬西方的"普世价值观"、新自由主义言论，同时控制资本市场引导消费，输出电影、节日等文化产品。毋庸置疑，这些行为背后是资产阶级意识形态的输出，西方国家企图依靠信息技术的领先优势入侵我国意识形态主流阵地，尤其是对高校意识形态领域的渗透。敌对势力选定思维活跃的青年学生所在的高校作为渗透目标，是对我国人才培养的一种阻挠。高校学生因此成为各种社会思潮争先影响的对象，通过数据共享和信息推送，传播不当和不实信息，削弱了师生的主流意识形态认同，这些都增加了高校意识形态安全的管控难度。

第二，西方国家鼓吹"西方文明中心论"，以"网络自由"为借口，凭借其在大数据技术方面的优势大搞文化霸权主义，恶意设置技术和贸易壁垒，极力限制他国文化产品和思想理念的传播和输入，却为渗透目标国提供"翻墙"软件等技术支持，对他国的数据管理、网络监控和市场监管指手画脚、强行干涉，在各个方面实行双重标准。其歪曲事实、恶意制造国际舆论、对他国的政治制度和意识形态进行肆无忌惮的抹黑和攻击，毫无底线。此外，西方国家为了消解中国大学生的理想信念和家国情怀，精心巧妙地设计各种网络议题，大肆宣扬西方社会思潮和历史虚无主义，以"恶搞"历史人物、"揭秘"事件真相、"还原"历史真相为噱头，瓦解大学生对社会主义核心价值观和中华传统美德的认同，引导一些不明真相、缺乏理性判断的大学生走入歧途。

五、大数据应用偏差影响思想政治教育成果

"数据化"是大数据时代思想政治教育最为鲜明的标志与特点，其研究对

象的核心特征就是可以直接用数据图表、数据信息直观地显示和表达。大数据技术与高校思想政治教育的有效结合，不仅能够解决制约思想政治教育时效性、针对性等问题，同时也能实现思想政治教育工作变革。然而，数据滥用、数据至上等大数据应用偏差将对思想政治教育有效性的发挥产生负面影响，损害思想政治教育的成果。

（一）"数据滥用"违背思想政治教育的初衷

大数据时代，个体零散的数据信息在不同的活动空间中随着时间推移而不断积累，形成了"数据痕迹"和"公共数据库"。这个"公共数据库"和个体的数据删除权、存储权、使用权和知情权等各项权利本来应该属于每一个大数据技术的使用者，但实际并非如此。这些数据信息往往掌握在投放大数据技术的所有者和管理者手中，这是"数据滥用"这一问题产生的社会客观因素。"数据滥用，简言之是指思想数据获取和使用的不合法、不合规、不合理等情形。"❶可以说，"数据滥用"是社会客观因素催生出的主观意义上的任意妄为和主观臆断。

一般来说，属于个体的数据自主权利如果无法真正得到保障，被动的"数据痕迹"将成为数据计算的公共数据库来源，继之而来的是数据信息持有者未经过数据"主人"的同意，违背法律法规和道德底线，出卖"公共数据库"的数据信息资源为自己谋取利益。数据滥用一旦泛滥成灾，后果不堪设想。高校应用大数据技术及平台开展思想政治教育，采集的有关数据可能触及学生的个人隐私问题。但学校收集学生敏感隐私数据、采集学生网络数据，如果不能明确权责界限，将可能造成数据滥用。"思想政治教育者采集、提取教育对象的信息并进行二次利用，若事先没有告知教育对象，或未得到教育对象的许可，

---

❶ 崔建西. 思想政治教育论域下大数据热的冷思考[J]. 思想理论教育，2018（5）：95-99.

那么按照现行法律制度，这本身就可能构成对教育对象的侵权。"[1]实际上，这些数据的"二次利用"很大程度上数据"主人"并不知情，这样就造成了数据信息泄露而自己毫不知情的可怕后果。更有甚者，数据信息被拿去买卖，导致犯罪分子根据数据"主人"的网络"足迹"、生活习惯、兴趣爱好等进行诈骗，这不仅违背了思想政治教育以文植德、以文化人的初衷，而且是扰乱社会治安秩序的犯罪行为。使用数据者不管是否有意为之，都要承担由此产生的一切后果。如果开展思想政治教育工作的大数据被滥用，或者在数据采集与使用上不注重个体隐私、违背个人意愿，将与实现个人自由而全面发展的思想政治教育初衷相悖，从而与高校思想政治教育的根本宗旨相悖。

（二）"数据至上"背离思想政治教育的本质

大数据技术对个体网络痕迹数据进行的量化分析，使高校思想政治教育工作可以根据数据分析实现对学生个体和群体的定位、预判和预测。预测是大数据的核心价值，然而，如果教育决策完全依赖大数据、唯数据至上，忽视人的主观能动性和发展可能性，就背离了思想政治教育以提高人的思想道德素质为社会进步服务的本质。"数据至上"会大大增加预测的误判风险，对教育者和教育对象都会产生不可估量的危害。

对教育者和教育对象来说，在大数据的应用中如果奉行"数据至上""数据决定论"等，不了解教育对象真实的实际情况、没有经过理性思考而盲目信任和过度依赖大数据的预测结果，那就造成了数据的异化，使本来应该为人服务的大数据反过来控制和支配了人，使数据凌驾于人之上。这样做的结果就是很轻易地把教育对象固化、标签化和机械化。由以往的数据信息推测出未来的

---

[1] 胡子祥，余姣.大数据载体给思想政治教育带来的伦理挑战及对策[J].思想政治教育研究，2015，31（5）：84-86.

个人行为，这必然是大数据带来的一个巨大进步，但数据信息的长久保留可能会发生过去决定未来的荒谬怪谈。"全面教育数据带来的首个威胁，并不是信息的发布不当，而是束缚我们的过去，否定我们进步、成长和改变的能力，而且目前尚无抵御这一威胁的可靠措施。"❶ 如此，就会束缚教育对象自由而全面的发展，使其朝着不利于个性化的扁平化方向发展。例如，教育对象可能会为了达到教育者设置的成绩和要求，故意隐藏自己的个性和特点，使自己的行为习惯和言谈举止符合数据脚本的运行规律。

"人受教育的最终目的是个体自由和谐发展，只有尊重每一个个体的基本人格与自由的发展，才符合教育平等的原则。"❷ 然而，大数据技术作为"人—机交互"的主要技术革命成果，并不能以鲜活的情感体现人的独特特性，往往造成主观机械化的判定，加之部分数据在学生情感及网络痕迹中的不稳定性或阶段性的非理性表达，容易造成数据失真。同时，"教与学"双方在使用数据时的目的指向不同，容易在同一问题的认知中产生偏差，如果仅仅以大数据测算为思想政治教育的主要依据，容易产生教育方法、教育目标等偏差，从而造成教育本质的偏差。

第二节 大数据时代高校个性化思想政治教育的未来展望

思想政治工作从根本上说是做人的工作，必须围绕学生、关照学生、服务学生，不断提高学生思想水平、政治觉悟、道德品质、文化素养，让学生成

---

❶ 迈尔-舍恩伯格，库克耶.与大数据同行：学习和教育的未来[M].赵中建，张燕南，译.上海：华东师范大学出版社，2014：83.

❷ 马和民，高旭平.教育社会学研究[M].上海：上海教育出版社，1988：87.

为德才兼备、全面发展的人才。❶ 大数据时代的到来，加快了高校思想政治教育理念创新、技术升级、管理体系变革、人才队伍素质提升，实现了学生在哪儿，思想政治工作的重点就在哪儿，促进了高校思想政治教育从宏观走向微观、从关注整体到关注个体、从"大水漫灌"到"精准滴灌"，为发展个性化思想政治教育奠定了良好的基础和全面保障。立足当下，展望未来，大数据时代高校需要把握个性化思想政治教育的科学化、体系化、常态化、智慧化、法治化建设方向，不断促进最新科学技术与思想政治教育的有效融合，使思想政治教育永远站在时代的最前沿，保持自己的先进性与科学性，为培育更多服务于中国特色社会主义建设的优质人才贡献力量。

一、科学化发展

科学化主要指大数据在个性化思想政治教育决策和管理中的科学应用，进而提高思想政治教育的针对性、有效性和科学性。

（一）大数据驱动个性化思想政治教育决策科学化

第一，教学决策科学化。传统的思想政治教育普遍存在"一刀切"的问题，难以针对每个学生的特点和需求进行个性化教育。而大数据通过学生信息系统、在线学习平台等工具，收集学生的个人信息、学习情况、社交网络、兴趣爱好等多维度数据，利用大数据分析技术，进行深入挖掘和分析，了解学生的特点、倾向和需求，寻找学生思想政治教育中的规律和内在联系，并运用这些信息为学生量身定制个性化的教学方案。同时，基于这些数据的分析结果，高校可以为学生提供更加贴近他们的思想政治教育内容和方式，促进学生的个性化发展，采用更为灵活的教学模式，做好教学决策，提高教学效果。

---

❶ 中央党史和文献研究室. 习近平谈治国理政：第二卷[M]. 北京：外文出版社，2017：377.

第二，教学评估科学化。高校网络思想政治教育中心可以基于大数据分析结果，建立学生个性化画像，深入了解每个学生的思想政治水平、认知特点和学习需求。通过智能评估系统，对学生进行个性化诊断和评估，发现问题、强化优势，为个性化教学提供科学依据。此外，大数据预测技术还可以为思想政治教育者提供更加准确的教学评估和反馈机制。通过对学生在课堂上的表现、参与度、作业质量等多个方面的数据进行分析，系统可以为教师提供有针对性的反馈意见，帮助教师及时了解学生的学习情况，对学生状态和教学效果作出科学评估。

第三，教育决策支持系统科学化。首先，决策支持系统可以基于学生的个性化数据和需求，利用大数据分析技术生成个性化的思想政治教育方案。其次，决策支持系统可以利用大数据分析学生的学习行为、学习成绩和反馈信息，帮助教师作出更加准确和科学的教学决策，及时调整教学策略，提供个性化的思想政治教育内容和资源，提高教学效果。再次，决策支持系统可以通过实时监测学生的学习数据和行为，及时提供反馈和建议，并利用大数据分析学生的学习需求和教育资源的特征，智能匹配适合的教育资源。系统可以帮助学生和教师找到最适合的学习材料、教学工具和在线课程，提供个性化的学习资源推荐，促进学生主动学习和深入思考。最后，决策支持系统可以对个性化思想政治教育的决策进行评估和优化。系统可以收集、整理和分析决策过程中产生的数据和结果，评估教育决策的有效性和学生学习成果，为后续的决策提供反馈和改进建议，不断提升个性化思想政治教育的质量和效果。

（二）大数据驱动个性化思想政治教育教学方法科学化

第一，基于个性化识别的结果，利用大数据技术和算法模型，设计智能化的教学方案。根据学生的个性化特点和需求，确定教学目标、教学内容和教学方法，使教学过程更加贴合学生的实际需求，并提供个性化的学习资源和教学支持。

第二，利用大数据分析学生的学习数据和兴趣爱好，构建个性化推荐系统。该系统可以根据学生的学习历史和喜好，为他们推荐适合的学习材料、教学视频、在线课程等资源，以满足他们的个性化学习需求。通过个性化教学推荐，提高学生的学习动力和学习效果。

第三，大数据技术可以支持高校开展更多形式的互动和参与式思想政治教育。通过在线讨论、网络投票、社交媒体互动等方式，鼓励学生积极参与思想政治话题的讨论和交流，培养他们的批判思维和参与意识。

第四，大数据技术的发展使学习环境变得更加灵活和便捷。高校可以利用在线学习平台、移动应用和虚拟现实等技术，为学生提供随时随地的学习环境，使他们能够自主学习、反思和实践思想政治教育内容。

（三）大数据推动个性化思想政治教育教师培训科学化

基于大数据的分析结果可以为思想政治理论课教师提供宝贵的个性化教学和专业发展支持。通过对教师的教学数据和评估结果进行分析，可以识别出教师的教学优势和改进方向，并为其提供有针对性的培训和专业发展计划。

第一，大数据可以帮助思政课教师了解自身的教学特点和优势，提高教学能力和创新意识，从而提供更好的个性化思想政治教育服务。例如，某些教师可能擅长启发式或案例式教学法，而其他教师可能在引导学生进行批判性思考方面表现出色。

第二，大数据分析还可以帮助确定思政课教师在教学方面需要改进的领域。例如，分析学生的学习数据和反馈，可以揭示出教师在某些知识点上教学效果较弱的问题，或者在某些教学策略上存在改进的空间等。通过了解这些改进方向，可以为教师提供相应的培训和指导，帮助其提高教学能力和创新意识。

第三,基于思政课教师的教学数据和评估结果,可以为其制订个性化的培训计划。培训可以针对教师的教学优势进行专业深化和提升,提供深入的学习和探索机会。同时,培训还可以针对教师的改进方向,提供相关的培训课程和资源,帮助教师克服挑战并提升教学效果。

(四)大数据驱动个性化思想政治教育管理科学化

第一,大数据可以为高校管理者提供更全面的数据支持,帮助他们科学规划和优化学校思想政治教育资源配置。通过分析学生的需求和学校的特点,制订合理的教学资源分配方案,确保个性化思想政治教育的有效实施。

第二,通过在线平台和应用,家长可以及时了解学生的学习情况和思想动态,与思政课教师进行互动交流,共同关注学生的学习进展与心理需求。大数据预测技术可以促进思想政治工作与其他领域的跨界融合,如与教育学、心理学、社会学等学科结合,为个性化思想政治教育提供更多元化的思路和方法。

总而言之,大数据改变了高校思想政治工作的方式,让教育过程更加智能化和科学化。通过数据的挖掘和分析,高校能够更准确地理解和应对学生的思维和行为特点,实现个性化思想政治教育模式的科学化。这将有助于提高教育的针对性和有效性,推动思想政治教育朝着更加科学、精准化的方向发展。

二、体系化发展

体系化是指通过大数据推动思想政治教育各要素形成相互连接的整合系统,进而实现思想政治教育理论课程、舆论、沟通机制体系化。

（一）个性化思想政治教育理论课程体系化

第一，设计多样化的课程内容，根据学生的学科特长和兴趣，设置思想政治教育选修课程或专题讲座，涵盖不同思想流派、学术领域的理论内容，满足学生个性化的学习需求。

第二，引入多元化的课程方法。"思政课要真正感染学生、赢得学生，就要以学生为中心，充分展现马克思主义的理论魅力，善于运用学生喜爱并接受的话语体系、方式方法和平台载体。"❶通过大数据技术手段，打造在线学习平台、教育应用程序等，为学生提供个性化的学习资源和学习支持。

第三，设计灵活多样的课程评估方式，包括课堂参与、小组项目、独立研究报告等，提供及时的反馈和指导。

第四，设置辅导员或导师制度，指导学生进行学业规划和发展目标的确定，提供个性化的学习指导和支持。依托大数据平台提供学习资源和学习工具，如电子书籍、学术期刊数据库、在线学习平台等，让学生能够根据自身需求进行学习材料的选择和获取。

第五，引导学生参与大数据支撑下的课程实践活动，如全息课程体验、课程生态化、在线调研等，将理论知识应用于实际问题解决，提供与企业、社会组织等外部机构合作的项目，培养其实际工作能力和职业素养。

（二）个性化思想政治教育舆论体系化

第一，建立针对个体需求的舆论引导机制，通过大数据分析和人工智能技术，准确把握学生的兴趣爱好和关注点，有针对性地进行主流舆论引导，同时提供个性化的思想政治教育内容和观点。

第二，利用大数据技术拓宽个性化思想政治教育舆论平台。大数据时代，

---

❶ 李昕. 统筹推进大中小学一体化 推动思政课建设内涵式发展[J]. 中国高等教育，2019（7）：10-12.

第九章　大数据时代创新高校个性化思想政治教育的启示

思想政治教育不能再仅仅依靠传统的舆论灌输形式，而是要潜移默化、"润物细无声"地发挥作用。这就需要了解自媒体的运作方式，结合自媒体拓展思想政治教育舆论平台，如充分利用网络"大V"的影响力，借助微博、微信的订阅号或公众号，贴吧、B站、抖音等手机应用和网络社区，传播正能量和正确的思想政治观点，发挥思想引导作用。同时，利用大数据用户画像和推荐算法等技术手段，通过舆论教育平台为学习者提供符合其需求和兴趣的思想教育内容，并注重自媒体平台的互动性和参与性，多进行评论、点赞、转发等互动操作。

第三，加强思想政治教育舆论管理工作。运用大数据分析技术，将高校用户群关注点分类，分级分层做好舆情预警以便制订预案，并利用人工智能和大数据技术对海量信息进行筛选和分析，快速准确地捕捉到思想政治教育重要舆情和关键信息。同时，由思想政治工作者与大数据技术人员组成的专业团队进行舆论研判，深入分析舆论的背后原因、动态演变和可能的影响，为后续的思想政治教育决策和引导提供科学依据。

（三）个性化思想政治教育沟通机制体系化

在学校层面，建立多元化的在线平台沟通机制，包括教师之间的交流与合作、教师与学生之间的沟通、学校与家长之间的联动等。

第一，大数据促进思想政治理论课教师沟通机制体系化发展。利用大数据技术对教师的教学数据进行分析，挖掘教学中的成功经验和可改进之处，并将分析结果分享给教师群体。集中收集和整理思想政治教育的相关资源和案例，通过大数据技术，可以对这些资源进行分类、标签化和推荐，通过在线社交平台或论坛，为教师提供交流和讨论的空间。利用大数据技术开发个性化教育支持工具，为教师提供针对学生个体差异的教学建议和资源推荐。同时，建立纵向跨学段的思想政治教育课堂互访交流机制，这是精准衔接大中小学思想政治

教育课堂教学的重要途径。❶

第二,大数据促进家校沟通机制体系化发展。通过设立数据化家校沟通平台,家长通过学校大数据平台的数据,了解学生的学习动态和在校表现,对学生未来产生合理预期,家校配合,促进学生全面发展。

第三,大数据促进学生个体沟通机制体系化发展。鼓励学生通过在线平台上传在学习和成长中遇到的问题,这样可以系统化地监测学生心理变化,预防和解决可能或已经出现的心理问题,促进他们的全面发展。

依托大数据技术,思想政治教育体系化的教育模式将个性化思想政治教育融入课程、舆论和沟通机制中,以满足学生的个性化需求,提高学生的综合素质和思想品质,从而培养具有创新能力、批判思维和良好价值观的公民。这将有助于提高教育的结构性和有机性,推动思想政治教育朝着更加有序、体系化的方向发展。

三、常态化发展

常态化发展指的是将个性化思想政治教育目标融入学校整体发展目标,明确具体的目标分解和实施措施,借助大数据实现决策、实施和反馈的常态化,以及建立和优化个性化思想政治教育的组织体系和保障体系。高校个性化思想政治教育既是一种教育理念,也是一种教育实践。大数据时代,客体回归教育的主体性地位、实现个性化发展仍然是未来思想政治教育发展的主要方向。随着高校思想政治教育对大数据的扩大应用,规模化、规范化的高校个性化思想政治教育大数据得以形成并实现共建共享,思想政治教育者不再受困于"无数据可用""数据难求""数据难用"的难题,"大数据个性化思想政治教育"这

---

❶ 谢守成,程仕波,张淼.关于构建大中小学思想政治教育一体化建设沟通机制的思考[J].思想理论教育,2020(1):84-89.

一新概念、新形态得以进一步发展。同时，大数据技术的应用可以为个性化思想政治教育提供科学支持，促进教育的个性化和常态化，更好地满足学生的需求和发展。

（一）个性化思想政治教育目标体系常态化

第一，目标制订常态化。依托数据处理和目标分类技术，思想政治教育目标制订分解成日常教育、管理服务、个性化思想政治教育三个方面。利用大数据技术，将日常教育目标分解成个性化学时和学分，并制订个性化思想政治教育培养方案；管理服务目标要通过大数据分析技术对学校行政部门、群团组织等管理岗位进行考核和评价；个性化思想政治教育目标的划分依托先进的数据分析技术和算法综合分析学生的年龄、认知发展水平、社会环境、日常生活等因素，根据具体情况进行调整和系统划分，将个性化思想政治教育目标分为不同层次和阶段。同时，需对思想政治理论课教师进行专门培训，使他们在分析技术的应用、个性化教学策略实施等方面的专业水平和能力不断提升，以便针对学生的数据反馈，在教与学的过程中使个性化思想政治教育目标的制订和实践更加精准化和常态化。

第二，目标实施常态化。依托大数据技术，优化和整合教学资源，包括教材、教具、多媒体资源等，建立教学资源库，以满足个性化思想政治教育目标的实施需求。在大数据自主学习平台上将思想政治教育教学内容布置成自主学习任务，启用趣味"闯关模式"提升目标实施效率，自学任务形式以视频观看、话题互动、素材编辑为主，考核形式主要为选择题弹窗、话题点击率和素材整理质量评价，并通过构建围绕课程知识应用的虚拟场景，实现关于"线上＋线下"学习场景与学习内容的无缝对接，进而通过思想政治教育目标的点、线、面策略将思政元素融入教学目标常态化实施中。

（二）个性化思想政治教育运行体系常态化

从大数据决策、实施和反馈过程出发，进一步增强高校个性化思想政治教育常态化。

第一，决策常态化。利用大数据分析技术，收集和分析学生的个性化思想政治教育相关数据，为决策者提供科学依据，指导个性化思想政治教育常态化的决策制定。引入理论水平高、实践经验丰富的思想政治教育专家团队，结合大数据分析结果，进行专题研究和讨论，制订科学、专业、切实可行的决策方案。

第二，实施常态化。借助大数据技术，制订详细的实施方案，将责任明确到每个岗位和教师。量身定制教育内容和方法，对学生的学习行为和表现进行实时监测和分析，及时发现问题和困难，进而采取相应的措施进行干预和支持。努力在每一堂课、每一次活动、每一项工作中都渗透思想政治教育内容。

第三，追踪反馈常态化。利用大数据技术，密切关注高校个性化思想政治教育常态化的开展情况，收集并整理相关的信息和反馈数据。通过对这些数据的分析，了解教育常态化的运行状况，发现问题，探索改进的空间，同时也要注重增强教师的主体意识，以规范的制度带动规范的行为，让个性化思想政治教育成为教师日常教书育人的自觉习惯。

（三）个性化思想政治教育保障体系常态化

高校个性化思想政治教育常态化必须有一定的保障条件，如组织领导、硬件设施、人才队伍、信息安全等都需要通过制度建设将这些问题予以明确。

第一，建立健全的个性化思想政治教育组织领导机制，明确各级领导的责任和职责，确保个性化思想政治教育的常态化工作得到有效的组织和协调。

第二，为个性化思想政治教育提供必要的硬件设施支持，包括教室、多媒体设备、图书馆资源等，以创造良好的学习环境和条件。

第三，重视培养具备个性化思想政治教育能力的专业人才，包括思想政治理论课教师、辅导员等。提供培训和发展的机会，提高他们的专业素养和教育能力。

第四，建立学生参与个性化思想政治教育的机制，鼓励学生参与教育过程、提出意见和建议。充分尊重学生的主体性和个性发展需求，因为"人受教育的最终目的是个体自由和谐发展，只有尊重每一个个体的基本人格与自由的发展，才符合教育平等的原则"❶。

第五，利用大数据在高校网络信息安全保障中提供更全面、准确和实时的安全分析和预测能力。通过大数据的应用，可以提高对网络威胁的识别和应对能力，通过用户行为分析、强化身份验证、危险情报共享、安全日志分析等手段加强日常高校思想政治教育网络安全防护，保护网络系统和高校数据的安全。

大数据技术与高校思想政治教育的深度融合，加快了高校思想政治教育的信息化建设，思想政治教育者运用大数据技术进行个性化分析，解决个性化问题，实现个性化发展。大数据成为日常教育与管理的常规方法，高校个性化思想政治教育也将成为教育的常态化存在和主要的教学模式。通过常态化发展，个性化思想政治教育可以更好地融入高校教育体系，实现个性化教育的目标，提升教育质量和效果。

四、智慧化发展

智慧化发展指的是将个性化思想政治教育的教育形式、育人时空和教学理

---

❶ 马和民，高旭平. 教育社会学研究[M]. 上海：上海教育出版社，1988：87.

念融入智慧化的教育模式中，并利用信息技术和互联网，实现教育资源、教学内容和教学管理的数字化、网络化和智能化。"智慧教育"是未来教育发展的方向，大数据可以真正实现高度集成的资源共享，改变传统的课堂教学和学习模式，使用多样化的教学方法，实现无地域无时间限制的泛在学习，提升互动体验，真正实现学生的个性化学习和个性化发展。❶随着思想政治教育工作者对大数据理论及技术的掌握与创新，他们成为既具有思想政治教育学科必需的专业知识、又具备教育教学必要的技术素养的教育工作者，破除了思想政治教育智慧化的人才困境。

（一）个性化思想政治教育教学形式智慧化

智慧化教学是高校思想政治教育的前进方向，随着大数据技术、人工智能、网络平台的升级发展，技术成为思想政治教育稳定而重要的要素，实现了与其他要素的有效整合。智慧教育是利用信息技术和互联网将教育资源、教学内容和教学管理进行数字化、网络化和智能化的教育模式，也是利用大数据探索智慧课堂、"微课堂"、虚拟情境互动教学的新模式。

（二）个性化思想政治教育育人时空智慧化

传统课堂中，思想政治教育往往受到特定时空的限制，时事热点和焦点无法通过实时课堂传播。大数据可以打破时空界限，通过远程教育、社交媒体、移动应用、虚拟现实和增强现实技术，将个性化思想政治教育融入受教育者的日常生活。

---

❶ 方海光.教育大数据——迈向共建、共享、开放、个性的未来教育 [M].北京：机械工业出版社，2016：序 2.

（三）个性化思想政治教育教学理念智慧化

随着大数据技术的广泛应用，传统经验性教学正在向证据性育人转变。❶ 传统的经验性教学往往基于教育者的经验和直觉，缺乏科学的验证和证据支持；证据性育人强调基于实证研究和数据分析的教育决策和实践，依托大数据"互联网+"形势驱动下的全时空数据分析系统，以促进教育效果和学生综合素养的发展。

（四）个性化思想政治教育平台智慧化

在个性化发展需求驱动下，加强适用于个性化思想政治教育的大数据产品研发，如开发各种校园分析模型、服务学生的数据产品等，使校园教育、教学、管理工作都能够实现智能化运行，推动主客体交互交流的平台向智慧化方向发展。在智慧化思想政治教育过程中，教育主体可以发挥主导性作用，从本质上把握实践发展方向；教育客体则增强了参与性，主体性作用得以充分发挥，教育主客体的地位不再固定，双主体格局形成，更有利于发挥他们的主观能动性。

总之，智慧化发展将个性化思想政治教育引入了数字化、网络化和智能化的时代，为教育带来了全新的可能和机遇。通过信息技术和互联网的应用，我们能够更好地了解学生的需求和差异，为他们提供个性化的学习资源和支持。智慧化的教育模式使思想政治教育的教学形式更加多样化，让学生可以在不受时空限制的情况下接触到最新的知识，从而提升思想政治教育的智能性和有效性。

---

❶ 王磊，王建洲. 新时代高校思想政治教育智慧化探析 [J]. 学校党建与思想教育，2021（23）：74-76.

五、法治化发展

法治化发展指的是依托大数据的作用,将个性化思想政治教育的教学内容、网络权益和学校管理纳入法律法规的规范和保护范围,确保其合法性、规范性和有效性。当前,人们已经树立起了"数据安全"的理念,都在寻求个人数据隐私保护的具体方法。在大数据技术进一步发展的条件下,高校思想政治教育的大数据将以更快的速度增长,迫切要求大数据的应用过程实现秩序化、规范化、法治化。高校个性化思想政治教育大数据的质量体系与应用标准将进一步得以确立,以此规范数据的收集、存储、处理与应用。

(一)个性化思想政治教育教学内容法治化

第一,大数据时代,利用互联网分析技术,通过专家分析,明确了高校教学内容的范围、层次和要求,确保个性化教学内容符合法律法规的要求,秉持正确的价值观和世界观。

第二,法律法规保障了思想政治教育内容个性化推荐的合法性、规范性、合理性、适度性。明确了数据收集和使用的边界。

(二)个性化思想政治教育网络权益法治化

第一,确立个性化思想政治教育中涉及的学生个人数据隐私保护的法律法规。这包括规定个人数据的收集、存储、使用和共享,明确用户对个人数据的控制权和知情权,保护学生个人数据的安全和合法使用。

第二,建立个性化思想政治教育网络平台上违法违规行为的处理机制。法律法规规定了违法违规行为的惩处措施和法律责任,确保个性化思想政治教育网络平台的健康发展和用户的合法权益。

第三,畅通个性化思想政治教育网络平台的监督和投诉渠道。法律法规规定了监督机构的职责和权限,明确了用户的投诉渠道和举报途径,确保个性化思想政治教育网络平台的规范运营和用户权益的有效维护。

(三)个性化思想政治教育学校管理法治化

大数据和互联网时代,进行用户分析和网络个性化推荐,大至国家法律、法规要有保证思想政治教育的相应规定,并由国家强制实施;小至班级、宿舍的行为规则和管理规章,要有相应的落实思想政治教育的责任制。依据现有的社会大数据管理办法体系,制定高校大数据应用办法,细化具体界定、管理、惩戒办法,并将其立法化,赋予法律效力,真正实现高校思想政治教育大数据的法治化发展。

总之,通过法治化的发展,我们能够为个性化思想政治教育提供明确的法律保障,为个性化思想政治教育的实施提供坚实的制度基础。这将有助于提高教育的规范性和合法性,推动思想政治教育朝着更加法治化的方向发展。

中国特色社会主义进入新时代,思想政治教育必须面向未来,拥抱以大数据为代表的科技时代的到来。同时,立足教育本质,坚持以学生为中心的人本思想,使高校个性化思想政治教育行稳致远,蓬勃发展。

参考文献

一、中文图书

[1] 中共中央马克思恩格斯列宁斯大林著作编译总局. 马克思恩格斯选集：第 2 卷 [M]. 北京：人民出版社，2012.

[2] 中共中央马克思恩格斯列宁斯大林著作编译总局. 马克思恩格斯全集：第 3 卷［M］. 北京：人民出版社，2012.

[3] 毛泽东. 毛泽东选集：第 1 卷 [M]. 北京：人民出版社，1991.

[4] 习近平. 高举中国特色社会主义伟大旗帜 为全面建设社会主义现代化国家而团结奋斗：在中国共产党第二十次全国代表大会上的报告 [M]. 北京：人民出版社，2022.

[5] 习近平. 习近平重要讲话单行本（2020 年合订本）[M]. 北京：人民出版社，2021.

[6] 习近平. 思政课是落实立德树人根本任务的关键课程 [M]. 北京：人民出版社，2020.

[7] 夏小红. 教育学 [M]. 南京大学出版社，2020.

[8] 许正林. 欧洲传播思想史 [M]. 上海：上海人民出版社，2022.

[9] 郑永廷. 思想政治教育方法论（修订版）[M]. 北京：高等教育出版社，2010.

二、中文论文

[1] 杨煌辉. 马克思分配正义思想的理论内涵、构建导向及当代价值 [J]. 华南理工大学学报（社会科学版），2024，26（1）：17-26.

[2] 张晓明，恽安平. 主体间性观照下的思想政治教育个性化研究 [J]. 学术探索，2017（7）：146-151.

[3] 李怀杰，申小蓉. 大数据时代个性化思想政治教育论析 [J]. 思想理论教育，2019（3）：105-110.

[4] 王荣，陈军绘. 构建个性化思想政治教育模式的价值指向与实践策略 [J]. 学校党建与思想教育，2023（7）：27-30.

[5] 李兰. 马克思主义人学视野下思想政治教育个性化培育研究 [J]. 理论学刊，2014（2）：97-101.

[6] 曾爱华. 从主体性走向交互主体性——论思想政治教育的实践转向与复归 [J]. 中国青年社会科学，2015（2）：91-95.

[7] 谷照亮，谷凤苗. 个性化学习对大学生思想政治教育的挑战及对策 [J]. 毛泽东思想研究，2016（5）：144.

[8] 张晓明，段惠方. 高校个性化思想政治教育的网络路径探索 [J]. 江苏高教，2013（2）：116-117.

[9] 黄宁花，禹旭才. 个性化思想政治教育：内涵、依据及对策 [J]. 黑龙江高教研究，2021（5）：120-123.

[10] 林伯海，谷照亮. 个性化学习视域下高校思想政治理论课教师角色转换的实证研究 [J]. 思想政治教育研究，2017（1）：55-60.

[11] 崔建西. 思想政治教育论域下大数据热的冷思考 [J]. 思想理论教育，2018（5）：95-99.

三、外文电子文献

[1] FAN X，LI Z，ZHOU L. Literature Review on Big Data and Its Application Fields [J]. Journal of Physics，2019，1176（4）.

[2] Big Data for Development：Challenges & Opportunities [EB/OL].（2012-05-01）[2024-03-21]. http：//www.unglobalpulse.org/sites/default/files/Big-DataforDevelopment-UNGlobalPulseJune2012.pdf.

[3] WEST，DARRELL M. Big Data for Education：Data Mining，Data Analytics，and Web Dashboards. Governance Studies at Brookings [R]. Washington：Brookings Institution，2012.

[4] NITRD. The Federal Big Data Research and Development Stretegic Plan [EB/OL].（2016-05-13）[2024-03-20]. https：//obamawhitehouse.archives.gov/sites/default/files/microsites/ostp/NSTC/bigdatardstrategicplan-nitrd_final-051916.pdf.

后 记

数字经济是培育新质生产力的重要土壤，数据要素则是数字经济的核心。在党的二十大报告中，习近平总书记提出要实施科教兴国战略，强化现代化建设人才支撑，这就内在地把科技发展与人才培育关联在一起，从而为大数据技术与思想政治教育的深度融合指明了方向。随着数据技术的不断发展成熟，其应用于高校思想政治教育的实践也不断创新，从而使个性化思想政治教育成为可能。

本书主要探讨如何在大数据时代促进高校个性化思想政治教育的发展，研究如何推动高校思想政治教育工作者运用大数据的技术方法更好地把握思想政治教育的新形势、新变化和新规律，推动高校个性化思想政治教育的实现。在把握大数据技术分析、性能体现、价值利用的基础上，坚持思想政治教育的守正创新，更好地完成立德树人的根本任务。

大数据时代高校个性化思想政治教育，立足于马克思主义关于人的全面发展理论与中国古代因材施教的育人理念，致力于个性化思想政治教育理念、内容、载体、机制与方法的建构与创新，借助大数据、云计算等信息技术实现以学生为中心的教育真谛。

本书的选题、写作思路由李明珠、洪涛提出，书稿由李明珠与洪涛共同完成，陈红副教授参与了最终的文稿审定工作。具体写作分工如下：第一章、第二章、第六章及后记由李明珠撰写。第三章、第五章由洪涛撰写,高媛参与撰写了第一章、第四章,夔婷参与撰写了第二章、第六章,张晶参与撰写了第六章、第八章,党艺晋参与撰写了第三章、第七章,雒敏参与撰写了第三章、第五章,李菁华参与撰写了第四章、第六章,隆梅凤、王怡娜参与撰写了第七章、第八章,赵成江参与撰写了第四章、第九章,张晴参与撰写了第二章、第八章。李明珠、洪涛、陈红对全书进行了修改、统稿和定稿工作,赵成江、党艺晋参与了本书的统稿工作。在此,对所有为本书付出辛劳的同事、学生表示感谢!

  本书的出版得到了国家社科基金"大数据时代创新高校个性化思想政治教育研究"的资助,保证了写作的顺利完成。最后特别需要说明的一点是,由于著者水平有限,书中难免存在不足之处,还望业界广大同人和读者提出宝贵意见,批评指正。

2024 年 5 月 27 日